W0366143

BAEDEKER SMART

Tel Aviv – Jerusalem

Mairdumont – www.baedeker.com

Wie funktioniert der Reiseführer?

Wir präsentieren Ihnen die Sehenswürdigkeiten Tel Aviv und Jerusalem in sechs Kapiteln. Jedem Kapitel ist eine *spezielle Farbe* zugeordnet. Um Ihnen die Reiseplanung zu erleichtern, haben wir alle wichtigen Sehenswürdigkeiten jedes Kapitels in drei Rubriken gegliedert: Einzigartige Sehenswürdigkeiten sind in der Liste der *TOP 10* zusammengefasst und zusätzlich mit zwei Baedeker Sternen gekennzeichnet. Ebenfalls bedeutend, wenngleich nicht einzigartig, sind die Sehenswürdigkeiten der Rubrik *Nicht verpassen!* Eine Auswahl weiterer interessanter Ziele birgt die Rubrik *Nach Lust und Laune!*

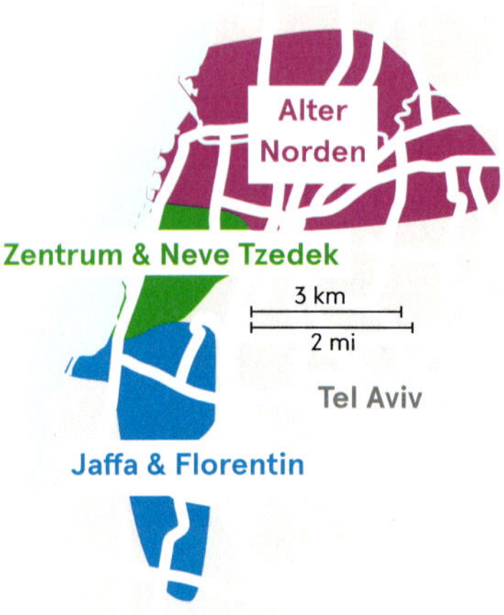

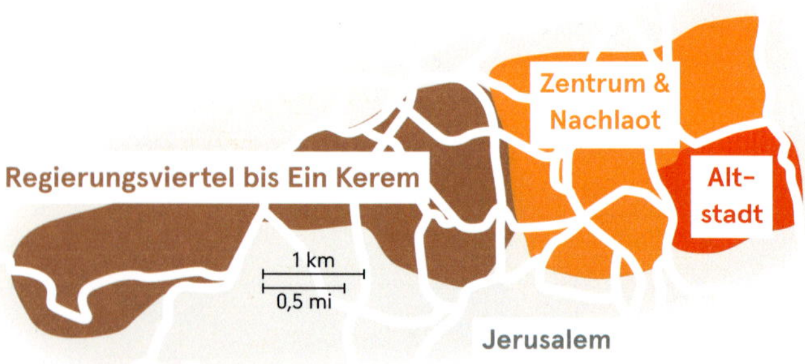

Das Magazin

Tel Aviv: Jaffa & Florentin

Tel Aviv: Zentrum & Neve Tzedek

Tel Avivs Alter Norden

Jerusalems Altstadt

Jerusalem: Zentrum & Nachlaot

Jerusalem: Regierungsviertel bis Ein Kerem

Ausflüge & Touren

Praktische Informationen

Anhang

Magische Momente

Kommen Sie zur rechten Zeit an den richtigen Ort und erleben Sie Unvergessliches.

Pilger knien vor dem Salbungsstein in der Grabeskirche von Jerusalem nieder.

Es soll Touristen geben, für die der lange Strand von Tel Aviv die einzige Sehenswürdigkeit der Stadt ist.

R-2111
1

25
2

3

4

5

6

7

8

9

10

★★ Baedeker Topziele

Unsere TOP 10 helfen Ihnen, von der absoluten Nummer eins bis zur Nummer zehn, die wichtigsten Reiseziele einzuplanen.

❶ ★★ Jaffa-Flohmarkt
Wo arabische Händler seit über hundert Jahren all das anbieten, was sich in Tel Aviv so ansammelt, treffen sich heute auch Hipster zum Feierabendbier (S. 36).

❷ ★★ Carmel-Markt
Wer den Puls Tel Avivs spüren will, ist auf dem größten Obst- und Gemüsemarkt der Stadt richtig. Neben frischen regionalen Produkten gibt es leckeres Streetfood (S. 66).

❸ ★★ Strandpromenade
Über 13 km ziehen sich der feine Sand und das klare Wasser von Jaffa bis in den Norden Tel Avivs: Badespot, Beachbar, Laufsteg und Open-Air-Sportclub zugleich (S. 38).

❹ ★★ Rothschild-Boulevard
Unter Schatten spendenden Feuerakazien, umgeben von imposanter Bauhaus-Architektur, bleibt die Zeit in Tel Aviv stehen und steppt der Bär Tag und Nacht (S. 70).

❺ ★★ HaYarkon-Park
Die grüne, 380 ha große Oase am Fluss Yarkon ist der größte Stadtpark Tel Avivs. Er bietet allerlei Aktivitäten und natürlich viel Platz zur Erholung (S. 98).

❻ ★★ Klagemauer
Die westliche Mauer des Tempelbergs in Jerusalem bietet einen Einblick in das bewegende Pilgertreiben und in uralte Rituale (S. 120).

❼ ★★ Grabeskirche
An der Stelle, wo Jesus gekreuzigt und begraben sein soll, erhebt sich eines der größten christlichen Heiligtümer. Pilger verneigen sich hier in tiefer Demut (S. 122).

❽ ★★ Tempelberg
Hier wollte Abraham seinen Sohn Isaak opfern, ritt Mohammed in den Himmel hinauf und predigte Jesus im Tempel. Der Tempelberg ist die Wurzel des Nahostkonflikts (S. 126).

❾ ★★ Yad Vashem
Täglich reisen Tausende Besucher an den westlichen Stadtrand Jerusalems, auf den Berg der Erinnerung, zu diesem bedeutenden Mahnmal und Dokumentationszentrum für die Opfer des Holocaust (S. 176).

❿ ★★ Mahane Yehuda Markt
Der größte Markt Israels bietet Gemüse, Obst, Käse, Kippas, Baklava, Hummus, Gewürze ... Zwischen den Ständen locken Cafés und Restaurants bis spät in die Nacht (S. 154).

Ein Gefühl für Tel Aviv & Jerusalem bekommen ...

Erleben, was die Städte ausmacht, ihr einzigartiges Flair spüren. So, wie die Israelis selbst.

Lokale Tropfen

Ob aus den Vulkanböden der Golanhöhen, von der Ebene des Sees Genezareth oder aus dem Hermon-Gebirge stammend: Das mediterrane Klima prägt die Weine Israels merklich. Kenner schwärmen mittlerweile für die hiesigen Tropfen. An einer Restaurantbar kommen Sie auch in den Genuss des bekannten »Chaser«, eines kleinen Shots. Für den traditionellen Schwips sorgt Arak, ein Anisschnaps.

Mit dem Rad gen Sonnenuntergang

Wer Tel Aviv begreifen will, begibt sich auf ihre Bühne, die Strandpromenade (S. 38) – und tut es den Locals gleich: Leichtes Muskeltraining ist angesagt, bei einer Radtour. Dank Tel-O-Fun sind Zweiräder an etlichen Stationen der Stadt per App verfügbar, ebenso die beliebten E-Scooter mehrerer Anbieter. Los geht's im Norden, immer am Mittelmeer entlang bis nach Jaffa, das bei Sonnenuntergang einen märchenhaften Zauber entwickelt. Hier lässt man denTag in einem der vielen Cafés oder Restaurants genüsslich ausklingen.

Orient meets Hipstertum

Inspirierende Streetart entdecken und gleichzeitig dem Gesang des Muezzins lauschen? Das ist in Jaffa möglich, dem muslimisch geprägten Stadtteil Tel Avivs: In den Gassen von Old Jaffa scheint die Zeit stehen geblieben zu sein, zugleich blüht hier ein hipper Lifestyle in schicken Bars und Boutiquen auf.

Den Teller teilen

Die israelische Küche zählt zu den spannendsten der Welt. Umso schwerer ist die »richtige« Wahl im Restaurant. Doch zum Glück müssen Sie sich nicht für ein eigenes Gericht entscheiden, sondern suchen mehrere Teller aus und teilen sich diese mit dem ganzen Tisch. Das Prinzip des »Meal Sharings« ist landesweit verbreitet. Es sorgt für Interaktion und gewährt den Genuss verschiedener Delikatessen.

Im geschichtsträchtigen Stadtteil Jaffa trifft in Tel Aviv Alt auf Neu.

Israelisches Streetfood: Falafel, serviert mit Hummus und der Sesampaste Tahini als Sandwich in einem Pitabrot

Am Samstagmorgen finden sich gläubige Juden in ihrer Synagoge zum Gebet ein.

Falafel und Hummus

Kichererbsen sind ständiger Begleiter auf einer Israelreise: Sei es püriert (Hummus) oder frittiert (Falafel). Wer glaubt, diese Köstlichkeiten schon zur Genüge aus der Heimat zu kennen, wird hier eines Besseren belehrt: In Israel entstehen der cremigste Hummus und die leckersten Falafel. Greifen Sie zu und probieren Sie: bei Abu Hassan oder HaKosem in Tel Aviv oder bei Lina in der Altstadt von Jerusalem.

Abu Hassan
⊹ 224 B2
✉ HaDolfin St. 1, Jaffa, Tel Aviv
◐ Mo–Fr, So 8–15 Uhr

Falafel HaKosem
⊹ 223 D4
✉ Shlomo HaMelekh St. 1, Tel Aviv
◐ So–Do 9.30–0.30, Fr 9.30–16 Uhr

Lina
⊹ 220 C3
✉ Ma'alot E-Khanka St. 42, Old City, Jerusalem
◐ tägl. 8–16 Uhr

Am Samstag ist hier Sonntag

Der Sabbat ist im jüdischen Kalender der siebte Wochentag und somit Ruhetag. Er setzt Freitag bei Einbruch der Dunkelheit ein und endet Samstagabend. Deshalb beginnt in Israel das Wochenende bereits Donnerstagabend. Ab Freitagmittag haben nicht nur die meisten Geschäfte geschlossen, auch der öffentliche Verkehr fällt aus, und die Taxis fahren zu erhöhten Tarifen. Juden finden sich traditionell Freitagabend zum Familienessen ein (S. 21). Nutzen Sie den Tag zum Ausspannen – etwa am Strand von Tel Aviv. Oder Sie lassen sich von Betzavta oder Eatwith mit Locals zum Dinner zusammenführen – ein toller kulinarischer Kulturaustausch.

Betzavta/Eatwith
🌐 www.betzavta.me, https://de.eatwith.com
(frühzeitige Anmeldung nötig)

Jerusalem erspüren

Um Jerusalem mit jeder Faser zu spüren, empfiehlt sich ein Spaziergang durch das populäre Nachlaot. Das Stadtviertel entstand in den 1870er-Jahren und ist heute kulturell so vielfältig wie das Warenangebot des Mahane Yehuda Markts (S. 150), wo der Rundgang durch enge, verwinkelte Gassen startet. Kleine Synagogen, blumengeschmückte Steinhäuschen, versteckte Innenhöfe säumen den Weg.

Ein Land fährt runter

Yom Kippur ist der heiligste Tag im jüdischen Kalender. An diesem Versöhnungstag fährt das Land fast komplett runter: Häfen und Flughäfen schließen, der Nahverkehr wird eingestellt, die Fernsehsender unterbrechen ihr Programm, die Läden bleiben 24 Stunden lang zu. Es fahren auch keine Autos, nicht weil es verboten wäre – man macht es einfach nicht. Die jüdische Bevölkerung nutzt den Tag zum Fasten und Beten. Vor allem in Jerusalem herrscht eine unvergleichliche Stimmung, wenn die Kinder auf ihren Bobbycars die Straßen erobern.

Unter Schatten spendenden Bäumen treffen sich Tel Avivis gern auf einen Kaffee an den Kiosken des Rothschild-Boulevards.

Das Magazin

Tel Aviv und Jerusalem könnten gegensätzlicher nicht sein. Doch beide verbindet nicht nur Gastfreundschaft und fabelhaftes Essen.

Seiten 12–27

Metropolen im Fokus

Obwohl nur rund 60 Kilometer voneinander entfernt, schlägt in Jerusalem ein anderer Takt als in Tel Aviv, weht ein anderer Duft und herrscht eine bedächtigere Stimmung.

Tel Aviv ist eine Stadt, der man so einiges vorwirft. Beziehungsweise seinen Bewohnern: Ignorant und sonnenhungrig sollen sie sein und nichts als gutes Essen, Strand und Party im Kopf haben. Das mag von außen betrachtet durchaus stimmen: Anstatt sich von politischen Konflikten und Bedrohungen unterkriegen zu lassen, genießen viele Tel Avivis das Leben mit jeder Faser.

Geschichte täglich neu schreiben

Tel Aviv entstand ab 1909 als Zufluchtsort für die jüdischen Siedler. Aus einer kargen Wüstenlandschaft entwickelte sich eine schnelllebige, internationale Küstenstadt, die sich mit jeder Einwanderungswelle immer wieder ein bisschen neu erfand (S. 26).

Im Gegensatz zu Jerusalem mit ihrer legendären Historie schreibt Tel Aviv ihre Geschichte täglich neu. Tel Aviv ist Gegenwart. Offen, dynamisch und kosmopolitisch. Hier scheint nichts unmöglich. Die Mittelmeermetropole ist inzwischen ein Sehnsuchtsort. Als Europäer fühlt man sich hier schnell zu Hause. Die Stadt gilt außerdem als Mekka für Veganer (S. 17) und als eine Hochburg der LGBTQ-Szene (S. 22).

Bei all der Gastfreundschaft ist Tel Aviv aber auch borstig. Die etwa 400 000 Einwohner setzen auf Direkt- statt Höflichkeit. Laut sind auch die Stimmen, die sich gegen den Nahostkonflikt aussprechen. So direkt und unverblümt wie die Streetart im Stadtteil Florentin.

Jerusalem-Syndrom

Das Jerusalem-Syndrom ist eine offizielle psychische Erkrankung, eine Wahnvorstellung. Sie führt dazu, dass sich jährlich Hunderte Pilger – überwältigt von der Spiritualität Jerusalems und getrieben von der eigenen Suche nach Erlösung und Erleuchtung – als Reinkarnationen biblischer Gestalten sehen.

Jerusalem ist das Ziel vieler Pilger aus aller Welt und aus vielen Religionen; die Altstadt versprüht eine ganz eigene Atmosphäre.

Neben- statt miteinander

Während in Tel Aviv jeder tut, was er oder sie will, zeigt sich Jerusalem viel unantastbarer und weniger transparent. Zwar trifft man auch auf Diversität und moderne Lebensformen. Doch im Vergleich zu Tel Aviv lebt man hier eher neben- als miteinander.

Die Atmosphäre in der Heiligen Stadt wirkt häufig angespannt, denn allein über 20 000 religiös tief verwurzelte Menschen leben in armenischen, christlichen, muslimischen und jüdischen Vierteln der Altstadt. Religion ist in Jerusalem omnipräsent. Die Stadt ist Traumpilgerziel für Fromme aus aller Welt. Widersprüchliche Lebensphilosophien und Glaubensvorstellungen sorgen gelegentlich für Misstrauen und Auseinandersetzungen.

Nein, es ist definitiv keine Partystimmung, die in Jerusalem in der Luft liegt. Denn die Stadt ist auch einer der Hauptstreitpunkte im Nahostkonflikt (S. 18) – und dieser ist nicht nur in der Altstadt präsent.

Jede auf ihre eigene Weise

Aber natürlich genießt man auch in Jerusalem das Leben gern und ausgiebig. Als Besucher muss man sich nicht etwa fürchten, sondern darf sich beim Shoppen, Ausgehen und Genießen treiben lassen. Und die Leute sind in Jerusalem etwas weniger brüsk. Oder zumindest anders als in Tel Aviv.

Tel Aviv und Jerusalem sind geschäftige, lebendige und faszinierende Städte, die eine Vielzahl von Sehenswürdigkeiten bieten – jede auf ihre eigene Weise.

Essen als Erlebnis

In Israel isst man nicht bloß, um sich zu ernähren: Jede noch so kleine Mahlzeit wird zelebriert. Kein Wunder, denn die israelische Küche gilt als besonders vielfältig – und ist häufig vegan.

Ein effizienter Weg, Israel zu erleben, führt durch den Magen. Wer seinen Aufenthalt also hauptsächlich in Restaurants verbringt, braucht kein schlechtes Gewissen zu haben. Denn in Israel isst man nicht vordergründig, um sich zu sättigen, sondern um bei einem ausgedehnten Festmahl mit Familie und Freunden zusammenzukommen. Und hierfür bedarf es weder einer speziellen Gelegenheit, noch eines Feiertages: Selbst nichtreligiöse Familien treffen sich freitags zum ausgedehnten Sabbat-Dinner (S. 21).

Ein Prost auf die Fülle der israelischen Küche und dann Bete'avon! (Guten Appetit)

Milch und Honig fließen

Auch beim Restaurantbesuch sollte genügend Zeit eingerechnet werden. Denn selbst beim »kurzen Apéro« kann es passieren, dass plötzlich eine Flasche Wein und zig Mezze-Teller auf dem Tisch stehen. Warum? Weil genießen soll, wer kann.

Die biblischen Bewohner des Landes Kanaan (das Gelobte Land im Altertum) sollen sich hauptsächlich von Milch und Honig ernährt haben: Während die Milch meist von Schafen und Ziegen stammte, lieferten Datteln, Feigen und Johannisbrot den Honig.

Diese Zeiten sind vorbei. Die moderne Küche Israels sprüht von einer Vielfältigkeit, wie sie kaum irgendwo sonst anzutreffen ist. Auf den Tellern des Landes verschmelzen Kulturen – ihre Gegensätze und Gemeinsamkeiten – und sorgen so für kulinarische Überraschungen.

Dazu beigetragen haben insbesondere Einwanderer aus West- und Osteuropa, aus Nordafrika und dem Nahen Osten. Eine typisch israelische Küche gibt's genauso wenig wie einen typischen Israeli.

Fastfood-Klassiker fleischlos

Cappuccino mit Sojamilch? In Israel selbst an der abgelegensten Tankstelle bereits seit Jahren eine Selbstverständlichkeit. Tel Aviv gilt nicht umsonst als vegane Kapitale der Welt: 2019 zählte die Mittelmeermetropole rund 500 pflanzenbasierte Restaurants. Aber auch in Jerusalem kommen fleischlose Esser voll und ganz auf ihre Kosten. Schließlich besticht die israelische Küche per se durch ihre Vielfalt an kreativ zubereiteten Gemüse-Gerichten wie Baba Ghanousch (Auberginenpaste), Linsensuppe oder Taboulé (Petersiliensalat mit Bulgur). Selbst die nationalen Fastfood-Klassiker wie Hummus oder Falafel sind vegan. Entsprechend fällt es der israelischen Bevölkerung von Grund auf leichter, fleischlos zu leben.

Die klimatischen Bedingungen sorgen zudem dafür, dass frisches Obst und Gemüse ganzjährig verfügbar ist.

Sojamilch statt Kuhmilch

Doch die Gründe, weshalb im Heiligen Land mittlerweile über fünf Prozent vegan leben, sitzen zum Teil noch viel tiefer. Unter den israelischen Veganern gibt es zahlreiche radikale Tierschützer, die die moderne Massentierhaltung mit Konzentrationslagern gleichsetzen.

Und auch das Judentum spielt eine maßgebliche Rolle. Die strenge koschere Küche (s. Kasten), deren Grundregel besagt, dass Fleisch- von Milchprodukten zu trennen sei, erleichtert die vegane Lebensweise. Koschere Restaurants, die alle vom Oberrabbiner zertifiziert sein müssen, servieren entweder Milchiges oder Fleischiges. Zudem gibt es schon lange Ersatzprodukte für Milchiges. Vegane Kost ist häufig koscher; und so macht man im Zweifel nichts falsch, wenn man die Speisegesetze beachten will.

Veganer zu sein ist für Israelis also auch bequem. Veganismus ist weit mehr als bloß ein Trend.

Jüdische Speisegesetze

Man unterscheidet zwischen erlaubten (koscheren), nicht erlaubten (treife) und neutralen (parwe) Speisen. Koscher ist Fleisch von Paarhufern, die auch Wiederkäuer sind (Rinder, Ziegen, Schafe). Fische mit Schuppen und Flossen sind erlaubt, Schalentiere nicht. Fleischprodukte dürfen nicht zusammen mit Milchspeisen gelagert, zubereitet und gegessen werden. Koschere Haushalte benötigen also zwei Kühlschränke, zwei Geschirr- und zwei Topfsets ...

Konfliktlösung?

Rund einhundert Jahre hält er nun schon an, der Konflikt zwischen Arabern und Juden in Palästina. Ist eine Lösung in Sicht?

Was mit Streitigkeiten um den wachsenden Einfluss jüdischer Siedler in dieser kleinen, aber in religiös-kultureller Hinsicht so bedeutenden Region begann, mündete in eine ganze Reihe blutiger Kriege, Aufstände und Attentate, deren Ende leider weiterhin nicht abzusehen ist.

Zwar gibt es auf beiden Seiten immer wieder ernsthafte Friedensbemühungen, doch werden diese – ebenfalls auf beiden Seiten – von unversöhnlichen Gruppierungen und von fanatischen Einzelkämpfern auch fortlaufend boykottiert.

Allein unter Juden

Wer sein Verständnis für Israel und Palästina schärfen will, dem sei Tuvia Tenenboms amüsante und zugleich erschütternde Reise durch das Heilige Land empfohlen: »Allein unter Juden« (Suhrkamp Verlag). Der US-amerikanische Publizist, der in Israel geboren wurde und dort bis zu seinem 17 Lebensjahr in seiner ultraorthodoxen Familie lebte, unternimmt 55 Etappen und trifft auf NGOs und Politiker, auf Juden und Moslems und Christen …

Waffenruhen und Kämpfe

Die Situation ist vertrackt: Israelis und Palästinenser erheben Anspruch auf ein und dasselbe Gebiet. Der Status quo mit dem Kernland Israel einerseits und den palästinensischen Autonomiegebieten im Westjordanland und im Gazastreifen andererseits ist alles andere als gefestigt, von daher wird immer wieder nach einer dauerhaften Lösung des Konflikts gesucht.

2005 rückte der Frieden nach jahrelangen Kämpfen erstmals wieder in greifbare Nähe: Eine Waffenruhe trat in Kraft, und die Israelis räumten nach 38 Jahren Besatzung den Gazastreifen. Doch als ebendort 2007 die radikalislamische Hamas an die Macht kam, flammten die Unruhen und Attentate, die Angriffe und Gegenangriffe erneut auf. Einen Höhepunkt erreichten die Kämpfe schließlich im November 2019: Nach der gezielten Tötung des palästinensischen Dschihadisten Baha Abu al-Ata durch israelische Streitkräfte im Gazastreifen gingen mehr als 200 Raketen auf Israel nieder. Als Vergeltung feuerte Israel Bomben auf Dschihadisten-Stellungen ab.

Westjordanland und im Gazastreifen, wobei die zahlreichen Teilgebiete durch ein System von Brücken, Straßen und Tunneln miteinander verbunden werden sollen. Jerusalem bleibt die ungeteilte Hauptstadt Israels, während der östliche Vorort Abu Dis die Hauptstadt

Die Sperrmauer zwischen Jerusalem und Ramallah ziert ein Graffiti von Jassir Arafat, dem Mitbegründer der Fatah und späteren Chef der PLO, der den Weg für Friedensverhandlungen ebnete.

Trumps Friedensplan

Eine umstrittene Rolle im Nahostkonflikt spielt seit seinem Amtsantritt der US-amerikanische Präsident Donald Trump. Im Mai 2018 ließ er die Botschaft der USA von Tel Aviv nach Jerusalem verlegen und bezeichnete bei dieser Gelegenheit Jerusalem ganz explizit als Hauptstadt Israels. Darüber hinaus stellte er im Januar 2020 zusammen mit dem israelischen Ministerpräsidenten Netanjahu eine Zweistaatenlösung für die Region vor: Vorgesehen ist die Gründung eines palästinensischen Staates im Palästinas werden soll. Der neue Staat soll über kein Militär verfügen, im Gegenzug versprach Trump den Palästinensern 50 Milliarden Dollar an Wirtschaftshilfe sowie Zugang zu den israelischen Häfen Haifa und Ashdod.

Doch sein Plan stößt auf wenig Gegenliebe: Die palästinensische Regierung lehnte ihn vor allem im Hinblick auf die Jerusalemfrage von vornherein als absurd ab, und auch die Reaktionen in anderen arabischen Ländern sind gespalten. Der Nahostkonflikt wird also wohl vorerst ungelöst bleiben.

Das Miteinander pflegen

Das Familienleben ist ein Grundwert der jüdischen und israelischen Kultur. Von Geburt an wird Kindern beigebracht, dass die Einheit der Familie einer der wichtigsten Aspekte des Lebens ist.

Die gesamte Zivilgesellschaft basiert auf der Einheit der Familie, der Nähe zur Gemeinde und der sozialen Vernetzung, was durch das ganzjährig sonnige Wetter und die dicht besiedelten Städte gefördert wird. Gemeinsame Ferien und Familienessen sind ein fester Bestandteil der israelischen Gesellschaft. Sie werden mit einer inbrünstigen Freude gefeiert, die über das hinausgehen, was in den meisten Kulturen typisch ist. Und da Israel ein winziges Land ist, in dem 8,7 Millionen Menschen auf nur 22 150 km² Land leben, gibt es tatsächlich nicht genug Platz, um seiner Familie zu entkommen.

Familie als Bastion

Die Familie als Grundeinheit der Gesellschaft hat ihren Ursprung in der jüdischen Tradition und in den

Der Sabbat ist das Herzstück des jüdischen Lebens, ein Tag der Ruhe und des Feierns.

konservativen Gesellschaften des Mittelmeers, des Nahen Ostens und der Länder, aus denen die meisten Israelis ursprünglich stammen. Zudem gibt es in Israel das Bewusstsein für eine demografische Bedrohung. Nur die stabile Familie, vor allem eine Großfamilie, schafft es, sich dieser Bedrohung entgegen zu stellen. Frauen werden besonders in die Pflicht genommen: Sie sollen ihrer Rolle als Mutter nachkommen. Unverheiratete, kinderlose Frauen über 30 Jahren sehen sich noch immer nicht selten einer »jüdischen Inquisition« ausgesetzt. Von gesellschaftlichen Zwängen zu lösen fällt schwer.

Dinner im Mittelpunkt

Jeden Freitag, wenn die Sonne untergeht, drosselt die israelische Bevölkerung das Tempo und beginnt sich auf den jüdischen Sabbat vorzubereiten. Die Busse drängen sich nicht mehr auf den Straßen, der Lärm der Bauarbeiten verschwindet: Ein Gefühl der Ruhe und Entspannung liegt in der Luft – eine einzigartige Atmosphäre. Und was gibt es Besseres zur Begrüßung des Wochenendes als ein Treffen mit Familie und Freunden?

In der israelischen Gesellschaft existieren parallel verschiedene Religionen, Ethnien, Kulturen und Bräuche. Familienessen werden aber von der gesamten israelischen Bevölkerung gepflegt, auch wenn sie unterschiedlich praktiziert werden. Nach der Halacha (jüdisches Religionsgesetz) wird der Sabbat von Freitagabend, wenige Minuten vor Sonnenuntergang, bis Samstagabend eingehalten. In allen jüdischen Haushalten wird der Sabbat durch das Anzünden von Kerzen und das Rezitieren eines Segens eingeleitet, gefolgt von einem epischen Mahl, das normalerweise mindestens drei bis vier Stunden dauert.

Für Muslime ist der gesamte Freitag von besonderer Bedeutung. Man begrüßt den Tag mit einem Gebet und trifft sich ebenfalls zum Familienessen. Insbesondere im Ramadan sind die Iftar-Mahlzeiten, wenn alle zusammenkommen, eine freudige Erfahrung.

Aber auch die säkularen Israelis, vor allem in Tel Aviv, treffen sich freitags zum Essen und Feiern mit ihren Liebsten. In christlichen Gemeinden ist dagegen der Sonntag heilig: Fromme Bürger in Jerusalem, Nazareth und Akko finden sich dann zum Beten und Essen zusammen.

Urlaube an Feiertagen

Über die traditionellen Gebete, Gottesdienste und Mahle hinaus feiern Israelis Feiertage freudig und lebendig. Es ist auch nicht unüblich, Feiertage für gemeinsame Unternehmungen mit der ganzen Familie und Freunden zu nutzen, etwa für einen Kurzurlaub in die Natur oder an den Strand. Diese Art des Feierns zeugt von der zentralen Bedeutung der Familie.

LGBTQ-Hochburg

Es ist kaum bekannt, aber Israel ist eines der schwulenfreundlichsten Reiseziele und Tel Aviv ein sicherer Hafen für Lesben und Schwule.

Religiöse Traditionen spielen in der israelischen Gesellschaft eine große Rolle, sie sind in das Gefüge des zivilen Lebens fest eingebunden. Und während sich der Konflikt zwischen orthodoxen und säkularen Israelis immer weiter zuspitzt, ist insbesondere Tel Aviv ein Ort, an dem Lesben, Schwule, Bisexuelle, Transgender und Queere (LGBTQ) frei und offen leben können – so wie es ihnen gefällt.

Tel Aviv gilt als Leuchtturm des Liberalismus in Israel. Ob jüdisch oder muslimisch, christlich oder atheistisch, israelisch oder palästinensisch, die fortschrittliche Haltung der Stadt fördert Verbindungen zwischen vermeintlich ungleichen Partnern. Tel Aviv ist ein El Dorado und ein Ort der Hoffnung im ansonsten strengen und religiösen Nahen Osten.

PRIDE – liberale Stadtkultur

Tel Aviv feiert seinen liberalen, LGBTQ-freundlichen Geist jedes Jahr mit seiner Pride Parade im Zuge der Tel Aviv Pride Week, die im Juni stattfindet. Während dieses Events versammeln sich Tausende zum Feiern und Tanzen auf den Straßen. Nicht nur die geschätzt 25 % der Tel Avivis, die sich als homosexuell bezeichnen, auch Gäste aus vielen Ländern der Welt. Die liberale Stadtverwaltung lässt während dieser Tage einige Gebäude in Regenbogenfarben erstrahlen.

Grenzen überwinden

2016 kam der palästinensische Dokumentarfilm »Oriented« in die Kinos, der das Leben dreier in Israel geborener schwuler Palästinenser abbildet – ein Leben im Spannungsfeld zwischen Beziehungen und Identitätskrisen. Der Film regte die Diskussion darüber an, wie jüdische und muslimische Homosexuelle als Partner zusammenleben könnten, ungeachtet der politischen und gesellschaftlichen Unterschiede. Ist eine tiefe Verbindung über die Politik hinaus möglich?

Eine palästinensisch-israelische homosexuelle Beziehung ist zunächst überraschend. Aber genau

Tel Aviv ist Gastgeber der größten LGBTQ-Parade im Nahen Osten und Asien. Durch die tolerante Stadtpolitik hat sich Tel Aviv zum weltweit beliebtesten Ziel für Schwule entwickelt.

das ist das Wesen von Tel Aviv: Alles ist möglich. Und so hat sich die Stadt zu einem der beliebtesten Ziele weltweit für Schwule entwickelt.

Toleranz oder Pinkwashing?

In Tel Aviv gibt es keinen bestimmten Schwulen- oder LGBTQ-Bezirk, der Geist dieser vermeintlichen Minderheit weht durch die gesamte Stadt. Man muss Tel Aviv jedoch unabhängig vom Staat Israel betrachten. Dieser sonnt sich gern im Glanz der Offenheit und Toleranz, ist aber eigentlich ziemlich konservativ. Etwas, das auch als »Pinkwashing« bekannt und kritisiert wird. Es gibt in Israel keine legalen Homo-Ehen, und es ist für Homosexuelle immer noch sehr schwierig, ein Kind zu adoptieren.

Überraschenderweise findet in der »Heiligen Stadt« Jerusalem auch jährlich ein PRIDE-Festival statt. Obwohl es kleiner ist, zeigt diese Veranstaltung, dass religiöse Gemeinden in Israel die Rechte der LGBTQ durchaus respektieren. Im Nahen Osten übernimmt Israel damit eine Vorreiterrolle.

Carpe diem

Auch wenn der Tod vor der Tür steht, sind Israelis für ihre Lebenskraft bekannt. Eine Vitalität, die Schule machen sollte.

Seit der Gründung Israels im Jahr 1948 hat sich das Land wie kein anderes in der modernen Zivilisation mit zahlreichen Kriegen und Terroranschlägen konfrontiert gesehen. Ein Gefühl des Unbehagens hängt deshalb immer in der Luft, denn ein Angriff könnte theoretisch jederzeit aus mehreren Richtungen erfolgen. Alle israelischen Bürger sind deshalb gesetzlich verpflichtet, mindestens zwei bis drei Jahre lang Wehrdienst zu leisten, eine patriotische Pflicht, die dazu dient, das Land vor seinen feindlichen Nachbarn zu verteidigen und seine Bürger so gut wie möglich zu schützen. Der Militärdienst lehrt Disziplin, Verantwortung und die Notwendigkeit, etwas beizutragen: Teamwork eben.

Start-up-Nation

Israel ist ein weltweit führender Hightech-Standort, ein Land der Innovationen, was ihm den Titel Start-up-Nation einbrachte. Es soll hier über 8000 Start-ups geben, gemessen an der Einwohnerzahl (8,7 Mio.) ein absoluter Spitzenwert. Wenig natürliche Ressourcen, die Konflikte mit Nachbarländern, die sehr gute Zusammenarbeit von Forschung und Militär sind nur drei Anreize für das Florieren von Innovationen in Israel.

Das Leben feiern

Über Generationen hinweg hat sich in der israelischen Gesellschaft ein gemeinsames Bewusstsein entwickelt, das zu einer echten Praxis des Carpe diem und der Wertschätzung des Lebens geführt hat. In der jüdischen Kultur und in ganz Israel werden die Worte *L'Chaim* (Auf das Leben) bei vielen Gelegenheiten verwendet: beim Anstoßen, beim Tanzen oder einfach beim Grüßen auf der Straße. Dieser Ausspruch steht für die jüdische Kultur, das Leben als Fest zu begreifen. Israelis haben eine unvergleichliche Lebensenergie geschaffen, die Besucher aus aller Welt anzieht.

Keine Garantie für ein Morgen

Vor allem in Tel Aviv lässt sich erfahren, was es mit dieser vitalen Energie und diesem Geist auf sich hat. Junge Unternehmer schwirren von Straßencafés zu hochmodernen Wolkenkratzern, entwickeln bahnbrechende Technologien und schaffen globale Verbindungen (s. Kasten). Musiker und Künstler arbeiten mit Hingabe an ihrem Handwerk und bereiten sich auf ihren nächsten Auftritt an einem der unzähligen Veranstaltungsorte vor ... Die Tel Avivis packen das Leben – und die Feier des Lebens – mit voller Absicht bei den Hörnern. Restaurants, Bars und Nachtlokale sind an jedem Tag der Woche voll, während sich auf den Bürgersteigen Jung und Alt gleichermaßen tummeln.

Durch das politische Chaos, den Kriegsdruck und die hohen Lebenshaltungskosten, mit denen alle Israelis konfrontiert sind, ist das Leben nie bereit, sich in den Hintergrund zu drängen – Freude muss bei jeder sich bietenden Gelegenheit erlebt werden. Denn in Israel gibt es bei all der Glückseligkeit und dem Lächeln keine Garantie für ein Morgen.

Eine Großfamilie feiert den Unabhängigkeitstag bei einem Picknick im Park.

Positive Energie teilen

Anderswo in Israel – von der Wüste Negev im Süden bis nach Jerusalem, Galiläa und zu den Golanhöhen – haben Gemeinden häufig direkt mit Konflikten, Anschlägen und der Androhung von Gewalt zu kämpfen, egal ob sie jüdisch, muslimisch oder christlich sind. Diese Tatsache ist für ausländische Besucher nur relativ schwer nachzuempfinden. Aber Einheimische würden zustimmen, dass Israelis mit Schwierigkeiten konfrontiert sind, die in den meisten Ländern der Ersten Welt unüblich sind.

In Israel herrscht ein tiefes Gefühl der Wertschätzung für die ruhigen Momente des Lebens vor. Sie hat sich mit der Zeit in einer Notwendigkeit niedergeschlagen, positive Energie aufzubauen und diese auch zu teilen.

Vielleicht sind es die 300 Sonnentage im Jahr, die für so ein kleines Land lange Mittelmeerküste, die heiligen Stätten, die unglaubliche Küche oder der Einfluss des Nahen Ostens, die Israelis vor Energie strotzen lassen. Eine Vitalität, die auch Kreativität freisetzt.

Architektonischer Schmelztiegel

Die Gestaltung Tel Avivs, der ersten jüdischen Stadt im biblischen Land, hat sich im Gleichschritt mit der Weltgeschichte entwickelt.

Tel Aviv, heute eine Großstadt mit mehr als 435 000 Einwohnern, wurde 1909 am Rand von Jaffa, der 3000 Jahre alten Hafenstadt, gegründet, um die wachsende Bevölkerung des Gebiets aufzunehmen. Etwa 65 idealistische Familien aus Jaffa schlossen sich zusammen, um eine neue Stadt zu gründen – in den Sanddünen. Mithilfe von Muscheln verlosten die jüdischen Siedler die ersten 65 Grundstücke auf dem »Frühlingshügel« (Tel Aviv).

Vom Bau des ältesten Stadtviertel, das heute als Neve Tzedek bekannt ist, über die Phasen des Bauhauses und des Brutalismus bis hin zur Moderne hat sich die Stadt ein vielfältiges, eklektisches Aussehen zugelegt.

Gärten in der Großstadt

Angesichts der raschen Stadtentwicklung beauftragte Tel Aviv 1925 den schottischen Stadtplaner Patrick Geddes mit einem ersten Bebauungsplan. Geddes bezeichnete Tel Aviv als »einen Übergangsort und eine Verbindung zwischen den überfüllten Städten Europas und dem landwirtschaftlich geprägten Palästina«. Geddes schrieb vor, dass jeder Wohnblock auch über Gärten, Spielplätze oder andere für die Allgemeinheit offene, verkehrsfreie Räume verfügen solle. Außerdem plante er Hauptverkehrsachsen, die von Nord nach Süd verliefen, und Wohnstraßen, die in Ost-West-Richtung angelegt wurden. Auf diese Weise konnte eine kühle Brise des Mittelmeers in die Stadt gelangen. Tel Aviv entstand am Reißbrett.

Weiße Stadt

Aus Nazideutschland und dem besetzten Europa flohen auch Architekten nach Palästina, die entweder an der Bauhaus-Schule studiert hatten oder durch Gropius oder Le Corbusier inspiriert waren. Sie nahmen eine zentrale Rolle bei der Entwicklung der »Weißen

Stadt« (S. 76) ein, eines Viertels mit heute etwa 4000 Bauhaus-Gebäuden, das unter dem Schutz der Unesco steht. Wegweisende israelische Architekten wie Dov Karmi, Zeev Rechter und Arieh Sharon haben mit den Ideen des Bauhaus eine neue Ära in der israelischen Architektur eingeleitet.

Stark durch Sichtbeton

Ab den 1960er-Jahren dominierte der Brutalismus, wobei er die frühe sozialistische Staatsmentalität, Rebellion und den Willen zur Präsentation als ein starkes Land spiegelte. Rohbeton *(béton brut)* bestimmte alle großen Neubauten, von Regierungsgebäuden über kulturelle Einrichtungen und Sportstadien bis zu Wohnbauprojekten. Hilton Hotel, Rathaus, Shalom Meir Tower und Eretz Israel Museum sind nur vier Beispiele aus dieser Zeit. 300 Gebäude sollen in dem Stil entstanden sein. Monolithische Erscheinungen – wie ein stoisches Fundament eines instabilen Landes.

Himmelwärts strebend

Heutzutage ist das Stadtbild von Tel Aviv fast überall geprägt von Baustellen und hoch aufragenden Kränen, die an der nächsten monolithischen Struktur arbeiten – die der rasch expandierenden Stadt.

Um Tel Aviv zu verstehen, muss man sich vor Augen halten, dass die Stadt noch sehr jung ist: Erst knapp über 110 Jahre ist sie alt, sich ständig verändernd, sozusagen ein atmender Organismus, der den himmelwärts strebenden Gebäuden von Architekturgrößen wie Richard Meier, Ron Arad und bald auch Kohn Pedersen Fox Raum schafft. Fox' 340 m hoher Azrieli Tower wird das höchste Gebäude Israels sein.

Tel Aviv ist ständig in Bewegung. Jede abgeschlossene Bauhaus-Restaurierung und jeder fertiggestellte Wolkenkratzer verfestigt den Ruf der Stadt als architektonischer Schmelztiegel.

In Sarona treffen Vergangenheit und Zukunft aufeinander: Hinter den sanierten Häusern der im 19. Jh. entstandenen Templersiedlung ragen moderne Hochhäuser empor.

In den Straßen des Viertels Florentin findet sich farbenfrohe Streetart.

Tel Aviv: Jaffa & Florentin

Von der märchenhaft-orientalischen Hafenstadt zum farbenfrohen und hippen Hotspot Tel Avivs.

Seiten 28–57

Erste Orientierung

Während im alten Jaffa der Muezzin zum Gebet ruft, schlagen sich Freigeister in Florentin den Bauch mit Hummus und Bier voll – zwei Viertel, die sich gegenseitig immer stärker inspirieren und bereichern.

Jaffa gilt als älteste Hafenstadt am Mittelmeer. Um diesen Hafen haben sich bereits Kanaaniter und Ägypter, Römer und Hebräer, Griechen und Byzantiner, Kreuzfahrer und Sarazenen sowie Mamluken und Osmanen gestritten. Die frühere »Braut Palästinas«, die vom Export der süßen Jaffa-Orangen lebte, fiel 1948 infolge des Unabhängigkeitskriegs an Israel. 1950 wurden Tel Aviv und Jaffa vereinigt. Die muslimische Einwohnerzahl schrumpfte, die Altstadt verkam zu einem Slum. Erst die Ansiedlung von Künstlern beendete den langen Dornröschenschlaf.

Wer heute auf den Sandsteintreppen durch die verwinkelten Gassen bis zum alten Hafen spaziert, passiert jüdische Galerien und Kreativateliers en masse. Die vielen Restaurants laden zu Tête-à-Têtes auf blumigen Terrassen ein. Die Umgebung des Flohmarkts ist dank Bars und Jungdesigner-Boutiquen ein aufstrebendes Viertel. Auch nach Ladenschluss geht es hier weiter.

Das bunte Viertel Florentin gründete Schlomo Florentin in den 1920er-Jahren und benannte es nach seinem Großvater. Zunächst siedelten hier jüdische Handwerker aus Griechenland, später aus dem Irak und der Sowjetunion. In den 1990er-Jahren entdeckten Künstler und Studenten Florentin und machten es sich zum Ziel, das verstaubte Viertel aufzuhübschen. Und zwar mit Farbe: Insbesondere die Gegend rund um die Florentin-Straße offenbart zahlreiche Graffiti sowie alternative Cafés und Kneipen.

Florentin ist eine von Armut geprägte Nachbarschaft im Wandel, die jünger und hipper wird. Yogamatte und Hund gehören nun auch hier zum angesagten Accessoire.

TOP 10
- ❶ ★★ Jaffa-Flohmarkt
- ❸ ★★ Strandpromenade

Nicht verpassen!
- ⓫ Jaffas Hafen
- ⓬ Yoko Kitahara Spa
- ⓭ Noga & Deutsche Kolonie
- ⓮ Levinsky-Markt

Nach Lust und Laune!
- 15 Uhrturm
- 16 St. Peter & Gan HaPisga
- 17 Hängender Orangenbaum
- 18 Brennerei Milk & Honey
- 19 Gordon Gallery
- 20 Zentraler Busbahnhof
- 21 Design Museum Holon

Mein Tag der Kontraste

Vom quirligen Flohmarkt durch polierte Sandsteingassen zum Hafen des orientalischen Jaffa, später mit dem E-Roller über das hippe Noga ins alternative Florentin.

10 Uhr: Frühstück in versteckter Ecke

Geheimtipp in einer Gasse neben dem ❶ ★★ Jaffa-Flohmarkt (S. 36): Im Café Saga gibt es nicht nur feinen Kaffee, Croissants, Sandwiches, Schakschuka und Granola, in den hellen Räumlichkeiten werden auch einzelne Exponate des Saga Design Store (gleich nebenan) ausgestellt.

11 Uhr: Erfrischende Brise

Sind die Auslagen des Flohmarkts ausreichend inspiziert, geht's durch die hübschen Sträßchen der Altstadt: von der Rabi Pinkhas zur HaTsorfim – auf Höhe der Amiad zeigt sich erstmals die Streetart-Szene Tel Avivs – bis zur ❸ ★★ Strandpromenade. Und nun immer schön am Meer entlang bis zum Hafen.

12 Uhr: Sonnengruß zur Skyline

Wie wär's mit einer entspannten Yogastunde? Für das ultimative Erlebnis empfiehlt sich eine Privatlektion bei Shelly Ciprut von Yoga Shelly (+972 58-743-4777). Die sympathische Türkin kommt gern zum HaMuze'on Garden, wo Sie mit Blick auf die Skyline Tel Avivs die Sonne gleich doppelt begrüßen.

14.30 Uhr: Smooth Like a Bird

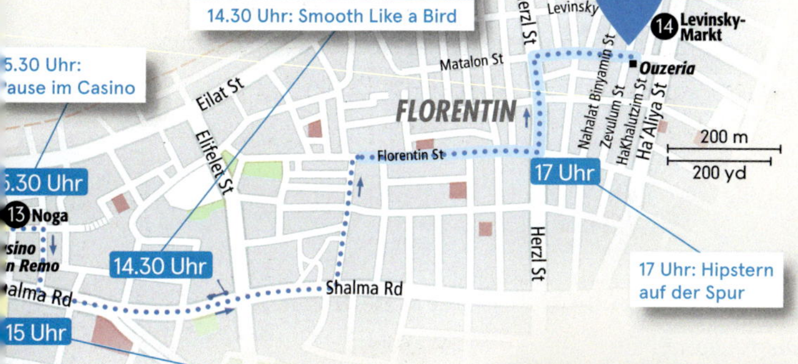

15 Uhr: Streetart-Offensive

14 Uhr: Zeit für ein Rugelach

Nun haben Sie sich eine süße Belohnung verdient. Die Bäckerei Abouelafia (Yefet St. 7) ist eine Institution in Jaffa. Für die ofenfrische Ware wird rund um die Uhr Schlange gestanden. Probieren Sie ein Rugelach, ein Croissant-ähnliches israelisches Gebäck mit Schokolade.

Der Saga Store führt Produkte vieler israelischer Künstler, vor allem aber von jungen Talenten.

14.30 Uhr: Smooth like a Bird!

Nun schnappen Sie sich einen E-Roller von Lime oder Bird (Apps runterladen!) und los geht die kleine Erkundungsfahrt durch Tel Aviv.

15 Uhr: Streetart-Offensive

Erster Stopp: die Straße Yo'Ezer. Hier gibt's tolle Graffiti zu bestaunen, etwa von Asaro Design oder Solomon Souza, zwei bekannten Künstlern Tel Avivs.

15.30 Uhr: Pause im Casino

Unterwegs lohnt ein Halt im hippen ⓭ Noga (S. 44), am besten im Casino San Remo auf einen Espresso oder eine frische Limonade.

17 Uhr: Hipstern auf der Spur

Über die Shalma Road geht's ins Viertel Florentin, direkt zur gleichnamigen Straße. Stellen Sie Ihren E-Roller ab und flanieren Sie drauflos: Alternative Cafés reihen sich an angesagte Restaurants, Tattoo-Studios an Boutiquen. Allgegenwärtig im etwas abgerockten Straßenbild: die Graffiti.

Und zählen Sie doch einmal, an wie vielen Läden Sie vorbeikommen, die sich um das Wohl von Haustieren, vor allem von Hunden kümmern! In Tel Aviv soll es 30 000 Hunde geben. Ganz offensichtlich: Die Tel Avivis sind verrückt nach den Vierbeinern.

In den Altstadtgassen von Jaffa stellen Künstler ihre Werke aus (links). Das Viertel Florentin im Süden Tel Avivs wandelt sich, ist aber noch ein Zentrum für alternative Kultur (oben).

19 Uhr: Mit Ouzo auf den Tischen tanzen

Nun heißt es: sich fallen beziehungsweise gehen lassen. Denn in der Ouzeria, unweit des ⓮ Levinsky-Markts (S. 46), ist die Stimmung so gut, dass ab und zu sogar auf den Tischen getanzt wird. Kein Witz! Zu neu interpretierten griechischen Klassikern fließen sowohl Ouzo als auch Arak reichlich die Kehlen der Gäste runter. Aus den Musikboxen erklingen mittelöstliche Klänge, die zum Feiern anregen. Es lohnt sich auf jeden Fall anzustehen. Wer gar keinen Platz findet, probiert's in der Bar nebenan und lässt sich das Essen an den Tresen liefern.

Café Saga
224 C2 ✉ Rabi Pinkhas St. 4
☎ +972 3-677-76 24
www.cafesaga.co.il
So–Do 7.30–21, Fr 7.30–18, Sa 9–21 Uhr

Saga Gallery & Design-Shop
224 C2 ✉ Rabi Pinkhas St. 4
☎ +972 3-670-60 62
www.sagatlv.com
So–Do 10–20, Fr 10–16, Sa 11–18 Uhr

Casino San Remo
225 D3 ✉ Nehama St. 2
☎ +972 51-553-1835
www.casinosanremo.co.il
tägl. außer Fr 8–2 Uhr

Restaurant Ouzeria
225 F4 ✉ Matalon St. 4
☎ +972 3-533-0899
www.ouzeria.co.il
So–Do 12–24 Uhr

❶ ★★ Jaffa-Flohmarkt

Warum?	Secondhand-Himmel und hippes Ausgehviertel
Wann?	Am Freitagnachmittag, um das Wochenende einzuläuten
Wie lange?	Eine Stunde; mit Sundowner bis zu fünf Stunden
Was noch?	Neben Ramschware auch feinste Designboutiquen
Resümee	Auf Vintage-Möbeln servierte Cocktails schmecken gleich viel besser

Auf dem Flohmarkt in Jaffa werden nicht nur alte Möbel, Teppiche oder Keramik verkauft. Die Gegend ist durch die Verschmelzung mit Hipster-Bars, internationalen Restaurants und Designerboutiquen zu einem der beliebtesten Freizeitvierteln der Stadt mutiert.

Kunst und Krempel auf dem Jaffa-Flohmarkt

Seit mehr als hundert Jahren bieten Händler in Jaffa ihre Waren an: Möbel, Dekorationsartikel, Keramik, Kleininstrumente, Spielzeug, Platten … Der eine Kunde ist auf der Suche nach einem Schnäppchen, der andere nach einem Ersatzteil, der nächste nach einem Souvenir. Und wie in vielen Metropolen dieser Welt ist auch dieser Flohmarkt eine attraktive Fundgrube für Retroartikel und Vintage-Mode.

Auf dem traditionellen Flohmarkt unter freiem Himmel, zwischen der Pinkhas Ben Ya'ir und der Straße 3350, ist so ziemlich alles im Angebot – von Nützlichem für den Haushalt bis zur Ramschware. Daneben stellen arabische und israelische Händler ihre ausgesuchten Waren in und vor den Läden der überdachten Gänge und Lagerhäuser aus.

In dieser Nachbarschaft, die auf Hebräisch »Shuk Hapishpishim« heißt, vermischt sich Alt mit Neu. In den letzten Jahrzehnten haben sich vermehrt israelische Jungdesigner in den Parallelstraßen angesiedelt. In ihren hübschen Ateliers und Boutiquen präsentieren sie Mode, Schmuck und auch lokales Kunsthandwerk.

In den Straßen rund um den Flohmarkt haben sich charmante Lokale angesiedelt wie das Café Puua.

Open-Air-Bühne für Straßenkünstler

Bloß über den Trödelmarkt zu schlendern wäre langweilig. Die Bars und Restaurants im Viertel sind mit Flohmarkt-Mobiliar ausgestattet. Das ist hip und heimelig zugleich. Darum ist es nicht erstaunlich, dass dies eine der beliebtesten Ausgehmeilen der Stadt ist. An den Wochenenden verwandeln sich die bunten Gassen in eine Art Outdoor-Bühne für Straßenkünstler und -musiker. Man feiert und genießt das Leben. Vom Frühstück bis zum Schlummertrunk.

KLEINE PAUSE

Die **Shaffa Bar** (Nakhman St. 2, Tel. +972 3-681-1205, tägl. 9–0.30 Uhr) ist der Favorit vieler Locals: Hier werden Sie rund um die Uhr versorgt. Das Thai-Curry schmeckt mindestens so gut wie das eisgekühlte Helle.

ⓘ

224 C2 Yefet St., Yehuda Margoza St., Amiad St. und Beit Eshel St., Jaffa

www.shuktlv.co.il

So–Do 9–17, Sa 9–14 Uhr

❸ ★★ Strandpromenade

Warum?	Feiner Sand und glasklares Wasser auf über 14 km
Wann?	Kurz vor Sonnenuntergang
Wie lange?	Von Jaffa bis zum Unabhängigkeitspark eine Stunde zu Fuß
Was noch?	Optimale Joggingstrecke
Was nehme ich mit?	Einen sonnengeküssten Teint, ein entspanntes Gemüt und Motivation fürs nächste Training

Von Süden nach Norden gelangt man in Tel Aviv am schnellsten entlang dem gut 14 km langen Strand – zu Fuß, mit dem Rad oder einem E-Roller auf der Promenade, natürlich mit Wellenrauschen im Ohr. Aber keine Eile! Die Aussichten sind zu schön, besonders bei Sonnenuntergang, wenn braungebrannte Athleten ihre Joggingrunden aufnehmen.

Promenade der Eitelkeiten

Bestimmendes Geräusch am Strand von Tel Aviv ist das Tik-Tok des Matkot-Spiels, das gern als Nationalspiel bezeichnet wird. Wer gerade nicht den Ball schlägt, liegt selten faul im Sand. Sondern badet, steht auf einem SUP, wirft sich mit einem Board in die Wellen oder nutzt die Outdoor-Fitnessgeräte, um den Körper weiter zu formen.

Die offizielle Badesaison ist von Mai bis Oktober.

Es gibt 13 Strandabschnitte. Baden Sie nur dort, wo es erlaubt ist.

Das bleibt natürlich nicht unbeachtet. Ums Sehen und Gesehenwerden geht es auch in den Beach Bars. Hier kann man bei gutem Essen und kühlen Getränken einen halben Tag verbringen.

Aber wenn es um die Fortbewegung auf Rädern geht, setzen die Israelis auf Elektro- und nicht auf Muskelkraft. Je schneller, desto besser! Longboarder flitzen an E-Roller-Fahrern und Joggern vorbei, die meisten mit Musik in den Ohren, oft gestählt und schick.

Für alles und jeden

Wer beim alten Hafen von Jaffa startet und Richtung Norden marschiert, gewinnt nicht nur neue Kräfte, sondern auch Einblicke in die Demografie der Stadt. Während in Jaffa verschleierte Muslimas mit ihren Zehen vorsichtig am Wasser

»schnuppern« und israelische Sonnenfanatikerinnen im Tanga an einem Bier nippen, haben ein bisschen weiter die Hunde das Zepter in der Hand. Kommen Sie dort also nicht auf die Idee, sich über plötzlichen Sandbewurf oder nasse Pfoten auf Ihrem Badetuch zu beklagen.

Am Strand von Tel Aviv ist das Tik-Tok der Matkot-Spieler allgegenwärtig. Dieses Strandtennis gilt als Nationalsport.

Ein Strand mit vielen Namen

Je nördlicher gelegen, desto voller und lebendiger sind die Strandabschnitte, die unterschiedliche Namen tragen. Insbesondere in der Nähe des Jachthafens wimmelt es von Kitesurfern, Yoga-Akrobaten, euphorischen Touristen und kontaktfreudigen Einheimischen.

Der Hilton Beach, unterhalb des Hilton Hotels, ist bei der Schwulen-Community (erkennbar an den Regenbogenflaggen) und auch bei Surfern beliebt. Der Gordon Beach (S. 78) bietet sogar Volleyballnetze. Frishman Beach gilt vielen als schönster Strand. Und selbst orthodoxe Juden haben einen eigenen Bereich, dieser ist durch einen Schutzwall abgetrennt.

Die beliebtesten Strandtage in Tel Aviv sind Samstage. Zum Sabbat strömen die Einheimischen ans sandige Ufer, um die Meeresluft oder ein Barbecue zu genießen.

KLEINE PAUSE

Das **Carlton Hotel** (Eliezer Peri St. 10, Tel. +972 3-520-1818, www.carlton.co.il) ist zwar ein Klotz, aber der Blick von der Dachterrasse ist unbezahlbar. Erleben Sie den Sonnenuntergang von oben.

✢ 224 C3 bis 222 B5

ℹ Auf der Promenade finden sich zahlreiche Radmietstationen und es stehen E-Roller bereit, sodass niemand die mehrere Kilometer lange Promenade zu Fuß bewältigen muss. Weitere Infos auf S. 78.

⓫ Jaffas Hafen

Warum?	Ältester Hafen am Mittelmeer
Wann?	Am Samstag, kurz nach der Mittagspause
Wie lange?	Kurzer Spaziergang mit Kaffeeklatsch
Was noch?	In einer kleinen Gasse hinter dem Hafen ist das Flügel-Graffito von Yochai Matos ein toller Fotospot
Resümee	Hier verschmelzen die Gesänge des Muezzins mit elektronischen Klängen

Während hier früher Ägypter, Griechen und Türken um die Vorherrschaft stritten, besiedeln den alten Hafen in Jaffa heute hauptsächlich Touristen. Der Fischerhafen verleiht Tel Aviv eine Portion orientalischen Zauber.

Eine Legende besagt, dass der Prophet Jona im 8. Jh. vor Christus am alten Fischerhafen unter der Altstadt Jaffas gegen den Willen Gottes ein Schiff bestiegen haben soll. Zur Strafe geriet das Schiff in einen Sturm. Als Schuldiger ausgemacht, schmissen die Matrosen Jona ins Wasser, wo er von einem Wal verschlungen wurde, der ihn allerdings nach ein paar Tagen unbeschadet wieder ausspuckte.

In die alten Lagerhallen am Hafen von Jaffa sind Restaurants eingezogen.

Seither ist viel passiert. Der älteste Hafen am Mittelmeer war aufgrund seiner Lage immer heiß begehrt. Seine Blütezeit erreichte er im späten 19. Jh. unter den Türken. Als Exportschlager erwies sich damals die Jaffa-Orange. Araber bauten sie in den umliegenden Hainen an und verschifften sie massenweise nach Europa. Die Orangenhaine gibt es nicht mehr.

Nach dem Unabhängigkeitskrieg 1948/49 fiel Jaffa an den neu gegründeten Staat Israel, wurde Stadtteil von Tel Aviv. Die Gegend mutierte zum Slum, um den sich zumindest die jüdische Bevölkerung nicht weiter kümmerte.

Der Hafen von Jaffa ist einer der ältesten der Welt. Schon Prophet Jonas soll von hier losgefahren sein.

Statt Orangen gesellige Cafés

Erst in den 1960er-Jahren brezelte Tel Aviv die frühere arabische Hafenstadt auf, mit dem Ziel, möglichst viele Touristen anzulocken. Das ist gelungen. Bunt und gesellig geht es heute am Fischerhafen zu. Die Warenhäuser, in denen einst Orangen lagerten, beherbergen heute Restaurants und Galerien. In einem Hangar hat das Nalaga'at Center ein Zuhause gefunden, Heimat eines von Taubblinden betriebenen Theaterensembles und des Restaurants »Black Out«, in dem blinde Kellner im Dunkeln bedienen.

Der Hafen mag an Authentizität zwar verloren haben – seinen mythischen Zauber wird er aber kaum jemals los.

KLEINE PAUSE

Auf dem Weg Richtung Zentrum lohnt sich ein Halt zum Apéro in der Bar des **The Setai Hotel** (David Razi'el St. 22, Tel. +972 3-601-6000, www.thesetaihotels.com). Einst Fort der Kreuzritter, später Gefängnis und Polizeistation, heute Fünfsternehotel mit Strandblick.

---

224 A2

Nalaga'at Center
Ratzif Ha'Aliya HaShnia, Jaffa

☎ +972 3-633-0808
https://nalagaat.org.il
So–Do 9–22 Uhr, Restaurant »Black Out« nur mit Reservierung

⑫ Yoko Kitahara Spa

Warum?	Japanisches Wellnesszentrum in Jaffa
Wann?	Wenn's nicht mehr zu heiß ist, damit Sie auf der Terrasse entspannen können
Wie lange?	Massage plus zweistündige Entspannung
Was noch?	Der Shop verkauft fantastische natürliche Deos
Resümee	Der Blick von der Dachterrasse aufs Meer allein wirkt wie eine Seelenmassage

Yoko Kitahara ist nicht bloß ein Spa, sondern ein Tempel des Wohlbefindens mit einer Dachterrasse, von der aus man die schönste Aussicht aufs Meer hat und wo man vielleicht auch seinem inneren Frieden begegnet.

Das Spa verbindet gekonnt arabische und japanische Elemente.

In einer kleinen gepflasterten Gasse in der Altstadt von Jaffa befindet sich die Wohlfühloase von Yoko Kitahara. In zwei gut 500 Jahre alten Häusern aus der osmanischen Ära werden verschiedene Anwendungen wie Massagen, Peelings und Gesichtsbehandlungen angeboten, welche die Selbstreinigung und -heilung des Körpers ankurbeln. Zuvor genießt man einen feinen japanischen Tee und lässt seine Füße in einem Ashiyu-Holzbad einweichen.

Orientalischer Zauber mit japanischem Minimalismus

Gewölbedecken, glatte Fliesenböden, Wände aus Lehm und Sand in weichen Naturtönen: Die alten Räumlichkeiten vermischen orientalischen Zauber mit japanischem Minimalismus.

Yoko Kitahara ist vor über 15 Jahren von Japan nach Tel Aviv gezogen und praktiziert hier seit 2017 ihre eigene Art der Massage – einen Mix aus östlichen und westlichen Techniken.

Basis sämtlicher Anwendungen ist das japanische Omotenashi-Konzept, nach dem Gastfreundlichkeit und natürlicher Respekt gegenüber dem Kunden oberstes Gebot sind. Das Individuum steht also im Fokus jeder Behandlung. Oft braucht man seine Bedürfnisse darum gar nicht auszusprechen, sie werden wortlos verstanden.

Yoko Kitahara bietet die perfekte Zuflucht für jeden auf der Suche nach einer Auszeit.

Mit der Natur verfließen

Wie wär's beispielsweise mit der Hausmassage Hogushi Aroma, einer Druckpunkt-Aromatherapie, bei der ätherische Öle zum Einsatz kommen und auch eine bewusste Atmung hilft, Verspannungen zu lösen? So kommen Energien in Schwung.

Die angewandten Bioprodukte können zum Teil im hauseigenen Laden erworben werden. Wer sich den Behandlungen hingibt, scheint auf fast magische Weise mit der Natur und seiner Umgebung, den ätherischen Ölen und den wärmenden Berührungen zu verfließen. Die entspannende Hintergrundmusik verschmilzt durch das offene Fenster mit dem Rauschen des Mittelmeers.

KLEINE PAUSE

Nach der Behandlung wird man eingeladen, bei einem Tee auf der **Dachterrasse** zu entspannen. Hierfür sollte reichlich Zeit eingeplant werden. Denn der Blick auf Jaffas Altstadt und das Mittelmeer bei einer frischen Meeresbrise sind mindestens so wertvoll wie eine Massage.

---

224 B2
Kikar Kedumim St. 5, Jaffa
+972 3-605-8339
www.yokokitahara.com
So–Do 9–22, Fr 9–17, Sa 10–18 Uhr
Behandlungen ab 410 NIS

⓭ Noga & Deutsche Kolonie

Warum?	Mediterranes Viertel mit deutscher Vergangenheit
Wann?	Zum ausgedehnten Lunch
Wie lange?	Circa drei Stunden
Was noch?	Die Pizza bei Gemma (S. 52) gilt als eine der besten der Stadt
Was nehme ich mit?	Einen Koffein-Push und kreative Designartikel

Bei Cafelix dreht sich alles um köstlichen Kaffee.

Wo während der Zeit des britischen Mandats englische Bürokraten wohnhaft waren, trifft man heute auf ein kleines Kreativviertel, das mit seiner Entspanntheit stark an mediterrane Kleinstädte erinnert.

Wer Noga – das auf Hebräisch »helles Licht« bedeutet – besucht, trifft auf einen Komplex aus hübschen Steingebäuden mit spannenden Ateliers, Galerien, Manufakturen, Shops und Cafés. Diese kleine Nachbarschaft ist eine ruhige, weniger touristische Alternative zu den Nachbarn HaTachana (S. 72) und Neve Tzedek (S. 62).

Auf Neuengländer folgen Deutsche

Nicht weit entfernt, zwischen den Straßen Eilat und HaRabi MiBachrach, liegt die frühere amerikanische Kolonie, die heute auch als Deutsche Kolonie bekannt ist. 1866 beschloss eine Gruppe von etwa 40 evangelikalen Familien aus dem US-Bundesstaat Maine, ihrem Propheten George J. Adams zu folgen und sich in Palästina niederzulassen. Sie errichteten ihre Holzhäuser in dem für Neuengland typischen Stil. Das Klima, Krankheiten und Unsicherheiten setzten den Siedlern jedoch zu, sodass sie nach ein paar Jahren desillusioniert wegzogen, viele Familien wieder zurück in die USA. Einen Großteil ihrer Grundstücke und Gebäude erwarben deutsche Siedler aus der Templerbewegung.

Erhalten und besonders sehenswert sind das Maine Friendship House (Auerbach St. 10), ein Holzhaus, das heute als Museum fungiert, und das Drisco Hotel (Auerbach St. 6), das seit 2018 eine Luxusherberge ist – beide aus dem Jahr 1866. Die neugotische Immanuelkirche (Bar Hoffman St. 15) entstand 1904.

Während der britischen Mandatszeit 1919–48 deportierte man die meisten Deutschen oder stellte sie unter Polizeiaufsicht. Rund um die Deutsche Kolonie entwickelte sich mit Noga eine Nachbarschaft, die unter anderem zur Heimat britischer Bürokraten wurde.

Das Casino San Remo ist ein lebhaftes Lokal – ein Treffpunkt im Noga-Viertel.

Das Soho von Tel Aviv

Nach dem Abzug der Briten litt das Viertel unter Vernachlässigung. Erst in den 1990er-Jahren begann die Stadt, es aufzuwerten. Aus alten Wohnhäusern wurden Büros sowie Praxen, und wo früher Industriegebäude verwaisten, ragen heute moderne Wohnblocks in die Höhe. Eine schicke und avantgardistische Gegend wuchs heran. Nicht grundlos nennt man Noga und Umgebung auch das Soho Tel Avivs.

KLEINE PAUSE

Das **Cafelix** (Sgula St. 15, So–Do 7–19, Fr 7–15.30 Uhr) ist bekannt für seinen Kaffee, der von einem deutsch-israelischen Paar geröstet wird. Ein besonderes Geschmackserlebnis!

---

225 D3
nördlich an Jaffa grenzend

⓮ Levinsky-Markt

Warum?	Ein Markt für echte Genussmenschen
Wann?	Kurz vor der Rückreise (damit noch was von den Datteln und Nüssen übrig bleibt)
Wie lange?	Eine Stunde
Was noch?	Das HaTahinia (Levinsky St. 33) zeigt, wie abwechslungsreich Tahini (Sesampaste) sein kann
Was nehme ich mit?	Frische Gewürze, Tee und Früchte als Andenken für Zuhause und zum Naschen für unterwegs

Wer das echte Tel Aviv erleben will, ist an der Levinsky-Straße genau richtig. Hier riecht es nach orientalischen Aromen; nach Zimt, Kardamom, Koriander, frischem Tee und Kaffee. Der untere Teil der Straße hat sich dem Markttreiben verschrieben: Die besten Gewürze, Kräuter, Trockenfrüchte und Feinkost reihen sich sackweise aneinander, die große Auswahl lockt täglich auch die besten Köche des Landes an.

Bunte Mischung in der Levinsky-Straße: orientalische Gewürze in Hülle und Fülle und gleich nebenan moderne Cafés

Die Einwanderung griechischer und iranischer Juden nach 1930 führte dazu, dass am Levinsky-Markt (der von den Straßen Jaffa, Matalon, Herzl und HaAliya in Florentin begrenzt wird) auch Backwaren und Spezialitäten aus dem Balkan sowie persische Gewürze zum Verkauf stehen. Neben den kleinen Delikatessengeschäften, die zum Teil bereits in dritter Generation geführt werden, gibt es inzwischen auch Restaurants rundherum, die mit einer für Tel Aviv typischen Internationalität locken.

Die erfrischenden Gazoz-Limonaden vom Café Levinsky sind stadtbekannt.

Authentisch wie eh und je

So angesagt das Epizentrum für marokkanische, türkische, persische, griechische und bulgarische Küche auch sein mag: Der Markt selbst hat von seinem ursprünglichen 1950er-Jahre-Charme so gut wie nichts verloren. Von Hektik ist hier nach wie vor nichts zu spüren. Und auch die Preise sind noch immer nicht auf dem Niveau des Carmel-Markts (S. 66).

Paradies für Feinschmecker

Am besten schlendern Sie einfach durch die Levinsky-Straße und die umliegenden Gassen und verbinden den Spaziergang mit einem kleinen kulinarischen Ausflug. Machen Sie sich auf die Suche nach dem besten Hummus der Stadt (oder gar des Landes?), entdecken Sie spannende Raritäten im türkischen Delikatessengeschäft Yom Tov (Levinsky St. 30) oder genießen Sie ein einfaches, aber sehr feines, Gericht bei Salimi (Nahalat Binyamin St. 80) – einem persischen Restaurant, das bereits seit drei Generationen hier zu Hause ist.

KLEINE PAUSE

Das Soda-Getränk Gazoz ist ein Relikt aus dem Tel Aviv der 1950er-Jahre. Was man im **Café Levinsky** (Levinsky St. 41, So–Do 6.30–19, Fr 6.30–17 Uhr) serviert, sind trinkbare Kunstwerke. Wer Glück hat, ergattert ein Plätzchen im winzigen Pick-up-Truck vor dem Café. Unbedingt auch das hausgemachte Marzipan probieren!

---

226 A4
zw. Herzl St. und HaAliya St. sowie Jaffa St. und Matalon St., Florentin

So–Do 8–18, Fr 8–16.30 Uhr

Nach Lust und Laune!

15 Uhrturm

Mitten auf der Hauptstraße Rehov Yefet bildet er das Zentrum des ehemals osmanischen Jaffas. Der dreistöckige Turm wurde vom Architekten Joseph Bey Moyal entworfen und ab 1901 zum Gedenken an die 30-jährige Herrschaft des Sultans Abdul Hamid II (1842–1918) errichtet. Er ist nicht begehbar.

224 C3
Yefet St. (Jaffa)

Der 1901 errichtete Uhrturm ist das Wahrzeichen von Jaffa.

16 St. Peter und Gan HaPisga

Was für eine Wucht: Die neobarocke Kirche St. Peter, auch Petruskirche genannt, ist eine echte Augenweide. Vor 1654 stand hier auf dem Kdumim-Platz eine Kreuzfahrerburg. Gegenüber der Kirche soll Petrus bei Simon dem Gerber einige Tage gelebt und eine Vision gehabt haben, die ihn anwies, den Glauben an Jesus Christus für alle Menschen zu öffnen und nicht nur für Juden.

Auf dem angrenzenden Hügel erstreckt sich der kleine Park Gan Hapisga. Mehrere Stellen bieten von hier aus einen imposanten Blick auf die Skyline des modernen Tel Aviv, etwa vom kleinen Amphitheater oder der Wishing Bridge.

Wer auf der Wishing Bridge steht, seine Hand auf sein Sternzeichen legt und den Blick aufs Meer richtet, dessen Wunsch wird sich erfüllen. So die Legende!

224 B3

St. Peter
Kikar Kdumim St. 2 (Jaffa)
Mo–Sa 9–17 Uhr

17 Hängender Orangenbaum

Was sich der israelische Künstler Ran Morin wohl gedacht hat, als er 1993 einen Orangenbaum in diese eiförmige Metallskulptur gepflanzt und an Stahlseilen aufgehängt hat? Dieses lebende Kunstwerk namens »Oranger Suspendu« (aufgehängter Orangenbaum) soll die zunehmende Entwurzelung unserer Gesellschaft symbolisieren und setzt natürlich auch der Jaffa-Orange ein Denkmal, die viele Jahre lang in großen Mengen von Jaffas Hafen aus verschifft wurde. Die Orangenhaine gibt es nicht mehr – sie sind entwurzelt. Entwurzelt fühlt sich wohl auch die lokale arabische Bevölkerung.

→ 224 B2
✉ HaTsorfim St. 2 (Jaffa)

An Stahlseilen hängt die Orangenbaum-Skulptur von Ran Morin in Jaffa.

18 Brennerei Milk & Honey (M & H)

Milch und Honig: Klingt alles andere als koscher. Ist es aber. Die erste Whisky-Brennerei Israels produziert tatsächlich koscheren Single Malt. Gegründet wurde das Start-up im Jahr 2012 von Gal Kalkshtein, der – wie so viele Tel Avivis – aus der Hightechindustrie stammt. Drei Jahre später erfolgte bereits die erste Destillation.

Direkt neben dem Fußballstadion im Süden von Tel Aviv gelegen wartet M & H neben der Brennerei auch mit einem Warenlager und einem Besucherzentrum auf. Das Getreide stammt aus Schottland und England. Verarbeitet wird es aber in Tel Aviv. Ein Vorteil von Israel: die Reifebedingungen. Mit durchschnittlich 13 Grad im Januar und 26 Grad im Juli und der beständigen Luftfeuchtigkeit von 50 bis 90 Prozent verläuft der Reifeprozess hier ungefähr zweieinhalb mal schneller als beispielsweise in Schottland. Wer mit Whisky nichts anfangen kann: Milk & Honey produziert auch einen Kräuterlikör und einen Gin. *L'chaim!* (Prost!)

→ 225 D1
✉ HaThiya St. 16
☎ +972 3-632-0491
🌐 www.mh-distillery.com
🕘 So–Do 10–18 Uhr, Fr nach Vereinbarung
🎫 Tours ab 50 NIS

19 Gordon Gallery

Seit ihrer Eröffnung im Jahr 1966 hat die Gordon Gallery maßgeblich zur Entstehung der zeitgenössischen Kunstszene Israels beigetragen, indem sie Künstler von heute in den Vordergrund gestellt und inzwischen renommierte, israelische Namen wie Yair Garbuz (ist auch als Humorist und Autor bekannt), Rafi Lavi' und Uri Lifshitz unterstützt und vorangetrieben hat. Die Galerie machte sich schnell einen Namen und zählt heute mit einer der größten Sammlungen israelischer Kunst zu den bedeutendsten des Landes.

2018 wurde an der Hazerem 5 eine zusätzliche Fläche bezogen, welche die etablierte Galerie perfekt ergänzt: Gemeinsam bieten sie einen umfassenden Überblick über die (israelische und internationale) Kunst von heute und wagen gleichzeitig auch einen Ausblick in die Zukunft.

225 E1
Hapelech St. 6
+972 3-52-632-2262
www.gordongallery.co.il
nach Vereinbarung

225 E1 Hazerem St. 5
+972 3-524-0323 Mo–Do 11–18, Fr 10–14, Sa 10–13 Uhr

»Weißer Elefant« – einer der größten Busbahnhöfe der Welt und trotzdem zum Teil verlassen ...

20 Zentraler Busbahnhof in Neve Sha'anan

Wer Florentin gen Osten verlässt, betritt Neve Sha'anan, einen ärmeren Stadtteil, in dem sich der zentrale Busbahnhof befindet. Hier vergisst man wieder völlig, wo man ist. Afrika? Ferner Osten? Der Anblick dieses mehrstöckigen Betonklotzes gefällt nicht jedem. Eine gigantische Fehlplanung – so hässlich, dass der Bau fasziniert! Als Busbahnhof ist er zwar im Einsatz, aber das Quirlige stammt von den Subkulturen, die ihn sich zu eigen gemacht haben: vor allem philippinische Einwanderer und Graffitikünstler. Mehrere Anbieter haben Touren durchs Gebäude im Angebot (etwa Graffiti-Touren).

226 B3
Levinsky St. 108 So–Do 5–23.30, Fr 5–16, Sa 14–23.30 Uhr

21 Design Museum Holon

Etwas abseits, ca. 5 km südlich vom Zentrum, befindet sich im Viertel Holon seit 2010 dieses Designmuseum, das sich schnell zu einem weltweit führenden seiner Art entwickelte. Das Gebäude mit einer markanten Fassade aus roten Stahlbändern stammt von Ron Arad.

226 C1 Pinhas Eilon St. 8
+972 3-73-215-1515
http://www.dmh.org.il
Mo 10–16, Fr 10–14, Di, Do und Sa 10–18 Uhr 35 NIS

Frequenz einer Stadt

Zu Beginn zog Teder.fm in Form einer fahrenden Pop-up-Bar des gleichnamigen Radiosenders durch die Stadt. Inzwischen hat die Bar einen festen Platz mit riesigem Innenhof gefunden und ist eine Institution des Tel Aviver Nachtlebens – man könnte gar von der Sommerresidenz der Hipster sprechen. Livebands, Partys, Kunst- und Flohmärkte, dazu Pizza von Eyal Shani, einem bekannten Koch: Teder trifft definitiv die Frequenz der Stadt!
Jaffa St. 9, Tel. +972 3-571-9622, www.teder.fm, Mo–Fr 20–4, Sa 16–4 Uhr, So geschl.

Wohin zum … Essen und Trinken?

Preise für ein Hauptgericht ohne Getränke:

€	unter 12 Euro
€€	12–25 Euro
€€€	über 25 Euro

RESTAURANTS

Abu Hassan €
Das Hummus von Abu Hassan zählt zu den besten der Stadt. Über Geschmack lässt sich bekanntlich streiten, die Wahrscheinlichkeit aber, dass Sie das *msabacha* (warme Kichererbsen mit Tahini) nicht so schnell wieder vergessen werden, ist relativ groß. Auch die (vorwiegend männlichen) Einheimischen, die sich seit über 60 Jahren zum täglichen Austausch in arabischer und hebräischer Sprache treffen, scheinen zu wissen wieso. Zumindest wenn es um das gemeinsame Verschlingen von Kichererbsenpaste geht, scheint Koexistenz ganz wunderbar zu funktionieren.
224 B2 Hadolphin St. 1 (Jaffa)
+972 3-682-0387
So–Fr 8–15 Uhr

Dalida €€
Internationale Fusionküche, die trotzdem schmeckt, als käme sie aus Großmutters Küche: typisch Tel Aviv! Im Dalida landen die frischesten Zutaten und intensivsten Aromen des nahen Levinsky-Markts im Topf. Das Resultat: scharfe Feta-Brûlée, Lamm-Pistazien-Halloumi-Kebab oder Seebarsch an einer äthiopischen Tomatensoße. Eine der beliebtesten Adressen vieler Einheimischer! Und das nicht nur wegen der dazugehörigen Boutique-Bar und der Happy Hour, zu der es von Sonntag bis Donnerstag zwischen 17 und 19 Uhr 50 Prozent Rabatt auf sämtliche Gerichte gibt (davon ausgeschlossen sind saisonale Menüs, Desserts und Getränke).
225 F4 Zvulun St. 7 (Florentin)
+972 3-536-9627
www.dalidatlv.co.il
So–Do 17–2, Fr/Sa 12–2 Uhr

Gemma €€
Im kreativen Noga-Komplex gelegen, rühmt man das italienische Restaurant von Chefkoch Rami Aminov unter anderem für seine Holzofenpizza und die hausgemachte Pasta. Aber auch mit den leckeren Fischgerichten oder dem Steinpilz-Risotto machen Sie

Die Straßenzüge um den Jaffa-Flohmarkt sind wahre Schlemmermeilen.

garantiert nichts falsch. Zum Abschluss ein leckeres Dessert mit einem Gläschen Limoncello!
✈ 225 D3 ✉ Tirtsa St. 14 (Noga)
☎ +972 3-605-8276
🌐 www.gemma.co.il
🕐 tägl. 12–24 Uhr

George & John €€€

Das Drisco Hotel hat ein neues Restaurant. Und was für eins! Küchenchef Tomer Tal, der zuvor im Yaffo Tel Aviv des Küchenstars Haim Cohen gearbeitet hat, serviert moderne israelische Gerichte, die in diesem architekturhistorisch Schmuckstück auf weißen Tischtüchern genossen werden. Die feine Adresse mauserte sich im Nu zum Hotspot. Ebenfalls hübsch sind die Bar und die Terrasse für Frühstück, Brunch und Drinks.
✈ 225 D3 ✉ Auerbach St. 6 (Noga)
☎ +972 3-726-9309
🌐 www.grandj.co.il
🕐 So–Do 7.30–11 und 18.30–23, Fr 7–13 und 18.30–23, Sa 7–13 Uhr

Mabsuta €

Wo die Cool Kids aus Florentin ihr Hummus verschlingen? Im Mabsuta, ganz klar! Obwohl »verschlingen« in dem Fall die falsche Wortwahl ist. Denn auf der dschungelartigen Terrasse wird man dazu eingeladen, so lange sitzenzubleiben, wie man möchte, um dem nationalen »Fastfood« die Aufmerksamkeit zu schenken, die es eigentlich verdient. Bei einer Auswahl an glutenfreien Varianten und welchen mit frischem Kohlrabi, Karotten und anderem Gemüse wird jeder Kichererbsen-Fan glücklich. Genau das ist das Ziel: *Mabsuta* ist arabisch und bedeutet »glücklich«.
✈ 225 F4 ✉ Levinsky St. 39 (Florentin)
☎ +972 3-949-7341
🕐 Mo–Do 10–18, Fr/Sa 10–17 Uhr

OCD €€€

OCD ist die Kurzform für Obsessive-Compulsive Disorder, also Zwangsstörung. Sie bezieht sich auf den Chefkoch Raz Rahav und seine Leidenschaft für komplexes Kochen und Anrichten. Das Restaurant werden Sie so schnell nicht vergessen: Sie bezahlen 280 NIS und bekommen gemeinsam mit 17

Noch ist Platz am Tresen bei OCD.

anderen Gästen ein kunstvolles, perfekt präsentiertes – eben total OCD – 9-Gänge-Menü serviert. Dabei sitzen Sie an der Bar, mit Blick in die Küche, die Ihnen während des gesamten Abends offen steht. Beziehungsweise jeweils von 19 bis 21.30 oder von 21.30 Uhr bis Ladenschluss (je nachdem für welche »Schicht« Sie sich entscheiden).
✈ 225 D3
✉ Tirtsa St. 17 (Noga)
☎ +972 3-556-6774
🌐 www.ocdtlv.com
🕐 Mo–Fr 19–24 Uhr

Opa €€

Einer der veganen Tempel im Levinsky-Markt: Opa hat sich der innovativen, pflanzenbasierten Küche verschrieben. Die saisonalen Zutaten werden täglich frisch geliefert und dann zu exotischen Gerichten verarbeitet. Ein kleiner Vorgeschmack? Litschis mit Mais, Ancho-Chili und Kaffee, Kräuterseitling mit Austernpilzen, Shitake-Püree, Salbei und knusprigem Tapioka oder Kürbis an Apfelessig mit Macadamia-Milch und Schnittlauch. Shirel Berger weiß genau, was sie tut!
✈ 225 F4
✉ Ha-Khalutzim St. 8 (Florentin)
☎ +972 52-583-8245
🌐 www.opatlv.co.il
🕐 So–Fr 19–23 Uhr

Israelischer Frühstücksklassiker Schakschuka: versunkene Eier in einer Tomatensoße

Ramesses €€

Wieso bloß ein Lokal beziehen, wenn man eine ganze Straße haben kann? Mit Bar, Restaurant und DJ-Pult erstreckt sich Ramesses über die gesamte Straße Ben Perachyah. Was dazu führt, dass man sich hier schnell wie im privaten Hinterhof von guten Freunden fühlt. Die Cocktails passen ganz wunderbar zum Rindstatar, dem lokalen Fisch, türkischen Ziegenkäse und den herzhaft gewürzten Gerichten aus Süßkartoffeln.

224 D3
Ben Perachyah St. 7 (Jaffa)
+972 3-616-3885
www.ramessesjaffa.com
So–Do 18.30–1, Fr/Sa 12.30–2 Uhr

CAFÉS

Café Basma

Zeitreise in die Vergangenheit: Das Café erinnert an ein Kaffeehaus im geschäftigen Jaffa anno 1914. Zumindest stellt man's sich so vor. Antikes Mobiliar trifft auf Kupferkännchen: Der türkische Kaffee wird traditionell im heißen Sand zubereitet. Die Inhaberfamilie lebt seit mehreren Generationen in diesem Viertel und weiß entsprechend viele alte Geschichten zu erzählen.

224 B2 Louis Pasteur St. 5 (Jaffa)
+972 3-670-6050
Sa–Mi 8–20, Do/Fr 8–23 Uhr

Café Puaa

Inmitten des Jaffa-Flohmarkts sitzt man hier auf Vintage-Sofas, isst (ganztags!) Frühstück, Linsensalat, Kürbis-Ravioli oder Hähnchen an Koriander und Kokosnuss, und zwar von Porzellantellern, die an heimelige Teestunden bei der Großmutter erinnern. Sie würden das Geschirr am liebsten mitnehmen? Das können Sie: Puaa bietet nämlich Flohmarkt-Ware, wie Tassen und Möbel, zum Kauf an. Bleiben Sie aber ruhig ein bisschen sitzen, denn gemütlicher wird es kaum!

224 C2
Rabbi Yohanan St. 8 (Jaffa)
+972 3-682-3821
https://puaa.rol.co.il
So–Mi 9–24, Do 9–0.30, Fr 9–1, Sa 10–0.30 Uhr

Casbah

Der begrünte Innenhof sieht so gemütlich aus, dass man sich fast nicht reintraut – vielleicht ist ja doch alles privat? Aber nein! Casbah ist einfach ein beliebter Treffpunkt in Florentin. Vor allem für die jungen Locals. Die Gründe, abgesehen von der Gemütlichkeit: gutes Essen, wie beispielsweise das Brunch-Menü oder der vegane Burger mit Süßkartoffel-Pommes, zu günstigen Preisen; die Hoodna Bar, die gleich um die Ecke liegt; die farbenfrohen Drinks und Smoothies; die freundliche Bedienung ... Drum: Rein in die gute Stube!

225 E3 Florentin St. 3 (Florentin)
+972 3-518-2144
www.facebook.com/casbah.florentin
tägl. 8–3 Uhr

Fairouz Café

Eine Hommage an die libanesische Sängerin Fairuz, deren Porträt die Steinmauer dieses arabischen Cafés in Jaffa schmückt. Auch das Menü kommt ziemlich libanesisch daher: mit Spezialitäten wie gegrilltem Halloumi, Fattusch (ein Salat, ähnlich wie Taboulé) und dem Dessert namens »Layali Lebnan«. Geführt wird das Lokal mit den gemütlichen Außensitzplätzen allerdings von Palästinensern, die sowohl Arabisch als auch Hebräisch sprechen. Israelis freuen sich, in diesem familiären Café ein bisschen libanesische

Kultur zu schnuppern, denn die Einreise ins Nachbarland bleibt ihnen verwehrt.
224 B2
Louis Pasteur St. 5 (Jaffa)
+972 50-549-5536
tägl. 8–24 Uhr

Michelangelo Café
Eine Wohlfühloase in Jaffa: Vom Frühstück über Sandwiches und Salate bis zum Pilz-Burger lädt das Café unter anderem Veganer dazu ein, auf der schönen Terrasse vor den Holzfensterläden Platz zu nehmen. Auch die Drinks fließen hier – wie in vielen Cafés und Restaurants in Tel Aviv – mehr als leicht die Kehle runter.
224 C2 Ben Teradion St. 2 (Jaffa)
+972 3-600-5477
www.facebook.com/michaelangelocafe
Sa–Do 8–23, Fr 8–17 Uhr

Tony ve Esther
Auf Einkaufstour auf dem Levinsky-Markt und plötzlich Lust auf Brunch? Bei Tony und Esther sind Sie selbst am Samstag willkommen. Und werden auch zur späteren Stunde mit liebevoll zubereiteten Speisen, gutem Kaffee und kühlem Bier verwöhnt. Eine beliebtes Café, so lebhaft und gleichzeitig entspannt wie der Levinsky-Markt selbst.
225 F4 Levinsky St. 39 (Florentin)
+972 3-528-1843
www.facebook.com/tonyveesther
So–Do 8.30–24, Fr 8.30–18, Sa 9–24 Uhr

Wohin zum ... Einkaufen?

Während in Jaffa Trödelware auf die neuesten Kreationen junger Designer trifft, sind die Straßen Florentins mit Fachgeschäften für Heim, Hund und Kind gefüllt.

Asufa
Ob nettes Mitbringsel, erschwinglicher Schmuck oder witzige Artikel für die Küche: Bei Asufa unterstützen Sie junge israelische Designer, die ihre Kreationen hier nicht nur ausstellen, sondern auch verkaufen.
225 C2
Nakhman St. 2 (Jaffa)
+972 3-604-1405
www.instagram.com/asufadesign
So–Do 10–20, Fr 9–17 Uhr

BoBo
Für alle Frauen, die es bunt und auffällig mögen: Die Designer von BoBo scheuen auch vor den wildesten Mustern nicht

Bei Ramesses diniert man vor allem im Freien – im Zentrum von Jaffas Nachtleben.

zurück. Wer hier einkauft, ist bestens ausgerüstet für den Sommer in Tel Aviv.
224 C2 Rabi Pinkhas St. 12 (Jaffa)
+972 3-604-5180
www.bobo.fashion
So–Do 9.30–20, Fr 9–16.30 Uhr

Gelada Studio

Bei Gelada erwartet Sie nicht nur eine große Auswahl an Shirts mit coolen Prints, illustrierten Postern und farbenfroher Ware, hier finden auch Ausstellungen mit Produkten externer Designer sowie Events statt.
225 F4 Simtat Beit HaBad St. 3 (Florentin)
+972 54-807-7118
www.flygelada.com
So–Do 12–19, Fr 11–15 Uhr

Hadas Kolodny

Verspielte Muster, komfortable Stoffe und wunderbares Design: Die Tel Aviver Designerin Hadas Kolodny weiß, was Frauen steht. Hadas' Ziel ist es, Mode zu kreieren, in der frau ganztags eine gute Figur macht.
224 C2 Rabi Pinkhas St. 9 (Jaffa)
+972 76-540-5910
www.hadaskolodny.com
So–Do 10–20, Fr 10–16 Uhr

Karen Shavit

Karen Shavit's Laden inmitten des Jaffa-Flohmarkts ist Shop und Insel der Inspiration zugleich. Bücher, Vintage-Artikel, Designer-Klamotten, Schuhe und Schmuck: All dies befindet sich in demselben Raum wie das Atelier der lokalen Designerin.
224 C2 Olei Zion St. 13 (Jaffa)
+972 3-958-8888
www.karen-shavit.com
So–Do 10–18, Fr 10–16 Uhr

KAV

Weniger ist manchmal mehr, das weiß auch die Designerin Dikla Einat. Mit ihrem Modelabel KAV lässt sie Frauen in simplen Schnitten und angenehmen Stoffen – hauptsächlich in Schwarz, Grau und Weiß – erstrahlen. Auf Schnickschnack wird bewusst verzichtet. Was zählt, ist die makellose Verarbeitung.
225 D3 Bat Ami St. 3 (Noga)
+972 3-536-2660
www.kav-design.co.il
So–Do 10–19, Fr 10–15 Uhr

Meira Sitton

Designerin Meira Sitton hat sich raffinierten, gemütlichen Textilien fürs Zuhause verschrieben. Neutrale, dunkle und gedämpfte Farben passen in jedes Bade-, Schlaf- oder Wohnzimmer. Reines Leinen sorgt für pures Wohlbefinden.
226 A4 Levontin St. 19 (Florentin)
+972 3 620-6275 www.meirasitton.com
So–Do 10–19, Fr 9–14 Uhr

Der Jaffa-Flohmarkt ist eine Fundgrube: Antikes, Vintage-Möbel, Ramsch, Kunst und Kitsch ...

Wohin zum ... Ausgehen?

BARS

Cuckoo's Nest

Halb Bar, halb Galerie und Shop ist dies ein Nest für lokale Kreative. Im charmanten Ambiente eines alten Trödelladens vermischt sich Kultur mit Kulinarik: Konzerte, Ausstellungen und Filmabende mit feinstem Essen und Cocktails. Es gibt eine Dachterrasse und auch DJs legen regelmäßig auf. Das Erlebnis steht ganz klar im Vordergrund.

224 C2
No'am St. 3 (Jaffa)
+972 54-838-7452
https://cuckoosnest.co.il
So–Do 19–24, Fr/Sa 12–24 Uhr

Par Derrière

Perfekt für ein Gläschen Wein in romantischem Ambiente: Im lauschigen Garten von Par Derrière kommt man außerdem in den Genuss von feinen Cocktailkreationen, Tapas oder anderen leckeren (italienisch angehauchten) Speisen, die auch im Speisesaal genossen werden können. Im vorderen Teil des auf dem Noga-Komplex gelegenen Restaurants empfängt ein Deli mit Spezialitäten, die mit nach Hause genommen werden können. Aber: Die Hauptattraktion befindet sich definitiv hinten *(derrière)*, im Garten.

225 D3
Bat Ami St. 7 (Noga)
+972 3-629-2111
www.parderriere.co.il
So–Do 10–1, Fr/Sa 9–1 Uhr

The Chapel

Eine Cocktailbar in einer alten Kapelle: Auch das ist in Tel Aviv möglich. Das Jaffa Hotel beherbergt im Gebäude des früheren Klosters »School of the Sisterhood of Saint Joseph« und des angrenzenden französischen Krankenhauses aus dem 19. Jh. eine der wohl beeindruckendsten Bars der Welt. Aus Altar wurde Tresen. An den Wänden hängen keine Bilder von Jesus und Maria, sondern von bekannten Schauspielern in ihren Filmrollen als Priester. Ein Besuch lohnt sich auch, weil Sie so zumindest kurz in den Genuss kommen, dieses Luxushotel zu bestaunen.

224 B2 Yefet St. 36 (Jaffa)
+972 50-333-0125
So–Mi 18.30–23, Do 18.30–24, Fr 18–24, Sa 18–23 Uhr

CLUBS/LIVEMUSIK

Kuli Alma

Kuli Alma verbindet so ziemlich alles, was Tel Aviv in Sachen Nachtleben und Kultur auszeichnet: Galerie, Disco, Bühne, Pop-up-Design-Shop. Und dann noch unter freiem Himmel, auf mehreren Ebenen. Vor allem vom jungen Publikum besucht.

226 A4 Mikveh Israel St. 10 (Florentin)
+972 3-656-5155
www.kulialma.com
Fr–Mi 21–5, Do 20–5 Uhr

Levontin 7

Im Levontin 7 ist täglich etwas los. Sieben Tage die Woche kann in diesem trashigen Pub im Herzen Florentins zur Livemusik einer coolen lokalen Band getanzt werden. Dazu gibt es vegane Pizza.

226 A4 Levontin St. 7 (Florentin)
+972 54-638-0498
tägl. 20–2 Uhr

KULTUR

Jaffa Theater

Das jüdisch-arabische Theater beweist, dass Koexistenz nicht nur über den Magen und die Vorliebe für Hummus funktioniert. Etwas versteckt, im osmanischen Palast mit Blick auf das Meer, produzieren jüdische und arabische Truppen ihre Stücke – mal auf Hebräisch, mal auf Arabisch. Dabei kann es auch zu bewussten Streitgesprächen zwischen den Nachbarn kommen. Denn das Theater nimmt definitiv kein Blatt vor den Mund!

224 B3
Mifrats Shlomo 10 (Jaffa)
+972 3-518-5563
www.jaffatheatre.org.il

Der Dizengoff-Platz hat in Hinblick auf die 100-Jahr-Feierlichkeiten der Stadt sein ursprüngliches Aussehen zurückerhalten und ist nun wieder ein beliebter zentraler Platz.

Tel Aviv: Zentrum & Neve Tzedek

Hier Dynamik, dort dörfliches Idyll: Diese Gegensätze ziehen sich an und bereichern sich gegenseitig.

Seiten 58–89

Erste Orientierung

Im Zentrum Tel Avivs tragen Tausende weiße Gebäude die Marke Bauhaus. An Flaniermeilen reihen sich hervorragende Restaurants und Bars. Das älteste Viertel der Stadt, Neve Tzedek, bietet die perfekte Plattform für süßes Nichtstun, und der lange Stadtstrand ist niemals zu weit entfernt.

Das Zentrum Tel Avivs präsentiert sich leidenschaftlich, dynamisch, kosmopolitisch fortschrittlich und verträumt zugleich; es sprudelt über vor Energie, Lebenslust sowie guter Laune.

Wenn man sich an einem der zahlreichen Straßenstände des großen Carmel-Markts einen frischen Fruchtsaft schnappt und sich ins Getümmel zwischen Rothschild-Boulevard und Allenby-Straße stürzt, spürt man das Herz (hebräisch »Lev Hair«) Tel Avivs schnell schlagen. Es präsentiert sich eine Stadt voller Gegensätze. Da gibt es die Billig-Shops und Spelunken an der Allenby-Straße einerseits und die edlen Restaurants und Klubs am Rothschild-Boulevard andererseits. Sie sorgen dafür, dass diese Gegend Tag und Nacht mit Leben gefüllt ist.

Wer sich auf einen urbanen Spaziergang begibt, sollte auch die weniger bekannten Boulevards namens Chen oder Ben Gurion erkunden. Und das malerische Quartier Neve Tzedek: das Ursprungsviertel mit Dorfcharakter. In Gegenden wie Sarona drehen sich dagegen die Kräne: Die Boomtown benötigt Platz für Büros und Wohnungen. Deshalb wächst die Stadt auf engstem Raum in die Höhe.

Wer eine Abkühlung braucht, taucht ab in die renommierte Kunstszene der Kulturhauptstadt oder sucht sich einen Flecken am gut 14 km langen Stadtstrand für einen Sprung ins Mittelmeer.

TOP 10

- ❷ ★★ Carmel-Markt
- ❹ ★★ Rothschild-Boulevard

Nicht verpassen!

22 HaTachana
23 Tel Aviv Museum of Art
24 Bauhaus Center
25 Gordon Beach

Nach Lust und Laune!

26 Nachum Gutman Museum of Art
27 Rokach House
28 Große Synagoge
29 Sarona
30 Habima
31 Bialik-Platz
32 Dizengoff-Platz
33 Rabin-Platz

Mein Shopping-Tag in Neve Tzedek

Mit seinen kleinen Sandsteinhäusern wirkt Neve Tzedek (»Oase der Gerechtigkeit«) wie ein Dorf in der Stadt. Hier fanden jüdische Siedler um 1800 erstmals außerhalb von Jaffa Zuflucht. Heute ist Neve Tzedek eines der nobelsten Wohnviertel Tel Avivs.

18 U

8 Uhr: Buntes Erwachen

Tel Aviv ist keine Stadt, die früh aufsteht. Wer's nicht lassen kann, schlendert vor dem Frühstück über den ❷ ★★ Carmel-Markt (S. 66) und gönnt sich dort einen frischen Fruchtsaft. Die bunten Stände bieten alles, was das hungrige Touristenherz begehrt – von saftigen Datteln bis zu günstigen Kosmetikprodukten aus dem Toten Meer.

10 Uhr: Frühstück unterm Baum

Auch Suzana öffnet seine Türen erst um 10 Uhr. Auf der gemütlichen Terrasse unter dem riesigen Baum wird das gesamte Sortiment an israelischen Frühstücksklassikern serviert. Lassen Sie sich ruhig Zeit. Mit etwas Glück kommen Sie beim morgendlichen Schmaus zusätzlich in den Genuss von Straßenmusik.

8 Uhr: Buntes Erwachen

12 Uhr: Shopping im Gründungsviertel

Auf der schattigen Terrasse von Suzana fühlt man sich schon morgens wohl unter dem großen Ficus-Baums.

Der Konzeptstore Numéro 13 ist für seine farbenfrohen Boho-Chic-Kleider bekannt.

12 Uhr: Shopping im Gründungsviertel

Der erste Shopping-Stopp liegt gleich nebenan: Im Numéro 13 (S. 87) findet man nicht nur witzige Geschenkideen, sondern auch exklusive Mode – und einen Friseursalon. Richtung Norden geht's weiter, vorbei an Zur Alon (Schmuck, S. 88), Sipur Pashut (Schreibwaren, Bücher, S. 87), Badim TLV (Textilien, S. 86), Sarit Bar Zohar (Kleider, S. 87) und Goldschmieden, Galerien sowie weiteren Boutiquen.

14 Uhr: La Mamma del Gelato

Vom Shoppingfieber befallen ist es Zeit für eine Abkühlung und einen Snack! Anita ist die »Eiskönigin« von Tel Aviv, die auch für ihre Frozen Joghurts geliebt wird. Zu Recht. Die Auswahl ist gigantisch.

14.30 Uhr: Bei Gutman

Viele israelische Kinder sind mit den Büchern von Nachum Gutman aufgewachsen. Einige Werke des Multitalents sind im Shop des **26** Nachum Gutman Museums (S. 80) zu erwerben.

16.30 Uhr: Abgefahren

Nun ist Entspannung angesagt. Holen Sie sich bei Epicerie Fine (S. 87) eine gute Flasche Wein plus ein paar Delikatessen für den Apéro

Der familiengeführte Delikatessenladen Epicerie Fine (oben) hat sich auf Weine und Käse spezialisiert; das Strandrestaurant Manta Ray auf köstliche Meeresgerichte (rechts).

am Strand. Aber machen Sie vorher noch einen kleinen Abstecher zum ehemaligen Bahnhof ㉒ HaTachana (S. 72), der heute ein kleiner Shoppingkomplex mit feinen Boutiquen und Fachgeschäften ist.

18 Uhr: Chill-out

Am Strand können Sie sich dann endlich fallen lassen und den Sonnenuntergang genießen!

19 Uhr: Seafood am Strand

Verführt vom Salz in der Luft, purzeln Sie auf dem Sand zu Manta Ray am Alma-Strand. Hier genießt man abends mit Sicht aufs Mittelmeer hervorragenden Fisch und Meeresfrüchte. Das wissen auch viele Einheimische zu schätzen. Drum lohnt es sich, im Voraus einen Tisch zu reservieren. Im frisch gebackenen Brot steckt Suchtgefahr!

i

Suzana
225 D4
Shabazi St. 9
+972 3-517-7580
www.suzana.rest.co.il
Sa–Do 10–24, Fr 9.30–24 Uhr

Anita
225 E4
Pines St. 40 (Eis), Shabazi St. 42 (Joghurt)
+972 3-624-6383
www.anita-gelato.com
tägl. 7.30–24 Uhr

Manta Ray
225 D4
Nahum Goldmann St. 4
+972 3-517-4773
www.mantaray.co.il
tägl. 9–11.45 und 12.30–23 Uhr, reservieren

❷ ★★ Carmel-Markt

Warum?	Den Puls der Stadt spüren auf dem größten Obst- und Gemüsemarkt der Stadt
Wann?	Am besten früh am Morgen
Wie lange?	Nach zwei Stunden hat man wahrscheinlich genug
Was noch?	Ein kühles Craft-Bier bei Beer Bazaar (Yishkon St. 36)
Was nehme ich mit?	Ein paar Gramm mehr auf den Hüften und (unnötige) Souvenirs

Shuk HaCarmel, der größte Obst- und Gemüsemarkt Tel Avivs bietet nicht nur eine reiche Auswahl an frischen Produkten und aromatischen Gewürzen der Region, er ist auch ein Paradies für Streetfood-Liebhaber.

Wer von der Allenby-Straße den Markt betritt, muss sich erstmal durch Kleidungs- und Schuhstände sowie durch etliche Meter Ramschware arbeiten, bevor das farbenfrohe Frischeparadies in Sichtweite kommt. Saftige Feigen, knackige Granatäpfel, reife Mangos, ofenfrische Bourekas (mit Tomaten, Spinat und Käse gefüllte Backwaren), aromatische Kräuter und Gewürze: Die zahlreichen traditionellen Obst- und Gemüsestände der jüdischen und muslimischen Händler werden nicht nur von Touristen aufgesucht, sondern vor allem von Einheimischen. Auch Köche decken sich hier mit regionalen Erzeugnissen ein – für ihre Restaurants, die zum Teil gleich um die Ecke liegen.

Gastronomische Hochburg

HaCarmel ist längst nicht mehr nur ein Markt, sondern vielmehr eine facettenreiche gastronomische Hochburg, die auch Platz bietet für Imbisse, kleine Restaurants und Cafés. Insbesondere am Freitag treffen sich hier die Tel Avivis, um ihre Wochenendeinkäufe zu erledigen und beim Lunch in einem der lebendigen Straßenlokale auf den Sabbat anzustoßen. Sogenannte Food Tours informieren über den Markt und lokale Genüsse. Ein etablierter Anbieter ist Abraham Tours.

Der Granatapfel gilt als Fruchtbarkeitssymbol und ist super gesund.

Tel Avivis treffen sich gern an den Restaurants am Carmel-Markt zur Mittagspause.

Reiche Auswahl an frischen Produkten: Der Carmel-Markt ist der größte Obst- und Gemüsemarkt der Stadt.

Kaffeegenuss für Leib und Seele

Er erobert Herzen, während er Kaffee röstet: Shlomo Cohen überrascht die Gäste in seinem Café auf dem Carmel-Markt mit spontanen Gesangseinlagen und trifft damit nicht selten mitten ins Herz. Der über 70-jährige Israeli hat früher, laut eigenen Angaben, in der Oper gesungen. Setzen Sie sich also einen Moment hin, vergessen Sie alles – und genießen Sie Tel Aviv, wie es leibt und lebt.

Café Cohen, Yishkon St. 32
Mo–Do 9–15, Fr 9–14.30 Uhr

Jemenitische Ruhe

Es lohnt sich, immer mal wieder in eine der Seitengassen einzubiegen, die mit entspannter Ruhe locken und mit ausgezeichneten internationalen Speisen. Besonders empfehlenswert ist das relativ unberührte jemenitische Viertel Kerem HaTeimanim zwischen der Allenby-Straße und dem Carmel-Markt. Ende 1800 von Einwanderern aus Jemen gegründet, beheimatet das Quartier authentische Restaurants wie Shlomo & Doron, ein beliebtes Hummus-Lokal.

Die verträumten Gassen mit ihren alten Häusern sind zudem zur beliebten Plattform für Streetart-Künstler geworden. Sie hauchen ihnen mit frischen Farbtupfern neues Leben ein. Wundern Sie sich also nicht, wenn Sie plötzlich hängende Schuhe an den Stromkabeln entdecken. Auch das ist (sehr wahrscheinlich) Kunst.

Kunst aus allen Ecken Israels

Am Dienstag und Freitag lohnt auch die Straße Nachalat Binyamin mit ihrer eklektischen Architektur aus Art déco und Jugendstil einen Besuch. Die Fußgängerzone wird dann zum Schauplatz für lokale Designer, Handwerker sowie Künstler, die ihre Ware hier verkaufen und sowohl musikalische Darbietungen als auch mal Performance-Kunst zum Besten geben.

KLEINE PAUSE

Die Falafel von **Elad** (Rambam St. 2) schmecken himmlisch. Was nun noch fehlt? Ein frisch gepresster Fruchtsaft von **Tikva,** auch bekannt als »Dr. Juice«. Die charismatische Dame befindet sich gleich neben dem Falafelstand. Sie hat immer die passende Rezeptur zur Hand.

---

222 C2
So–Do 8 –19, Fr 8 –16 Uhr

Abraham Tours
www.abrahamtours.com

Shlomo & Doron
Yishkon St. 29
+972 54-667-5505
So–Do 8.30–16.30, Fr 7.30–15.30 Uhr

Nachalat Binyamin Markt
Nachalat Binyamin St.
+972 3-952-2662
Di und Fr 9.30–15 Uhr

Beer Bazaar
Yishkon St. 36
+972 3-504-9537
www.beerbazaar.co.il
So–Do 11–2, Fr 10–16, Sa 19–3 Uhr

❹ ★★ Rothschild-Boulevard

Warum?	Schöne Menschen und Schatten spendende Bäume
Wann?	Zum Sonnenunter- oder Sonnenaufgang – hier ist Tag und Nacht etwas los
Wie lange?	Je nach Ausdauer: eine Stunde bis einen ganzen Tag
Was noch?	Galeriebesuch im Shalom Meier Tower
Resümee	Früher nur Sanddünen, heute aufregendste Straße Tel Avivs

Wo früher Sanddünen in die Höhe ragten, reihen sich heute imposante Wohnhäuser aneinander, viele davon im Bauhaus-Stil. Der Rothschild-Boulevard ist alles andere als verstaubt: Hier wird das Leben Tag und Nacht gefeiert.

Kaum zu glauben, dass hier vor 1909 nichts als Sand zu sehen war: Der Rothschild-Boulevard (Sderot Rotshild) war eine der ersten Straßen in Tel Aviv und wurde kurz nach ihrer Fertigstellung zu Ehren des Barons Edmond James de Rothschild, eines aktiven Unterstützers des Zionismus, benannt.

Die Prachtstraße ist gut anderthalb Kilometer lang und verläuft zwischen Neve Tzedek im Südwesten und dem Nationaltheater Habima (S. 81) im Norden. Während zahlreiche Banker, Anwälte und Start-up-Unternehmer am Rothschild-Boulevard ihren Geschäften nachgehen, dient die Allee auch als erfrischende Oase für Spaziergänger, Fahrradfahrer und Jogger. Unter Feuerakazien, die im Sommer rot blühen, steppt der Bär zu jeder Tageszeit.

Radfahrern ist die rechte Spur auf dem baumgesäumten Boulevard vorbehalten.

Gründungsgeschichte hautnah

Am Anfang der Straße, im Haus Nummer 16, wurde am 14. Mai 1948 Geschichte geschrieben: Hier verlas Ben Gurion am Nachmittag die Unabhängigkeitserklärung.

An diesen Gründungsakt des Staates Israel erinnert die inzwischen zum Nationalmuseum erklärte Independence Hall. Hier entlang verläuft auch der Independence Trail (www.independencetrail.co.il), der wichtige historische Punkte der Stadt miteinander verbindet.

Im Herzen der Weißen Stadt

Die Architektur der Moderne spiegelt sich hier mitten in der Weißen Stadt (S. 76): weiß gekalkt und funktional. Der Zahn der Zeit und die salzige Seeluft nagen noch immer an einigen Gebäuden, andere sind schon saniert. Das Engel-Haus (Nr. 84), von Le Corbusier inspiriert, ist das erste Gebäude in Tel Aviv mit Pfahlwerk; das Krieger-Haus (Nr. 71) beherbergt heute ein Hotel. Als Symbol der Moderne sollte auch der 1965 eingeweihte Shalom Meir Tower gelten. Das 120 m hohe, erste Hochhaus Israels wird heute als ein Ungetüm wahrgenommen. Und so bildet der Boulevard eben auch ein Stückchen Architekturgeschichte ab.

Halten Sie die Augen auf nach Skulpturen wie der Statue von Meir Dizengoff, dem grünen Stuhl und der singenden Dreiergruppe auf einem Balkon.

Tel Aviv – Tag und Nacht

Ein sonniger Tag kann mit einem Frühstück bei Benedict starten. Zugegeben, es gibt viele Orte, wo es besser schmeckt. Aber wo sonst kriegt man seine Pancakes selbst um 4 Uhr morgens warm serviert? Wer dann noch nicht den nötigen Koffein-Kick verspürt, schnappt sich einen Eiskaffee an einem der Kioske (Abb. S. 12) entlang der Fußgängermeile. Sie bieten Erfrischungsgetränke und kleine Snacks an. Der an der Herzl-Straße bereits seit 1910.

KLEINE PAUSE

Am **Gili Kiosk** (Rothschild Blvd. 31, So–Mi 7–22, Do 7–1, Fr 7–18, Sa 8–22 Uhr) bestellt man einen Malabi (Milchpudding) und beobachtet auf einer der Straßenbänke sitzend das lebhafte Geschehen.

---

222 D1–E3

Independence Hall
Rothschild Blvd. 16
+972 3-510-6426
So–Do 9–17, Fr 9–14 Uhr · 24 NIS

Benedict
Rothschild Blvd. 29
+972 3-686-8657
www.benedict.co.il
tägl. 24 Std. geöffnet

㉒ HaTachana

Warum?	Kultur- und Freizeitareal auf alter Bahnhofsanlage
Wann?	Zur Shoppingtour vor Apéro und Abendessen
Wie lange?	Eine bis vier Stunden
Was noch?	HaTachana veranstaltet zahlreiche Events
Resümee	Ein Bahnhof darf auch mal Endstation sein

Auf der alten Bahnhofsanlage an der historischen Eisenbahnlinie zwischen Jaffa und Jerusalem fahren längst keine Züge mehr. HaTachana entwickelte sich zum Kultur- und Freizeitareal für Touristen und kaufkräftige Einheimische.

Freitagvormittags findet auf dem ehemaligen Bahnhofsgelände eine Art Bauernmarkt statt.

Moses Montefiore (1784–1885) – ein britischer Finanzmann, Aktivist, Philanthrop, aufgewachsen in einer italienisch-jüdischen Familie – äußerte Mitte des 19. Jh.s erstmals die Idee, in Palästina eine Eisenbahnlinie zwischen Jaffa und Jerusalem bauen zu wollen. Seine Vision wurde erst nach seinem Tod umgesetzt. 1888 vergab der damalige türkische Sultan Abdul Hamid die Konzession zur Konstruktion einer schmalspurigen Bahnlinie zwischen den beiden Städten. Den Zuschlag erhielt Yosef Navon, der gute Beziehungen zu Geldgebern und zum Osmanischen Reich pflegte.

Und so operierte die Jaffa Railway Station (später HaTachana, »der Bahnhof«), der erste Bahnhof im Nahen Osten, unweit von Neve Tzedek und dem Hafen von Jaffa zwischen 1891 und 1948, dem Ausbruch des Unabhängigkeitskriegs. Der Aufbau der Israel Railways nach dem Krieg dauerte Jahre, neue Bahnhöfe entstanden. Das Gelände in Jaffa blieb geschlossen und verfiel langsam.

Westlicher Lifestyle orientalisch interpretiert

Erst 2010 erweckte die Stadt Tel Aviv die alte Bahnhofsanlage nach gut fünfjähriger Renovierung zu neuem Leben. Allerdings nicht mit dem Ziel, damit er wieder als Bahnhof fungierte, sondern als Kultur- und Freizeitkomplex. Auf das 5500 m^2 große Gelände mit etwa 20 Gebäuden sind schicke Restaurants, Bars und Boutiquen gezogen, Künstler fanden passende Ateliers.

Vor allem abends schlendern viele Einheimische durch diese autofreie Oase der Ruhe – einer gelungenen Kombination aus Alt und Neu.

Vom Design- zum Bio-Markt

HaTachana lockt Besucher außerdem mit einem abwechslungsreichen Eventkalender und regelmäßigen Märkten. Jeden Donnerstagabend findet beispielsweise die sogenannte Messe »Unique« statt: Während Live-Bands für Stimmung sorgen, präsentieren israelische Künstler und Designer ihre Konzepte und Produkte. Freitags kommt man bei »Orbanic« zwischen 8 und 14 Uhr in den Genuss von frischem Bio-Obst und -Gemüse, umweltfreundlicher Kosmetik sowie formschönen Produkten für den Haushalt.

KLEINE PAUSE

Falls Sie den Besuch auf dem alten Bahnhof bei einem gemütlichen Abendessen ausklingen lassen, sollten Sie unbedingt noch etwas Platz für eine Nachspeise lassen: Das Eis bei **Vaniglia** (www.vaniglia.co.il) schmeckt nämlich göttlich! Und es gibt über 40 Sorten.

---

225 D3/4
Zw. Kaufmann St. und Neve Tzedek
www.hatachana.co.il
So–Do, 10–21, Fr 10–15, Sa 10–22 Uhr

㉓ Tel Aviv Museum of Art

Warum?	Mehr als eine schöne Fassade
Wann?	Am späten Vormittag, kurz vor dem Mittagessen
Wie lange?	Eine bis drei Stunden
Was noch?	Regelmäßige Kunstveranstaltungen
Resümee	Viel Inspiration für aufregende Träume und Projekte

Das städtische Museum ist eines der führenden Kunst- und Kulturinstitutionen Israels. Es ist nicht nur wegen seiner beeindruckenden Sammlungen einen Besuch wert.

Was für ein Meisterwerk: Während das Museum of Art von außen an ein gefaltetes Kunstwerk erinnert, an dem auch Skateboarder große Freunde finden, bewegt man sich im Innern in einem mit viel Tageslicht durchfluteten Atrium. Das Gebäude des US-amerikanischen Architekten Preston Scott Cohen avancierte zu einem kulturellen Wahrzeichen der Stadt und zieht nicht grundlos täglich viele Touristen an den östlichen Rand des Stadtzentrums.

Des Bürgermeisters Sammlung

Das Kunstmuseum begründete Meir Dizengoff, der erste Bürgermeister der Stadt, 1932 am Rothschild-Boulevard (S. 70) in seinem Privathaus. 1936 umfasste seine Kunstsammlung bereits rund 350 Gemälde, verschiedene Skulpturen und etliche Aquarelle sowie Zeichnungen, unter anderem von Chagall, Picasso, Cézanne und Van Gogh.

Das rapide Wachstum der Stadt ließ auch die Sammlung anschwellen. Neue Räumlichkeiten mussten her: Nachdem 1959 der Helena-Rubinstein-Pavillon eröffnet wurde, zogen die Werke 1971 ebenfalls ins jetzige Hauptgebäude hinter dem Habima-Platz, bevor 2011 schließlich das Herta and Paul Amir Building von Cohen seine Türen öffnete.

Dieser Anbau verhalf dem Museum zu einer zusätzlichen Ausstellungsfläche von 19 000 m^2. Zur Eröffnung zeigte der Deutsche Anselm Kiefer Bilder und Skulpturen in seiner Ausstellung »Schvirat Ha-Kelim« (Zerbrechen der Gefäße).

Das Herta and Paul Amir Building vergrößerte die Ausstellungsfläche des Museum of Art erheblich.

Neue Perspektiven im Solitär

Neben einer beeindruckenden (post-)impressionistischen Sammlung bietet das Museum auch ein umfangreiches Programm an Dauer- und Wechselausstellungen und eine vielseitige Auswahl an Konzerten, Kursen, Vorträgen und Workshops für Erwachsene, Jugendliche und Kinder.

Die israelische Gegenwartskunst wirkt nicht nur faszinierend, sondern regt auch zum Nachdenken an und schafft neue Perspektiven auf alltägliche Konflikte. Ebenfalls spannend ist der kulturelle Austausch zwischen Israel und Deutschland, der in der »Galerie der deutschen Freunde« gefördert wird.

Im Museumsshop findet sich das eine oder andere ausgefallene Andenken.

KLEINE PAUSE

Nach der kulturellen Reise kann der Hunger in der hauseigenen **Brasserie & Bar Pastel** (Shaul HaMelech Blvd. 27, www.pastel-tlv.com, tägl. ab 12 Uhr) gestillt werden. Modern interpretierte Küche in einem Interieur, gestaltet vom erfolgreichen Architektenpaar Baranowitz + Kronenberg.

---

223 F4
Shaul HaMelech Blvd. 27
+972 3-607-7020
www.tamuseum.org.il/en

Mo, Mi und Sa 10–18, Di und Do 10–21, Fr 10–14 Uhr, So geschl.
50 NIS

i

㉔ Bauhaus Center

Warum?	Die Weiße Stadt ist Unesco-Weltkulturerbe
Wann?	Bauhaus Center White City Tour startet jeden Freitag um 10 Uhr
Wie lange?	Für Tour, Museum, Shop ca. drei bis vier Stunden
Was noch?	White City Center im Liebling-Haus
Resümee	Tel Aviv ist ein Bauhaus-Hotspot

Das Bauhaus Center hat eine Plattform für die Bauhaus-Architektur in Tel Aviv geschaffen. Es bietet Touren an, die zu den beeindruckendsten Bauten der Stadt führen.

Während der Naziherrschaft in Deutschland und Europa sah sich ein großer Teil der jüdisch-europäischen Architekten gezwungen, ins Ausland zu fliehen. Das damals noch junge Tel Aviv erwies sich für diejenigen, die am Bauhaus in Dessau ausgebildet worden waren, als ein ideales Experimentierfeld. Wichtige Vertreter waren Arieh Sharon, Zeev Rechter und Genia Averbuch. So entstanden ab den 1930er-Jahren bis zu 4000 Gebäude im Bauhausstil: die Weiße Stadt. Nirgends sonst auf der Welt gibt es mehr Häuser dieses Stils. Die Unesco würdigte dies 2003 mit dem Weltkulturerbe-Titel.

Das Poli House entstand 1934 am Magen David Square als Bürohaus im Bauhausstil; heute ist es ein Boutiquehotel.

Funktionalismus ohne Schnörkel

Die Bauhaus-Architektur passte in vielerlei Hinsicht zur aufstrebenden Wüstenmetropole am Mittelmeer. Sie überzeugte nicht nur durch ihre einfachen kubischen Formen in Weiß ohne Schnörkel, sondern wurde auch sozialen und klimatischen Bedingungen gerecht. Sogenannte Pilotis (Pfahlbauten) sorgten beispielsweise für die Belüftung der Häuser. Die Balkone, die sich typischerweise um die gesamte Hausfassade legen, dienten als Sonnenschutz und die Flachdächer als gemeinsamer Aufenthaltsort während der heißen Sommernächte.

Das Weiß hat gelitten

Die Stadt glänzt längst nicht mehr überall weiß. Leider hat Tel Aviv den Verfall der Bauhaus-Gebäude jahrzehntelang in Kauf genommen. Manche Häuser mussten sogar abgerissen werden. Erst in den 1990er-Jahren fand ein Umdenken statt. Dank Unesco und Denkmalschutz erhalten nun Schritt für Schritt 2000 Häuser ihren Glanz zurück.

Die freundlichen Mitarbeiter des Bauhaus Center sind mit Rat und Tat zur Stelle.

Tour der Moderne

Das Bauhaus Center in der Dizengoff-Straße informiert über die Weiße Stadt. Die hauseigene Galerie zeigt sowohl eine kleine permanente als auch wechselnde Ausstellungen. Im Shop gibt's spannende Bauhaus-Literatur und ausgefallene israelische Design-Artikel.

Der Bauhaus-Architektur auf den Grund gehen kann man im Rahmen der angebotenen Touren. Die klassische Tour führt zwei Stunden lang zu den bekanntesten Gebäuden aus den 1930er- und 1940er-Jahren.

Ein kleines privates Bauhaus Museum der Bauhaus Foundation befindet sich am Bialik-Platz (S. 81).

KLEINE PAUSE

Gegenüber vom Center hat **Piece of Cake** Donuts, Kekse und andere Leckereien im Angebot. Ein paar Teile schnappen und ab zum **Dizengoff-Platz** (S. 82). Dort stehen Bänke und bunte Stühle bereit: Entspannung umgeben von Bauhaus.

Bauhaus Center
223 D4
Dizengoff St. 77
+972 3-522-0249
www.bauhaus-center.com
So–Do 10–19, Fr 10–14.30, Sa 10–19.30 Uhr
Touren Fr 10 Uhr (engl.), 80 NIS

White City Center (WCC)
222 C3
Idelson St. 29
+972 3-47-3239
www.whitecitycenter.org
So/Mo, Mi/Do 8–19, Di 8–21, Fr 8–14, Sa 10–18 Uhr
frei

㉕ Gordon Beach

Warum?	Attraktive Aussichten – nicht nur aufs Meer
Wann?	Vorzugsweise unter der Woche (ruhiger!)
Wie lange?	Tag und Nacht
Was noch?	Längen schwimmen im Gordon Salzwasserpool
Was nehme ich mit?	Hoffentlich keinen Sonnenbrand von den ganztägigen Aktivitäten im Freien

Den Strand überwachen Bademeister lautstark über Lautsprecher vom Rettungsturm aus.

Der Gordon Beach gehört nicht ohne Grund zu den beliebtesten Sandoasen Tel Avivs. Sauberes Wasser, feiner Sand, Sportmöglichkeiten und Erholungszonen: Hier lässt sich genüsslich ein Tag verbringen.

Das Wasser des Mittelmeers leuchtet an der knapp 14 km langen Küste (S. 38) in Tel Aviv praktisch überall gleich glänzend blau, und der feine Sand verführt nicht nur Sonnenanbeterinnen, sondern auch Sportbegeisterte. Hier ist alles möglich: eine gemütliche Siesta, ein Strandpicknick, eine Fitnesseinheit, eine Surf-Stunde, eine Party oder – natürlich – ein intensives Bad im Meer.

Im Wasser und an Land

Besonders beliebt ist der belebte und sehr saubere Gordon Beach, der auf der Höhe der gleichnamigen Straße liegt. Hier können Sie Sonnenliegen mieten, sich im Strandrestaurant verwöhnen lassen, in der Open-Air-Gym trimmen, Volleyball spielen. Sanitäre Anlagen, Schließfächer und Duschen stehen bereit. Holzpavillons bieten einige kostenfreie Schattenplätze. Und Rettungsschwimmer sorgen für Sicherheit im Wasser und an Land.

Gesurft wird am Gordon Beach natürlich auch.

Olympisches Bad

Eine Schwimm-Alternative bietet der Gordon-Pool. Das Salzwasserbecken, das bereits 1956 eröffnete, hat olympische Maße und liegt direkt an der Promenade. Hier lassen sich einige ruhige wellenfreie Bahnen ziehen mit Blick auf die Marina – neben dem Alten Hafen etwas weiter im Norden und dem geschichtsträchtigen Hafen in Jaffa ist das der dritte Schiffsanlegeplatz Tel Avivs.

Volkstanz am Samstag

Am Gordon Beach ist wirklich immer etwas los. Wer Ruhe sucht, sollte seinen Strandbesuch deshalb besser unter der Woche einplanen. Am Wochenende nämlich gesellen sich die Einheimischen mit Musikboxen, Hund, Kind und Kegel an die Küste, um verdient dem Sabbat zu frönen.

Dies wirkt sich auch auf die Strandpromenade aus: Jeden Samstagvormittag wird beim Gordon Strand getanzt, als gäbe es kein Morgen. Den Israelis bei ihrem traditionellen Volkstanz zuzuschauen steckt an.

KLEINE PAUSE

Im Strandlokal **Lala Land** (Herbert Samuel St. 131, Tel. +972 3-529-3303, www.lalalandtelaviv.co.il/en, tägl. 7–2 Uhr) genießt man neben Frühstück auch Fisch und Meeresfrüchte, Sandwiches und herzhafte Salate.

---

222 B5

Gordon Pool
Eliezer Peri St. 14
+972 3-762-3300
www.gordon-pool.co.il
So 13.30–21, Mo–Do 6–21, Fr 6–19, Sa 7–18 Uhr
69 NIS (Sa–Do), 70 NIS (Fr)

Nach Lust und Laune!

26 Nachum Gutman Museum of Art

In einem der ältesten Gebäude des historischen Viertels Neve Tzedeks (S. 62) befindet sich dieses kleine Museum zu Ehren von Nachum Gutman (1898–1980), eines der vielfältigsten und berühmtesten Künstlers Israels. Die Sammlung zeigt 200 Werke: Gemälde, Skulpturen, Bücher und Kinderbuchillustrationen. Anfang des 20. Jh. beherbergte das Gebäude eine sozialistische Zeitung. Gutman immigrierte als Kind nach Israel. Er zeichnete Juden und Araber gleichermaßen.

225 E4
Shimon Rokah St. 21
+972 3-516-1970
www.gutmanmuseum.co.il
Mo–Do 10–16, Fr 10–14, Sa 10–15 Uhr · 24 NIS

27 Rokach House

Shimon Rokach war nicht nur ein berühmter Beamter, sondern auch mitverantwortlich für das erste Stadtviertel außerhalb von Jaffas Mauern – Neve Tzedek (S. 62). Rokach (1863–1922) setzte sich für die Verbesserung der Lebensbedingungen und das Wohlergehen der jüdischen Neueinwanderer ein.

Sein sehenswertes Haus in Neve Tzedek zeigt heute eindrückliche Frauenskulpturen seiner Enkelin Lea Majaro-Mintz und präsentiert die interessante Familiengeschichte. Hier finden zudem regelmäßig Veranstaltungen, Konzerte und Vorträge statt.

225 E4
Shimon Rokah St. 36
+972 3-516-0842
www.rokach-house.co.il
Do–Sa 10–14 Uhr · NIS 10

28 Große Synagoge

Ein Klotz, den man nicht übersehen kann: Die Große Synagoge diente ursprünglich als Zentrum jüdischen Lebens. Sie wurde 1922 von Jehuda Magidovitch, einem der profiliertesten israelischen Architekten, entworfen und fünf Jahre später fertiggestellt. Ein umfangreicher Umbau, der die Synagoge modernisieren sollte, erfolgte 1969. Heute beten hier nur noch wenige Gemeindemitglieder. Am Samstagmorgen kann die Synagoge auch von der Öffentlichkeit besucht werden.

Nicht zu übersehen: die Große Synagoge

So ruhig es drinnen ist, so lebendig geht's vor den Türen zu: Das Areal um die Synagoge ist eine beliebte Ausgehmeile.

→ 225 F5 ✉ Allenby St. 110
☎ +972 3-560-4905
🌐 www.tlvgreatsynagogue.org
🕘 während der Gebetszeiten

29 Sarona

Das Areal im Herzen des Geschäftsviertels wirkt wie aus der Zeit gefallen: Ursprünglich siedelten hier deutsche Mitglieder einer Templergemeinde vor etwa 140 Jahren und betrieben Landwirtschaft zu einer Zeit, als diese Gegend noch ein Vorort von Jaffa war. Die Nazi-Verbindungen einiger Mitglieder wurde der Siedlung zum Verhängnis: Die Briten wiesen sie nach Deutschland und Australien aus. Sarona erlebte unterschiedliche Nutzungen, vor allem durchs Militär. Erst 2006 wurde die Wiederherstellung der 33 historischen Gebäude genehmigt und 2014 abgeschlossen, die heute Markenboutiquen und Gastronomien beherbergen. Nicht verpassen: die überdachte Sarona-Markthalle (www.saronamarket.co.il).

Die Sarona-Markthalle ist das Herzstück des wiederhergestellten Viertels.

→ 223 F3 ✉ Aluf Kulman Magen St. 3

30 Habima

Am nördlichen Ende vom Rothschild-Boulevard gelegen lockt der Habima-Komplex mit dem renommierten Nationaltheater, dem Charles Bronfman Auditorium (Sitz der Israelischen Philharmonie), Restaurants und Cafés sowie einer beeindruckenden städtischen Landschaftsgestaltung.

→ 223 E3 ✉ Tarsat Ave. 2
☎ +972 3-629-5555
🌐 www.habima.co.il

31 Bialik-Platz

Chaim Nachman Bialik (1873–1934) war bereits ein bekannter Dichter, als er 1924 nach Palästina zog. In Tel Aviv ließ er sich nieder und baute sein Haus in der Straße, die später seinen Namen trug. Bialik gilt heute als Nationaldichter Israels. Sein ehemaliges Wohnhaus (https://beithair.org/en/bialik_house) steht am kleinen runden Bialik-Platz, einem eklektizistischen Platz, den weitere Gebäude von kulturellem und politischem Wert umgeben, die besichtigt werden können: das ehemalige Rathaus (https://beithair.org/en),

Das erste Rathaus der Stadt, am Bialik- Platz, war als Hotel geplant.

das private Bauhaus Museum (Mi 11–17, Fr 10–14 Uhr) und die Felicja Blumental Music Center & Library. Nicht weit entfernt lädt das Rubin Museum (www.rubinmuseum.org.il) ein, das Werk des Künstlers Reuven Rubin kennenzulernen.

222 C3

32 Dizengoff-Platz

Einer der Hauptplätze der Stadt heißt eigentlich Zina Dizengoff Square (Abb. S. 58), benannt nach der Ehefrau des ersten Bürgermeisters Meir Dizengoff. Der Platz wurde 1934 nach Plänen der israelischen Architektin Genia Averbuch gebaut. In den 1970er-Jahren ließ die Stadt ihn umbauen und erhöhen. 2016 bis 2018 erfolgte die Rekonstruktion und Modernisierung, sodass er nun wieder in alter Schönheit seiner Funktion als Zentrum der Weißen Stadt (S. 76) gerecht wird. In seiner Mitte steht der Brunnen »Feuer und Wasser« von Yaacov Agam. Den runden Platz umgeben imposante Gebäude im Bauhaus-Stil. Das bekannteste ist sicherlich das ehemalige Esther-Kino, das heute das Hotel Cinema beherbergt.

223 D4

33 Rabin-Platz

Dieser monumentale Platz entstand 1964, als die wachsende Stadt sich nach einem neuen, größeren Rathaus und einem offenen Ort sehnte, der viele Menschen fasste. Weder Platz noch Rathaus überzeugen optisch, sind sie doch recht brutalistisch. Im Zentrum des Platzes ragt ein Holocaust-Mahnmal empor, bestehend aus zwei Pyramiden. Von oben gesehen bilden sie einen Davidstern. Der ehemalige »Platz der Könige Israels« hat viele politische Demos und Veranstaltungen erlebt. Die Ermordung des Ministerpräsidenten Yitzhak Rabin im Jahr 1995, hier während einer Kundgebung durch einen Gegner des Oslo-Friedensprozesses, rückte ihn ins Zentrum des Weltgeschehens. Der Platz wurde umbenannt, ein Denkmal erinnert an Rabins Tod.

223 E5

Wohin zum …
Essen und Trinken?

Preise für ein Hauptgericht ohne Getränke:

€	unter 12 Euro
€€	12–25 Euro
€€€	über 25 Euro

RESTAURANTS

Brasserie M & R €€

In dieser Art-déco-Brasserie am Rabin Square fühlt man sich wie in Paris. Ob zum reichhaltigen Frühstück, zu einem Austern-Apéro, Coq au Vin oder Bœuf bourguignon: Von hier aus lässt sich das geschäftige Treiben Tel Avivs wunderbar beobachten.

223 E3 Shlomo Ibn Gabirol St. 7
+972 3-696-71111
www.brasserie.co.il/en
Sa–Di 7.30–1, Mi 7.30–24 Uhr, Do/Fr 24 Std.

Cà Phê Hanoi €€

Vietnamesische Spezialitäten treffen auf fruchtige Cocktails. In entspanntem Ambiente genießen Sie hier leckere Gerichte wie gedämpften Fisch in Bananenblättern, Pho-Suppe mit Sternanis, Zimt und Kardamom oder den Hanoi-Burger, serviert mit Süßkartoffeln. Es schmeckt nach exotischen Zutaten und saisonalen, lokalen Gewürzen!

223 E5 Malkhi Yisrael St. 3
+972 3-677-1184
www.caphehanoitlv.com
So–Do 12–24, Fr 10–14.30 Uhr, Sa ab 1 Std. nach Sabbat

Citizen Garden €

Wenn Sie auf gesunde Gerichte wie Avocado-Toast, Buddha-Bowls oder Chia-Pudding stehen, ist das der Ort für Sie. Im lauschigen Garten wird geschlemmt, gearbeitet und gleichzeitig instagrammisiert, was das Zeug hält.

225 F5
Montefiore St. 15
+972 3-696-71119
www.citizengardentlv.com
So–Do 10–18 Uhr

HaKosem €

Auch bekannt als »The Magician«: Hier gibt es Falafel zum Mitnehmen oder sur place, die wahrlich schmecken, als wären sie von Zauberhand erschaffen. Auch andere Gerichte wie Shawarma oder Sabich lohnen einen Besuch. Bloß nicht von der Schlange beirren lassen, es geht schneller vorwärts, als man denkt.

223 D4
Shlomo HaMelekh St. 1
+972 35-252-033
www.falafelhakosem.com
So–Do 9.30–24, Fr 9.30–16.30 Uhr

HaKosem ist einer der beliebtesten Falafel-Lieferanten der Stadt.

HaSalon & Miznon €€

Was für eine Erlebnis-Party: Beim Dinner im HaSalon können schon mal Servietten fliegen. In der kreativen Küche von Eyal Shani wird jeweils nur am Mittwoch und Donnerstag gekocht. Dafür stets frisch und täglich was Neues. Schauen Sie den Köchen beim Schnippeln des knackigen Gemüses zu und lassen Sie sich überraschen, wie sie die israelische Küche modern interpretieren. Eyal Shani gehört zu den berühmtesten Köchen Tel Avivs, man kennt ihn auch von seinen weiteren Lokalen Miznon, Port Said (www.facebook.com/theportsaid), North Abraxass (S. 88) und Romano (Derech Jaffa 9).

227 E4 Ma'avar Yabok 8 (HaSalon)
+972 52-703-5888 Mi/Do 19–24 Uhr

⊹ 223 D3 ✉ King George St. 30
☎ +972 52-508-1118
⊕ www.miznon.com
◑ So–Do 12–23, Fr 12–17, Sa 13–23 Uhr

Im Miznon gibt's ganze Blumenkohl köpfe aus dem Ofen.

Hatraklin €€
Ein gutes Stück Fleisch mit einem Gläschen Wein in entspannter Atmosphäre? Willkommen im Hatraklin. In einem Haus, das in den 1920er-Jahren noch als Hotel diente, wird Qualität großgeschrieben. Insbesondere beim Wein, denn der Hausherr ist Sommelier.
⊹ 225 E4 ✉ Heihal HaTalmud St. 4
☎ +972 3-566-0013 ⊕ www.hatraklin.co.il
◑ So 18.30–24, Sa 13–24 Uhr

Herzl 16 €€
Eine Mischung aus Restaurant und Partylokal: typisch Tel Aviv! Im Herzl 16 startet man genauso mit Frühstück in den Tag wie man nach der Happy Hour eine frische Kost genießt. Mit regelmäßigen Konzerten definitiv einer der coolsten Hotspots der Stadt!
⊹ 225 F4 ✉ Herzl St. 16
☎ +972 3-554-4300 ⊕ www.herzl16.co.il
◑ So–Fr 7.30–2, Sa 8–2 Uhr

Meshek Barzilay €€
Ein Traum für alle Veganer – und auch sonst für alle, die auf gesundes Essen stehen. Von der pflanzenbasierten Lasagne bis zu den asiatischen Nudeln ist hier alles bio, alles hausgemacht. Die Zutaten stammen von lokalen Produzenten. Es schmeckt. Und der Garten ist ein Traum!
⊹ 225 E5 ✉ Ahad Ha'Am St. 6
☎ +972 3-516-6329
⊕ www.meshekbarzilay.co.il
◑ So–Do 10–23, Fr 8–23, Sa 9–23 Uhr

Port Sa'id €€
Egal ob es stürmt, regnet oder die Sonne scheint: Vis-à-vis der Großen Synagoge ist immer was los. Der Grund: hippe mittelöstliche Atmosphäre, leckeres Essen, süffige Cocktails, schöne Menschen und täglich wechselnde DJs. Ein Hafen zum Anlegen!
⊹ 225 F5 ✉ Har Sinai St. 5
☎ +972 3-620-7436
⊕ www.facebook.com/theportsaid
◑ tägl. 12–5 Uhr

Santa Katarina €€
Das perfekte Restaurant, um einen ersten Einblick in den kulinarischen israelischen Himmel zu erhaschen. Auf dem Platz der Großen Synagoge werden göttliche Gerichte (Gnocchi, Ceviche, Lamm-Kebab) und feinster Wein serviert. Geteilt wird mit dem ganzen Tisch. Und anschließend zieht man weiter, in die nächste Bar, den nächsten Klub. Die Nacht ist jung!
⊹ 225 F5 ✉ Har Sinai St. 2
☎ +972 58-782-0292
⊕ www.facebook.com/santakatarina2
◑ So–Do 12.30–16 und 18–24, Fr 12.30–17 und 19–24, Sa 19–24 Uhr

Thai at Har Sinai €€
Fast so tropisch wie in Bangkok: In einem grünen Garten hinter der Großen Synagoge werden scharfe Cocktails (die Mutigen probieren den Red Dragon!) zu grandiosem Thai-Food serviert. Gute Musik, gute Stimmung – am besten setzt man sich fürs Essen an die Bar und schaut dem Barkeeper beim Mixen zu.
⊹ 225 F5 ✉ Har Sinai St. 1
☎ +972 3-566-6975
⊕ www.facebook.com/thaiharsinai
◑ Mo–Do 12–16 und 18–24, Sa 20–24 Uhr

Ya Pan €€
Inspiriert von den japanischen Izakaya-Restaurants (bekannt für Fastfood mit viel Alkohol) genießt man in einer der schönsten

Straßen Tel Avivs japanische Gerichte, die gesünder sind, als man beim Thema Fastfood annehmen könnte: Currys, Futomaki oder gegrillter Seebarsch – bloß den Sake dazu nicht vergessen!
226 A5 Nachmani St. 26
+972 3-648-7796 www.yapan.co.il
So–Do 17–23.30, Fr 12–16 und 18–23.30, Sa 12–23.30 Uhr

CAFÉS

Café Birenbaum

Lust auf Brunch? Dann ab ins Birenbaum! Rund 40 Salate stehen zur Auswahl, alles koscher, auch vegan. Zubereitet werden sie jeden frühen Morgen frisch von Keren, der Nichte des Birenbaum-Gründers, eines Auschwitz-Überlebenden.
222 C2 Nahalat Binyamin St. 3
+972 3-560-0066 So–Fr 6.30–15 Uhr

Café Yom Tov

Der perfekte Ort, um nach dem Einkauf auf dem Carmel-Markt das Wochenende gebührend einzuläuten. Ob für einen Kaffee oder ein Bierchen mit Sandwich: Hier erwartet Sie auf jeden Fall ein guter Tag (Yom Tov = Guten Tag). Abends verwandelt sich das gemütliche Café in ein relaxtes Restaurant. Pizza oder überbackenes Gemüse? Die Zutaten stammen natürlich alle frisch vom Markt.
222 B2 Yom Tov St. 30
+972 3-969-2434
So–Do 8–1, Fr 8–18, Sa 18.30–1 Uhr

Hamitbahon

Ein kleiner Garten Eden, der einlädt, auf dem Markt-Spaziergang kurz innezuhalten. Zwischen Carmel und jemenitischem Viertel gibt's jüdische Küche, mit oder ohne Fleisch. Dazu ein gutes Glas Wein, ein kaltes Bier, Kuchen und Kaffee. Und eine blumige Terrasse, die man gar nicht mehr verlassen möchte.
222 C2 Rabbi Akiva St. 18
+972 3-516-3689
https://hamitbahon.co.il
So–Fr 8–1, Sa 9–1 Uhr

Neroli

Ein Paradies für jede Veganerin und jeden Reformhaus-Liebhaber. Im Neroli gibt's nicht nur die besten frisch gepressten Säfte und Smoothies, sondern auch himmlisches veganes Sushi. Sämtliche Menüs können auf den recycelten Holzbänken oder der kleinen Terrasse vor Ort genossen oder mitgenommen werden. Während man auf sein frisch zubereitetes Avocado-Dinkel-Sandwich wartet, deckt man sich im Laden mit Naturkosmetik, Bio-Datteln und frischen Gewürzen ein.

Viele Restaurants versorgen sich auf dem großen Carmel-Markt mit frischen Zutaten.

✣ 225 F4 ✉ Lilienblum St. 3
☎ +972 3-510-7869 🌐 www.neroli.co.il
🕐 So–Do 8.30–20, Fr 8.30–16 Uhr

Wohin zum … Einkaufen?

Während sich der Besuch der großen Shoppingtempel wie der TLV Fashion Mall (www.tlvmall.com) oder des Dizengoff Centers (www.dizengof-center.co.il) insbesondere an zu heißen oder an Regentagen anbietet, schlendert man im hübschen Neve Tzedek entlang der Shabazi-Straße bei Sonnenschein genüsslich von Modeboutique zu Schmuckatelier. Im Herzen von Tel Aviv warten vor allem die Shenkin-, die Dizengoff-, die Allenby- und die King-George-Straße mit zahlreichen Geschäften auf – von superbillig bis superelegant.

Agas & Tamar

Hinter dem Schmucklabel stehen die langjährig befreundeten Einat Agas und Tamar Harel-Klein. Die zwei Designerinnen verknüpfen bei der Kreation ihrer Schmuckstücke antike Traditionen mit modernen Techniken. Das Resultat: zeitlose Wegbegleiter, die Gesicht, Hals und Hände aufhübschen.

✣ 225 E4
✉ Shabazi St. 43
☎ +972 3-515-8421
🌐 https://agasandtamar.com
🕐 So–Do 10–19, Fr 10–15 Uhr

Badim TLV

Ein kleines Paradies für alle, die ihr Zuhause gern bunt und verspielt einrichten. Aus handgefertigten, natürlichen Textilien entstehen Kissen, Teppiche, Schals und Taschen mit ausgefallenen Mustern und Drucken. Wetten, dass Sie den Laden gut gelaunt verlassen werden?

✣ 225 E4 ✉ Shabazi St. 42
☎ +972 3-510-1801
🌐 www.badimtlv.com
🕐 So–Do 9–20, Fr 9–16 Uhr

Delicatessen

Hier lässt sich nicht nur wunderbar frühstücken. Die leckeren Bagelsandwiches, Backwaren, Patisserie- und Tortenstücke gibt es auch to go. Die Käsespezialitäten und andere Feinkostwaren sind deliziös. Man kann kaum widerstehen.

✣ 225 A5 ✉ Yehuda ha-Levi St 79/81
☎ +972 3-968-1010
🌐 www.delitlv.co.il
🕐 So–Do 7.30–20, Fr 7.30–17, Sa 8–17 Uhr

Nach dem Vorbild eines französischen Feinkostladens bietet Delicatessen warme und kalte Speisen.

Epicerie Fine

Wein und Käse aus Frankreich und Italien stehen ganz klar im Mittelpunkt dieses Feinkostgeschäfts. Aber auch hochwertige Produkte, wie Tee oder Honig, anderer Ursprungsländer gibt es zu kaufen. Besonders reizend ist zudem die Auswahl an Wohnaccessoires. In einem kleinen verstecken Foyer können die leckeren Baguette-Sandwiches vor Ort genossen werden.

225 E4 ✉ Shabazi St. 34
☎ +972 3-527-9005
www.facebook.com/epicerieTLV
So–Do 9–20, Fr 9–17 Uhr

Just Believe

Schmuck ist nicht gleich Schmuck. Belinda Eskenasy verschafft Ihrem neuen Lieblingsstück mit einer individualisierten Gravur einen persönlichen Schliff. Sei's ein motivierendes Mantra, das Sie im Alltag stets an Ihr persönliches Ziel erinnert, oder eine liebevolle Botschaft für eine gute Freundin: Das Lexikon von Just Believe ist grenzenlos.

225 E4 ✉ Shabazi St. 67
☎ +972 54-453-4439
www.justbelievejewelry.com
So–Do 10–18, Fr 10–15 Uhr

Numéro 13

In diesem französischen Concept Store gibt es traumhafte nationale und internationale Mode (für sie, ihn und Kind) und witzige Geschenkideen. Falls Sie Ihr neues Kleid gleich mit dem passenden Styling aufwerten wollen, hilft man Ihnen im integrierten Beauty Salon gern weiter.

225 E4 ✉ Shabazi St 13
☎ +972 3-634-8066
www.numero13tlv.com
So–Do 9–20, Fr 9–16 Uhr

Papier

Für alle Freunde des Prints. Papier verkauft natürlich Schreibwaren, inspiriert von der Welt des Textes und des Grafikdesigns. Sämtliche Produkte werden in Israel hergestellt. Grußkarten, Notizbücher, Kalender ... Vielleicht schreiben Sie ein Reisetagebuch oder sammeln Inspiration für ein nächstes großes Projekt?

Bei Papier gibt's Papier. Aber auch Stempel.

223 E5
✉ David HaMelech Blvd. 1
☎ +972 3 696-4583
https://papier.co.il
So–Do 10–20, Fr 10–15 Uhr

Sarit Bar Zohar

Lassen Sie sich von der etwas übermotivierten Bedienung nicht in die Flucht schlagen. Die komfortablen Kleider sind einen genaueren Blick wert.

225 E4 ✉ Shabazi St. 56
☎ +972 50-824-8777
www.saritbarzohar.com
So–Fr 11–20, Sa 10–16 Uhr

Sipur Pashut

Ein Wohlfühlort für alle Bücherwürmer und Liebhaber von Printprodukten. Bei Sipur Pashut (»einfache Geschichte«) gibt's neben hebräischen Büchern, liebevoll gestalteten Karten, Postern und Papeterie-Artikeln im ersten Stock auch eine Auswahl an englischer Literatur.

225 E4 ✉ Shabazi St. 36
☎ +972 3-510-7040
www.sipurpashut.com
So–Do 10–20, Fr 9.30–16 Uhr

Sketch

Das israelische Modelabel hat die nationale Fashion-Szene maßgeblich beeinflusst und trifft nicht nur den Geschmack stilvoller Hipster und sportlicher Businessmänner.

Auch Frauen fühlen sich in den minimalistischen Designs aus hochwertigen, natürlichen Materialien mehr als wohl.
✢ 223 F3 ✉ Arania Osvaldo St. 9–15
☎ +972 74-755-8152
🌐 www.ysketch.com
🕘 tägl. 9–17 Uhr

ZOZI Jewelry

Dieser Schmuckladen richtet sich an alle, die es gerne bunt und verspielt mögen. Die Stücke im Boho-Chic-Stil vereinen verschiedene Materialien und kulturelle Einflüsse. Dabei gleicht keines der handgefertigten Produkte dem anderen.
✢ 225 E4 ✉ Shabazi St. 49
☎ +972 3-510-0232
🕘 So–Do 10–20, Fr 10–16 Uhr

Zur Alon

Wer auf filigrane Schmuckstücke mit dezenten Farbtupfern steht, ist hier genau richtig. Inspiration für seine Kreationen findet der israelische Designer Zur Alon hauptsächlich in der Natur oder auf Reisen. Von simpel bis elegant auf jeden Fall eine Bereicherung!
✢ 226 A5
✉ Yehuda ha-Levi St. 71
☎ +972 3-560-2442
🌐 www.zuralon.co.il
🕘 So/Mo 10–16, Di-Do 10–17, Fr 11.30–15 Uhr

Wohin zum … Ausgehen?

BARS

North Abraxass

Hier entspannen die Locals nach einem langen Arbeitstag gern mit einem Drink und einem Snack. Das Tolle am Konzept ist nämlich, dass die Cocktails und der Wein auf Wunsch mit passenden Gerichten aus der Küche des renommierten Küchenchefs, Eyal Shani, serviert werden. Zur späten Stunde wird im Abraxass zudem mit Live-Shows, DJs oder exklusiven Veranstaltungen eingeheizt.
✢ 225 F4 ✉ Lilienblum St. 40
☎ +972 3-510-4435
🌐 www.facebook.com/northabraxass
🕘 So–Do 12–16.30 und 18–24, Fr/Sa 13–17 und 18–24 Uhr

Butler & Bellboy

Was für ein magisches Gruselkabinett! Wenn Sie den protzigen, mit Edelstein geschmückten Raum der Bellboy Bar betreten, ahnen Sie noch nicht, was hinter der Pforte los ist. Zunächst einmal müssen Sie aber den Eingang finden. Denn Butler ist eine sogenannte Speakeasy Bar, die den Zeiten der Prohibition gewidmet ist. Eine Reservierung lohnt

Im Restaurant North Abraxass von Eyal Shani sitzen die Gäste an der Bar mit Blick in die Küche.

sich auf jeden Fall. In intimer Atmosphäre werden Sie vom kompetenten Barkeeper mit kreativen Cocktails und kleinen Köstlichkeiten verwöhnt. Wieso Gruselkabinett, bleibt die Frage. Das merken Sie spätestens auf der Toilette!
223 E2
Berdichevsky St. 14 (Eingang beim Berdichevsky Hotel)
+972 3-728-9213 www.bellboybar.com
tägl. ab 18 Uhr bis spät

Guest Room
Sagenhaft gute Cocktails in heimeliger Atmosphäre und eine Menükarte, die wöchentlich wechselt: Trotz guter Stimmung ist es hier nie zu laut für ein intimes Gespräch.
226 A4
Mikve Israel St. 26
+972 50-333-0125
www.facebook.com/guestroomtlv
So–Do 18–1, Fr/Sa 20–1 Uhr

The Prince
Leicht zu übersehen ist diese Bar. Kleiner Tipp: Immer schön nach oben schauen, denn The Prince befindet sich auf dem Dach eines alten Gebäudes in der Fußgängerzone Nachalat Binyamin. Eine der gemütlichsten Oasen der Stadt!
225 F5 Nachalat Binyamin St. 43
+972 58-606-1818
www.facebook.com/theprincetlv
So–Do 10–0.30, Fr 10–18, Sa 17–0.30 Uhr

KLUBS/LIVEMUSIK

Breakfast Club & Milk Bar
Hier lässt sich der gute israelische Wein tatsächlich auch noch zur Morgenstunde aus dem Leib tanzen. Bis 8 Uhr in der Früh! Im dunklen Breakfast erklingen elektronische Sounds, während es in der Milk Bar geselliger und funky zu- und hergeht. Allein ist man hier nie!
225 F5 Rothschild Blvd. 6
+972 3-510-0101 Mi–Sa 22–8 Uhr

Imperial Craft Cocktail Bar
Versteckt in einem dubiosen Hotel gehört Imperial zu den weltweit angesehensten Adressen, wenn es um Signature Cocktails und ausgefallene Mixturen in flüssiger Form geht. Besonders gut ist die Stimmung während der Happy Hour (zwischen 18 und 20 Uhr)!
222 A4 HaYarkon St. 66
+972 3-264-9464
www.imperialtlv.com
tägl. ab 18 Uhr

Sputnik
Dieser Hipster-Schuppen war einmal ein Uhrenladen. DJs, Livemusik, Chill-out-Ecken, ein hübscher Garten und Herzhaftes für Gaumen und Kehle: Sputnik ist fast zu cool für eine derart zentrale Location!
226 A4 Allenby St. 122
+972 52-642-6532
www.facebook.com/sputnikTLV
Sa–Do 19–6, Fr 21–6 Uhr

KULTUR

Suzanne Dellal
In der ersten Hebräisch-Schule für Mädchen und Jungen ist heute das Suzanne Dellal Center für Tanz und Theater zu Hause. Für Begeisterung sorgt nicht nur Israels erste moderne Tanzkompanie, sondern auch die berühmte Batsheva Dance Company, ein Ensemble für zeitgenössischen Tanz. Im Innenhof mit Zitronenbäumen lässt sich übrigens auch wunderbar kurz Pause machen.
225 D4
Yehieli St. 5
+972 3-510-5656
www.suzannedellal.org.il
tägl. 21–4 Uhr

Cinematheque
In der Cinematheque kommen Sie in den Genuss von israelischen und internationalen Filmen. Zudem werden hier auch Festivals wie das internationale LGBTQ-Filmfestival »TLV Fest«, das Dokumentarfilmfest »Dok-Aviv« oder die »Moments of French Cinema« veranstaltet.
223 F3 Shprintsak St. 2
+972 3-606-0800
www.cinema.co.il
tägl. 21–4 Uhr

Tel Aviv ist wohl eine der hundefreundlichsten Städte der Welt, da ist es kein Wunder, dass auch im HaYarkon-Park der ein oder andere unterwegs ist.

Tel Avivs Alter Norden

Das bei jungen Familien beliebte Wohngebiet hält bei einer Erkundungstour so manche Überraschung parat.

Seiten 90–111

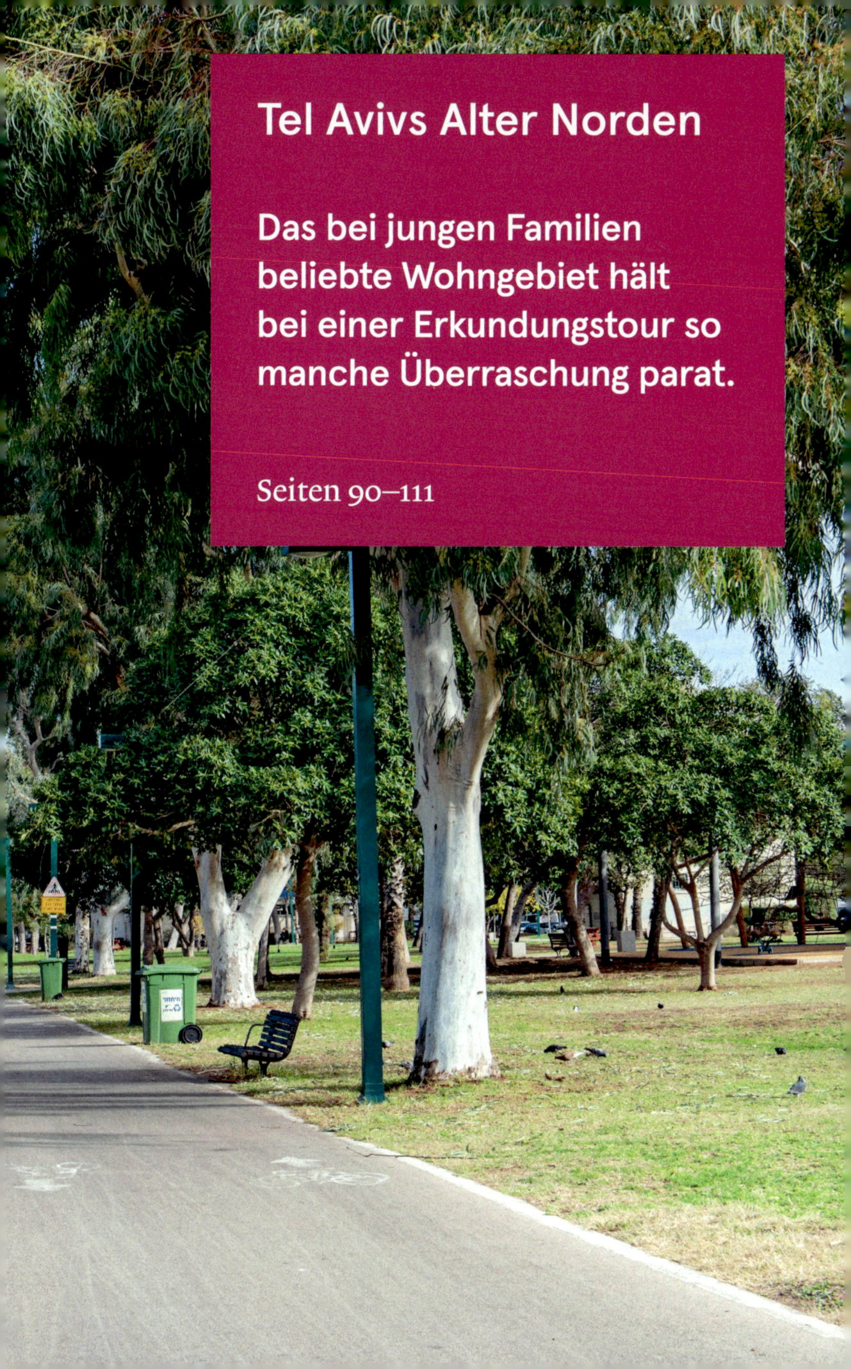

Erste Orientierung

Der Alte Norden Tel Avivs grenzt direkt ans Stadtzentrum und ist als Wohngebiet bei jungen Familien beliebt. Er versprüht einen ganz besonderen Charme und besitzt zudem mit dem HaYarkon-Park über die größte Grüne Lunge der Stadt.

Den Tel Avivis selbst fallen wenig Gründe ein, warum ein Tourist den Norden der Stadt erkunden sollte, ist dieser Bezirk doch hauptsächlich als spießige Wohnsiedlung und familienfreundliche Umgebung bekannt.

Doch die Mischung macht's. Wer durch die idyllischen Straßen zwischen dem Rabin-Platz und dem HaYarkon-Park spaziert, trifft auf vegane Hipster-Cafés neben alteingesessenen Delikatessengeschäften. Beeindruckende Eigenheime stehen hier neben heruntergekommenen Mehrfamilienhäusern, französische Haute Couture hängt neben israelischer Umstandsmode. Und immer mittendrin: Hunde und Kinderwagen.

Im Alten Norden (der Neue Norden fängt hinter dem Park an und ist an den Hochhäusern zu erkennen) ist man hauptsächlich unter Einheimischen und vergisst fast, dass man eigentlich im Urlaub ist.

Deutlich touristischer geht's am Alten Hafen her. In den 1930er-Jahren war er das Tor zum Gelobten Land für Flüchtlinge aus Europa. Eine neue Funktion erhielt er 2011: Shops, Restaurants sowie Markthallen locken viele Besucher hierher. Im Alten Norden ist längst nicht alles spießig!

Je nördlicher man geht, desto wilder und idyllischer wirken die Strände. Und wer eine Verschnaufpause braucht, geht in den großen Stadtpark, den HaYarkon.

TOP 10

5 ★★ HaYarkon-Park

Nicht verpassen!

34 Beit Hatfutsot

35 Alter Hafen

Nach Lust und Laune!

36 Ben-Gurion-Haus

37 Independence Park

38 Eretz Israel Museum

39 The Secret Beach

40 Cymbalista-Synagoge

41 Steinhardt Museum

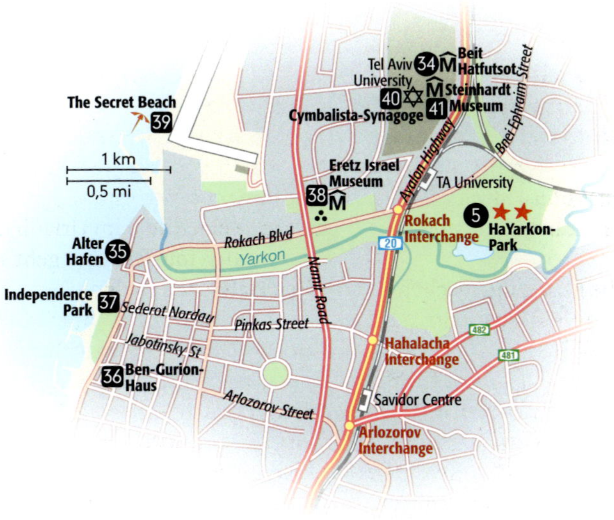

Mein Genuss-Tag bei den Locals

Mit der gefragten Fotografin Sivan Askayo auf einem Streifzug zu ihren Lieblingsorten in ihrem Viertel.

10 Uhr: Smoothie zum Frühstück

An einem freien Tag gönnt sich Sivan ein gesundes Frühstück gleich bei ihr um die Ecke im veganen Hamaniya Café. Ihre Empfehlung: ein Smoothie. Die Wahl zwischen den vielen Geschmacksrichtungen ist nicht gerade einfach. Lieber »Morning Matcha«? Oder doch »Tropical Fruit«?

11 Uhr: Lust auf frische Luft

Nach der Stärkung geht's über den ❺ ★★ HaYarkon-Park (S. 98) auf einem kleinen Spaziergang Richtung Mittelmeer. Sivans Lieblingsstrand ist der Mezizim Beach. Zwischen Kinderspielplatz und Strandbar lässt sich wunderbar baden und genüsslich ein Buch oder ein Magazin lesen.

14 Uhr: Fish & Chips zum Lunch

Das Barbunya (S. 107) ist für seine frittierten Meeresfrüchte und Mezze bekannt. Sivan mag das Restaurant vor allem wegen seiner unprätentiösen Art. Und ein salziges Fischgericht ist nach dem Baden im Meer keine schlechte Idee.

14 Uhr: Fish & Chips zum Lunch

16.30 Uhr: Verwöhnzeit

Das Hamaniya hat sich schnell einen Namen als Frühstückscafé gemacht (links). Et voilà: La Bonne bietet feine Backkunst (oben).

16 Uhr: Schokoladen-Pistazien-Verführung

Die israelische Fotografin schafft es nicht, einen Bogen um die Patisserie La Bonne zu machen. Der Grund: das hausgemachte Schokoladen-Pistazien-Gebäck. Die Verlockung ist hier auch sonst sehr groß. Es riecht nach frischem Kaffee und Schokolade. Und die französische Bedienung trumpft mit einer Extra-prise Charme auf.

16.30 Uhr: Verwöhnzeit

Ihr selbst fehlt zwar meist die Zeit, trotzdem möchte Sivan das Teepee Spa nicht vorenthalten. Wie in einer verlassenen Grotte fühlt man sich hier. Und kommt in den Genuss von verschiedenen Massagen und Behandlungen. Gönnen Sie sich etwas Zeit für sich, fernab der urbanen Hektik!

20.30 Uhr: Gutes Essen, gute Stimmung

Sharon Cohen's Restaurant Shila ist nicht grundlos so beliebt. Auch Sivan schwört auf seine Küche. Wie wär's mit einem Steak Tatar oder mit Seafood Spaghettini? Für gute Stimmung sorgt der Chef persönlich. Auch die Bar lockt täglich viele Ausgehlustige an.

Für den Mixologen Ariel Leizgold ist kein Detail zu klein – und so entstehen im 223 so tolle Drinks wie Them Apples (im Foto links) und Red Wedding (im Foto rechts).

22.30 Uhr: Absacker

Bevor dem Tag gute Nacht gesagt wird, empfiehlt Sivan die legendäre Cocktailbar 223 (S. 110). Als Fotografin fasziniert sie insbesondere das kunstvolle Arrangement der kreativen Mixturen. In einer der ältesten Bars der Stadt an der Dizengoff-Straße trinkt definitiv auch das Auge mit.

i

Hamaniya Café
227 D5 Basel St. 37
+972 3-946-3990 www.hamaniya.co.il
So–Do 8–22, Fr 8–15, Sa 9.30–15.30 Uhr

La Bonne
227 D5
Dizengoff St. 209
+972 7-550-6010
www.labonnepatisserie.com
So–Do 8–21, Fr 8–16 Uhr

Teepee Spa
227 D5
Dizengoff St. 210
+972 3-759-0764
www.urbanshaman.co.il/teepee
Mo–Do und So 9–20, Fr 8–17, Sa 9–16 Uhr, Anruf im Vorfeld empfehlenswert

Shila
227 D5
Ben Yehuda St. 182
+972 3-522-1224
www.shila-rest.co.il
tägl. 12.30–24 Uhr

❺ ★★ HaYarkon-Park

Warum?	Größter Park in einer Stadt, in der das Grün eher rar ist
Wann?	Unter der Woche ist es ruhiger
Wie lange?	Für einen ausgedehnten Spaziergang: zwei Stunden
Was noch?	Ein Tretboot mieten
Resümee	Perfekter Ort für einen durchgelüfteten Kopf

In einer Stadt, in der die Vegetation aufgrund klimatischer Bedingungen eher karg ausfällt, werden Grünflächen umso mehr geschätzt. Der HaYarkon-Park ist mit rund 350 Hektar der größte Stadtpark Tel Avivs. Den Namen verdankt er dem 28 km langen Yarkon-Fluss, der ihn durchfließt und dann im Mittelmeer mündet.

Die Anlage, die gern mit New Yorks Central Park verglichen wird, entstand Ende der 1960er-Jahre und unterzog sich seither einigen Ausbau- und Renovierungsarbeiten. Der Stadtpark im Norden lockt heute täglich Tausende Erholungssuchende und Freizeitsportler mit großen Rasenflächen, mehreren Gärten, ausgewiesenen Bike- und Joggingrouten, Tennisplätzen und Fitnessanlagen. Im Multisport-Komplex Sportech kommen all diejenigen auf ihre Kosten, die auf

In Tel Avivs »Central Park« lässt man sich gerne durchlüften.

Basketball, Skateboard, Yoga oder Trampolin stehen. Besonders beliebt ist die Kletterwand.

Kleinere Gärten im großen Park

Auch die weniger sportlich Aktiven finden Abwechslung: Der Felsenpark informiert über die Geologie Israels; der Kakteengarten und der Tropische Garten stellen bis zu 2500 Pflanzenarten vor. Zudem sind Spielplätze, ein Streichelzoo, ein Vogelpark und der Meymadion Waterpark Teil der Anlage.

Die Vögel sind nicht die einzigen, die sich hier himmelwärts bewegen. Immer wieder taucht auch ein Heißluftballon auf: Ein Rundflug mit TLV Balloon ist vor allem bei denen beliebt, die nach einer außergewöhnlichen Location für einen Hochzeitsantrag suchen.

Leihräder bietet StarBikes im Norden des Parks, direkt unter dem Café Hacohanim.

Kultur unter freiem Himmel

Dass in der Kulturhauptstadt Israels auch Kunst und Geschichte nicht fehlen dürfen, versteht sich von selbst. Wer durch den HaYarkon-Park schlendert, passiert Denkmäler, Statuen und historische Stätten wie die Sieben Mühlen am Yarkon-Fluss. Der Name geht auf die sieben Mehlmühlen zurück, die hier zu Zeiten des Osmanischen Reichs als Teil eines großen Mühlenkomplexes betrieben wurden.

Ein Blick in den aktuellen Eventkalender lohnt ebenfalls. Während der warmen Monate finden auf der Freiluftbühne regelmäßig Konzerte statt. Zum Highlight im Sommer gehört Opera in the Park (S. 104).

KLEINE PAUSE

Decken Sie sich auf dem Bauernmarkt (S. 103) mit frischen Produkten für ein **Picknick** auf einer der vielen Wiesen im Park ein.

---

i

227 D–F5
https://park.co.il/en

StarBikes
www.starbikes.co.il
So–Do 10–18.30, Fr/Sa 8.15–15 Uhr

Gärten und Streichelzoo
So–Do 10–18.30, Fr/Sa 8.15–15 Uhr

Wasserpark Meymadion
www.meymadion.co.il
Juni–Okt., Zeiten vgl. Website

TLV Hot Air Balloon
www.tlv-balloon.co.il
So–Do, 10–18, Fr 10–16, Sa 9–18 Uhr

㉞ Beit Hatfutsot

Warum?	Museum über die prägende Geschichte des jüdischen Volkes
Wann?	Zur geführten englischen Tour am Donnerstag um 14 Uhr
Wie lange?	Mindestens zwei Stunden
Was noch?	Ein Spaziergang über den modernen Uni-Campus
Resümee	Auf dem Weg zum wichtigsten jüdischen Museum weltweit

Das Museum des jüdischen Volkes gibt Einblick in die lange und bewegende Geschichte des Judentums und macht deutlich, wie sie den Alltag der Israelis bis heute prägt.

Beit Hatfutsot (Diaspora-Haus), auf dem Gelände der Universität Tel Aviv, geht zurück auf Dr. Nahum Goldmann (1895–1982), den Gründer und Präsidenten des Jüdischen Weltkongresses. Die Idee für den Bau wurde bereits 1959 geboren, die Umsetzung erfolgte im Jahr 1978 mit der Eröffnung des Museums.

Hatfutsots Mission ist die Präsentation der über 4000-jährigen jüdischen Geschichte, die sich nicht nur auf die Vergangenheit beschränkt, sondern sich auch mit der Gegenwart und der Zukunft beschäftigt. Als zentrale Adresse für die jüdische Gemeinschaft möchte das Museum jüdische Besucher in ihrer Identität und in ihrem Zusammengehörigkeitsgefühl stärken.

Durch einen neuen Museumsflügel im Mai 2016 hat Beit Hatfutsot an Fläche und Attraktivität gewonnen. Und so ist heute Platz für zwei Dauerausstellungen und zahlreiche Wechselausstellungen. Zudem werden regelmäßig Vorträge, etwa zur jüdischen Sprache und Kultur, durchgeführt oder Dokumentarfilme gezeigt. Wer jüdisch ist, kann in der multimedialen Bibliothek seine eigene Geschichte zurückverfolgen.

Blick in die Zukunft

2020 eröffnete außerdem die neue Kernausstellung. Die Galerien zeigen nun über 800 Bilder, 450 Werke aus der Sammlung des Museums, 40 Film- und Multimedia-

Displays und 22 interaktive Stationen. Jüdische Kreativität und Erfindergeist führen von jeher auf der ganzen Welt zu Erfolgen. Und im Vergleich zu früher haben die Juden von heute meist die Wahl, wo und wie sie leben wollen. All das soll im Museum nicht nur dargestellt und gefeiert werden, sondern auch Ansporn sein, optimistisch in die Zukunft zu blicken.

Beit Hatfutsot ist nicht nur Museum, es ist ein nationales Zentrum für jüdische Gemeinden in Israel und der ganzen Welt.

Die Planung und Renovierung der Kernausstellung wurde vom renommierten US-amerikanischen Museumsdesigner Patrick Gallagher (Gallagher & Associates) realisiert. Auf rund 4000 m² erwarten den Besucher erlebnisreiche Ausstellungsräume, durch die auch extra geschulte Guides führen.

KLEINE PAUSE

Gönnen Sie sich im **Café Neto** (auf dem Uni-Campus, Tel. +972 9-955-4040, www.cafeneto.co.il, So–Do 7.30–19, Fr 7.30–15 Uhr) eine kleine Erfrischung. Die israelische Kette ist für Kaffee und vegane Speisen bekannt.

---

227 E5
Auf dem Campus der Universität Tel Aviv, Klausner St.
+972 3-745-7808

www.bh.org.il
So–Mi 10–17, Do 10–22, Fr 9–14, Sa 10–15 Uhr
49 NIS

㉟ Alter Hafen

Warum?	Einst Flüchtlingshafen, heute Ausgehviertel
Wann?	Für ein Mittagessen mit anschließendem Spaziergang
Wie lange?	Zwei Stunden
Was noch?	Der Bauernmarkt am Freitag ab 7 Uhr
Resümee	Hier kommt Urlaubsfeeling auf

Wo in den 1930er-Jahren noch Flüchtlinge an Land gingen, shoppen, schlemmen und feiern heute Tel Avivis und Touristen. Die Stadt ließ die maroden Hafenanlagen sanieren und umgestalten. Es entstand eine neue Freizeitmeile.

Der Alte Hafen ist ein beliebter Ausflugsort für Groß und Klein.

Wer vom Hafen in Jaffa bis zum Hafen im Norden der Stadt (Namal Tel Aviv) spaziert, erlebt die Gegensätze, die Tel Aviv ausmachen und bereichern. Während Jaffa noch immer einen dörflichen Zauber versprüht, ist der Alte Hafen als trendy Hotspot von Trubel geprägt.

Geschichte trifft Gegenwart

Der Alte Hafen von Tel Aviv entstand unter der britischen Herrschaft. Fast 30 Jahre lang war er in Betrieb, diente unter anderem als Anlegestelle für Flüchtlingsschiffe aus Europa und der ganzen Welt. Aber der Hafen galt aufgrund hohen Seegangs und zu vieler Wellen als einer der schwierigsten Landehäfen des östlichen Mittelmeers. Der Standort war nicht optimal gewählt worden.

Mit dem Bau des Hafens von Ashdod in den 1960er-Jahren, rund 30 km südlich von Tel Aviv, verlor der Tel Aviver Hafen schließlich komplett an Bedeutung und wandelte sich zu einer industriellen Zone, bestehend aus Keramik- und Marmorbetrieben sowie Lagerhäusern. Der wirtschaftliche Aufschwung Tel Avivs in den 1990er-Jahren bescherte den öffentlichen Hafenplätzen eine umfassende Renovierung –

Brunnen entstanden und Fußgängerzonen wurden gepflastert. Der historisch bedeutsame Ort mutierte zu einem Freizeit- und Einkaufsareal – zu einem besonderen Kleinod der Lebenslust.

Täglich lockt der überdachte Markt am Alten Hafen mit seinen Köstlichkeiten.

Fischer und Nachtschwärmer

Heute reihen sich auf dem angenehmen Holzboden, der sich an manchen Stellen zu Hügeln und Wellen formt – was insbesondere Kinder und Skater amüsiert –, angesagte Restaurants, Bars sowie internationale Sport- und Modeläden. Die Promenade zieht sich über rund 14 000 m^2 und lockt Radler, Fischer, Shopaholics, Gourmets und Nachtschwärmer gleichermaßen. Am Ende des Geländes wurde ein saisonaler Strand eingerichtet.

Auf keinen Fall verpassen sollte man den Besuch des Bauernmarkts, der jeden Freitag (manchmal auch am Samstag) unter freiem Himmel stattfindet. Frische Produkte zu fairen Preisen locken auch die Einheimischen an. Die Markthalle (Shuk HaNamal) ist dagegen täglich geöffnet – und verführt mit frischen Säften, feinstem Falafel, süßen Spezialitäten und allem, was das Gourmet-Herz begehrt.

KLEINE PAUSE

Das Restaurant **Kitchen Market** (Mo–Sa 12–15.30, 18–23, So 18–23 Uhr) im zweiten Stock des **Bauernmarkts** ist nicht nur für seinen Business- und Weekend-Lunch bekannt. Obst und Gemüse stammen vom Markt; der Fisch aus der See.

✈ 227 D5
✉ Namal Tel Aviv, im Nordwesten der Stadt
☎ +972 3-60-42459
🌐 www.yarid-hamizrach.co.il/english
● rund um die Uhr zugänglich

Magischer Moment

Opera in the Park

Es herrscht eine ganz besondere Stimmung, wenn Tausende Besucher ihre Picknickdecken auf den grasbewachsenen Hügeln des Ganey Yehoshua Parks ausbreiten und dann die ersten Klänge von »Nabucco« oder »Carmen« erklingen. Dieses Highlight im Tel-Aviv-Kalender besuchen jährlich fast 100 000 Menschen aus dem ganzen Land.

Jedes Jahr im August im Ganey Yehoshua Park des HaYarkon (S. 98). Den konkreten Termin erfragen. Der Eintritt ist frei.

Nach Lust und Laune!

36 Ben-Gurion-Haus

Wie David Ben-Gurion (1886–1973), erster Ministerpräsident Israels, wohl gelebt hat? Ganz bescheiden. Das simple Einfamilienhaus entstand 1930/31 in einem Arbeiterviertel und besaß nur ein Zimmer. Später durfte es um eine zweite Etage erweitert werden. Es diente bis 1953, als die Gurions ein Haus in einem Kibbuz in der Negev-Wüste bezogen, als Hauptfamilienwohnsitz.

Viele Räumlichkeiten blieben im Originalzustand erhalten. Wo hat der Präsident geschlafen, welche Souvenirs waren ihm wichtig genug, sie aufzubewahren? Ein Besuch im Haus beantwortet nicht nur diese Fragen, sondern offenbart neben Fotografien von berühmten Persönlichkeiten wie Nixon, JFK oder Einstein auch Briefe und persönliche Gegenstände Ben Gurions. Besonders eindrucksvoll ist die Bibliothek im ersten Stock.

Die Bibliothek Ben Gurions umfasst unglaubliche 20 000 Bände.

227 D4
Ben Gurion St. 17
+972 3-522-1010
www.bg-house.org
So, Di–Do 8–15, Mo 8–17, Fr 8–13, Sa 11–14 Uhr
NIS 20

37 Independence Park

Ein schöner Park, um sich kurz ins Gras zu legen – sei's für ein Picknick oder um etwas Sonne zu tanken. Neben dem Hilton Hotel, an der Küste gelegen, genießt man eine tolle Aussicht auf das Mittelmeer. Der »Unabhängigkeitspark« galt lange Zeit als geheimer Schwulen-Treffpunkt in den Abendstunden.

227 D4
Hilton Hotel, HaYarkon St. 205

38 Eretz Israel Museum

Eines der bedeutendsten Museen des Landes in Hinblick auf Geschichte und Kultur Israels (dt: Museum des Landes Israel). In gut 15 Gebäuden sind verschiedene Installationen und Hunderttausende von Exponaten untergebracht. Neben Tell Qasile, einer archäologischen Ausgrabungsstätte aus dem 12. Jh. v. Chr., und dem Planetarium findet man in den Museumsgärten auch antike Relikte wie eine Weinpresse. Die zehn Dauerausstellungen zu Themen wie Postwesen, Keramik und Folklore werden durch jährlich rund 20 interessante Wechselausstellungen ergänzt.

227 E5 Haim Levanon St. 2
+972 3-641-5244
www.eretzmuseum.org.il
Mo und Mi 10–14, Di und Do 10–20, Fr 10–14, Sa 10–16 Uhr
52 NIS

39 The Secret Beach

Die Strände in Tel Aviv brauchen sich nicht zu verstecken. Trotzdem gibt es einen, der bei den Locals besonders beliebt ist. »Geheimer Strand« wird er inoffiziell genannt. Wo er sich befindet? Hinter dem Reading-Kraftwerk und dem stillgelegten Flughafen Sde-Dov. Schnappen Sie sich am besten ein Fahrrad und begeben Sie sich auf die geheimnisvolle Mission. Wer seine Beine einmal hier ausgestreckt hat, weiß, wieso er so populär ist.

227 D5

40 Cymbalista-Synagoge

Auf dem Uni-Campus Tel Avivs befindet sich die vom Schweizer Architekten Mario Botta entworfene und 1998 eingeweihte Synagoge. Das Schweizer Stifterpaar Paulette und Norbert Cymbalista bat Botta um einen Entwurf. Und dieser überzeugte: zwei symmetrische Zylinder aus Veroneser Stein, die miteinander verbunden sind. Die Reformsynagoge wurde zum Symbol für die erhoffte Versöhnung zwischen den immer weiter auseinanderdriftenden religiösen und laizistischen Bevölkerungsgruppen. Entsprechend sind alle zu den Gottesdiensten und kulturellen Veranstaltungen des Jewish Heritage Center eingeladen. Wer das Gotteshaus besucht, wird von viel Sonnenlicht empfangen.

Doppelsynagoge auf Sockel: Cymbalista

227 E5
Universität Tel Aviv
+972 3-640-8020
www.en-heritage.tau.ac.il
So–Do 8–17 Uhr

41 Steinhardt Museum

Das 2018 eröffnete moderne naturhistorische Museum klärt über die heimische Flora und Fauna auf, so etwa über die Quallen, die im Sommer in Tel Aviv den ein oder anderen Strandgänger vergraulen. Es hat sich aber ebenso zum Ziel gesetzt, das Bewusstsein und die Neugierde für die Natur zu stärken. Das Gebäude ähnelt einer Arche.

227 E5 Klausner St. 12
+972 73-380-2000
www.smnh.tau.ac.il
Mo und Mi 10–16, Di und Do 10–18, Fr 10–14, Sa 10–18 Uhr 50 NIS

Wohin zum ...
Essen und Trinken?

Preise für ein Hauptgericht ohne Getränke:

€	unter 12 Euro
€€	12–25 Euro
€€€	über 25 Euro

RESTAURANTS

Barbunya €€

Ein einfaches Lokal, gerade mal zwei Blocks vom Strand entfernt, das nicht mit Looks, sondern mit Qualität punktet: Das Barbunya genießt seit Langem eine große Reputation. Besonders an den Wochenenden ist es schwierig, einen Platz zu ergattern. Dann nämlich versammeln sich auch viele Locals an der Bar, um frittierte Meeresfrüchte, Bier und Whisky zu genießen.

227 D4 Ben Yehuda St. 163
☎ +972 3-524-0961 www.barbunya.co.il
tägl. 12–24 Uhr

Fu Sushi €€

Sushi ist nicht gleich Sushi. Und das bei Fu ist definitiv eine Klasse für sich. Ob gemischte Platten, Suppen, Buns, Maki oder Specials wie »Out of Control« (scharfer Thunfisch und Tempura, eingepackt in Avocado): Irgendwie schmeckt frischer Fisch in der Nähe des Meers doch immer besser!

227 D4 Dizengoff St. 302
☎ +972 3-605-1000
www.en.fusushi.co.il
tägl. 12–24 Uhr

Hummus Ashkara €

Viele Tel Avivis schwören auf das Hummus bei Ashkara. Was unter anderem auch an den kundenfreundlichen Öffnungszeiten liegt (die meisten Hummus-Lokale schließen früher). Die Portionen sind eher groß. Wer mag, entscheidet sich zusätzlich trotzdem noch für Falafel, Favabohnen oder Sabich. Die meisten setzen aber auf das »Yohai« – Hummus, serviert mit ganzen Kichererbsen.

227 D5 Yirmeyahu St. 45
☎ +972 3-546-4547
So–Do 5–2, Fr 5–16 Uhr

Nam €€

Ja, die Thailänder in Tel Aviv stellen einen wirklich vor eine schwierige Wahl. Dermaßen groß ist das Angebot an authentischer Thai-Küche. Bei Nam gibt es auch viele glutenfreie Gerichte und Veganes, wie beispielsweise den Pomelo-Salat mit Chili, Zitronengras, Minze, Koriander und Cashew. Wer's gerne scharf mag, sollte das »Jungle Curry« auf keinen Fall verpassen – yummy!

227 D5 Dizengoff St. 275
☎ +972 3-670-8050
www.namrestaurant.co.il So–Fr 12.30–17 und 18–24, Sa 12.30–17 und 18.30–24 Uhr

Tomatensalat an Tahini bei M25 Ramat Aviv

M25 Ramat Aviv €€

Vielleicht ist Ihnen das M25 auch schon auf dem Carmel-Markt aufgefallen. Diese Filiale hier ist die deutlich elegantere Version des beliebten Grill-Restaurants. In Ramat Aviv gibt es neben Hamburgern unter anderem auch Kebab im Pitabrot. Dazu einen Tomatensalat an Tahini?

227 E5 Brodetsky St. 15
☎ +972 3-934-0248 www.m25meat.co.il
So 12–16, Mo–Fr 12–23 Uhr

Reviva & Celia €€

Dieses Lokal wird nicht nur für seine frische Patisserie und das verführerische Frühstücksangebot heiß geliebt. Im ersten Stock dieser Filiale wurde nach dem Tod der Gründerin Reviva ihr zu Ehren ein zusätzliches Esslokal eröffnet, das auch warme

Speisen anbietet. Der glutenfreie Mandelkuchen mit Jaffa-Orangen schmeckt unwiderstehlich!
✢ 227 E4 ✉ Nissim Aloni St. 10
☎ +972 3-652-4443
🌐 www.revivaandcelia.co.il
🕐 So–Do 8–23, Fr 8–16, Sa 9.30–23 Uhr

Turkiz €€€
Falls Sie noch einen Ferienbatzen übrig haben und gerne Fisch essen, empfiehlt sich ein Besuch im Restaurant Turkiz. Die Sicht auf die See ist fantastisch. Und die Meerestiere, die daraus gefangen werden, schmecken fantastisch. Wie wär's beispielsweise mit dem Zackenbarsch-Shawarma an Tahini, Joghurt und Salat? Dazu stehen über 2500 Weinflaschen zur Auswahl. Na dann, Prost!
✢ 227 D5 ✉ Herzl Rosenblum St. 6
☎ +972 3-699-6306 🌐 www.turkiz-rest.co.il
🕐 tägl. 8.30–24 Uhr

Havat Zuk €€
Dieses Restaurant werden Sie bestimmt nicht einfach so per Zufall entdecken. Was hier auf die Teller kommt, stammt vom Bauernmarkt. Vor Ort geräuchertes Fleisch, deliziöser Ziegenkäse, frisch gepresstes Olivenöl ... Ins Havat Zuk kehrt man immer wieder gern zurück.
✢ 227 E5 ✉ Moshe Perlock St. 5
☎ +972 77-515-5905
🌐 www.zuk-farm.co.il
🕐 So–Do 12–23, Fr 8–23, Sa 9.30–16 Uhr

CAFÉS

Cafe Xoho
Ein Himmel für Veganer und Freunde gesunden Essens: Ins Xoho geht man hauptsächlich fürs Frühstück (das ganztägig serviert wird). Wie wär's zum Beispiel mit einer Granola Bowl an einem Kokosnuss-Chia-Pudding oder dem Breakfast Burrito, mit einer Bloody Mary? Wer sich nicht entscheiden kann, stellt am besten sein eigenes Frühstück zusammen.
✢ 227 D4 ✉ J. L. Gordon St. 17
☎ +972 72-249-5497
🌐 www.cafexoho.com 🕐 So, Di–Do 8–18.30, Fr 8–16.30, Sa 9–17.30 Uhr

Eats Cafeteria
Ein lauschiger Garten mit Blick auf den Ben Gurion Boulevard, herzhafte Salate, Smoothies und Desserts (diese Muffins!): In der Eats Cafeteria könnte man locker den ganzen Tag sitzen bleiben, sich zwischendurch im Fitnessbereich des Hanna House (https://hanna.house) austoben und sich im Mini-Shop mit einer neuen Yogamatte oder israelischem Arak eindecken.
✢ 227 D4 ✉ Adam HaCohen St. 1
☎ +972 3-602-7888
🌐 www.eatscafeteria.com
🕐 So–Do 7–22, Fr 7–16, Sa 9–22 Uhr

Ligori
Die Delikatessen bei Ligori sind so beliebt, dass selbst die Tel Aviver Prominenz darauf schwört. Besonders beliebt sind die Käsesandwiches, die hier mit Extras à la Trüffelpaste oder südafrikanischem Paprika serviert werden. Ob Sie im Café sitzen bleiben oder den Snack mit zum Strand nehmen, sei Ihnen überlassen.
✢ 227 D4 ✉ Dizengoff St. 201
☎ +972 3-522-5077
🌐 www.facebook.com/ligorideli
🕐 So–Do 8–23, Fr 8–16.30 Uhr

Die Besitzer von Origem sind 2016 von Brasilien nach Israel übergesiedelt, blieben aber dem Kaffee treu.

Origem Fresh Coffee
Brasilianische Gastfreundschaft und hausgerösteter Spitzenkaffee: Bei Origem wird die schwarze Bohne in Form von Espresso,

Cappuccino, gekühlt oder aus der französischen Presse serviert – Sie entscheiden! Probieren Sie unbedingt auch die brasilianischen Leckereien wie Pão de Queijo (Käsebrot-Bällchen) und Brigadeiro (Pralinen aus Kondensmilch und Kakao)!
227 E4 ✉ Adam HaCohen St. 1
☎ +972 3-922-3111 ⊕ www.origem.co.il
⏲ So–Do 7–19, Fr/Sa 8–16 Uhr

Wohin zum ... Einkaufen?

Wer in der Dizengoff-Straße immer Richtung Norden geht, kommt an mehreren Designboutiquen und Concept Stores vorbei. Aber auch die nördlichen Seitenstraßen locken mit eleganten Shops.

Blue Bandana
Sie stehen auf Einrichtungsgegenstände und Dekoartikel? Dann ist Blue Bandana die richtige Adresse für Sie. Die Gründerinnen Limor Gorali und Betty Gehorsam verbinden kulturelle Einflüsse aus Australien, Brasilien und den USA. Und das spiegelt sich auch im Sortiment wider. Farbenfrohes Geschirr, Körbe aus geflochtenem Rattan oder exotische Stoffe: Hier ist gute Laune angesagt.
227 E4 ✉ Hei be-Iyar St. 52
☎ +972 3-602-1686
⊕ www.bluebandana.co.il
⏲ So–Do 10–19, Fr 10–14 Uhr

Daniella Lehavi
Ob Schuhe, Taschen oder Lederaccessoires: Daniella Lehavi ist bekannt für Designprodukte der Spitzenklasse. Nach dem Tod der Designerin hat der Sohn das Geschäft übernommen. Bis heute sorgt er dafür, dass klare geometrische Linien und Funktion mit einer eleganten Note Hand in Hand gehen.
227 E4 ✉ Basel St. 34
☎ +972 3-544-0573
⊕ www.daniellalehavi.com
⏲ So–Do 9.30–20, Fr 9.30–15 Uhr

Hotcrown
Keine Angst, hier gibt es nicht nur Verlobungsringe und teilweise doch etwas kitschige Halsketten; bei Hotcrown kann man beispielsweise auch seinen alten (Verlobungs-)Ring gegen Bares tauschen oder sein persönliches Traumstück designen lassen. Es lohnt sich, einen Termin zu vereinbaren.
227 D4
✉ Dizengoff St. 209
☎ +972 072-299-1000
⊕ www.hotcrown.com
⏲ So–Do 10–20, Fr 10–15.30 Uhr

Jede Saison entsteht bei Daniella Lehavi eine neue Kollektion mit eigenem Charakter.

Mango Tree Jewelry
Jung, frech, individuell: Die handgefertigten Schmuckstücke von Mango Tree sprechen so ziemlich jeden Geschmack an. Ob Namenskette oder Friedensring: Sämtliche Stücke werden in Tel Aviv hergestellt. Als Highlight zählen sicher die nach Wunsch designten Anhänger. Nachdem Sie Form, Größe und Material ausgesucht haben, lassen Sie die Künstler ans Werk. Wie wär's mit einer schönen Erinnerung an Ihre Israel-Reise?
227 D4 ✉ Dizengoff St. 175
☎ +972 3-612-2225
⊕ www.mangotreeshop.com
⏲ So–Do 10–20 Uhr

Noemi Boutique
Pariser Mode in einer Straße, die nach einer Schweizer Stadt benannt ist: Tel Aviv lebt von ihrer Multikultur. Neben Basics bietet Noemi auch Westen, Hosen, Abendkleider und Accessoires zu moderaten Preisen.
227 D4 Basel St. 33
+972 3-641-4985
www.boutiquenoemi.com
So–Do 10–20, Fr 9.30–14 Uhr

Pulp Shop
Ein hübsches Papeterie-Geschäft, das die Freude an der Arbeit rasant steigen lässt. Vom Schreibheft bis zur Füllfeder bestechen die Produkte bei Pulp insbesondere durch ihr nachhaltiges und einzigartiges Design. Vor allem auch die illustrierten Alltagsbegleiter wie Notizbücher oder Prints liefern eine große Auswahl an schönen Tel Aviv-Souvenirs oder Mitbringseln für zu Hause.
227 D4
Dizengoff St. 147
+972 77-552-3930
www.pulp-shop.com
So–Do 10–20, Fr 10–15 Uhr

Ramat Aviv Mall
Wer Ausschau hält nach einem etwas gediegeneren Einkaufszentrum, ist in der Ramat Aviv Mall richtig. Hier wartet eine große Auswahl an Top-Designern auf. Die Mall liegt etwas außerhalb der Stadt, ist aber gut mit dem Bus oder Taxi erreichbar.
227 E5 Einstein St. 40
+972 3-642-6612
So–Do 9.30–21.30, Fr 9–15, Sa 18–23 Uhr

Wohin zum ... Ausgehen?

BARS

223
Dies ist wohl die älteste und renommierteste Cocktailbar Israels. Entsprechend facettenreich ist die Auswahl an betörenden Signature-Cocktails. Ein kleiner Vorgeschmack? Im »Original Sin« trifft exotischer Kürbis auf Bourbon, Pfirsich, Vanille und Schwarztee. »Four Seasons« hingegen vereint Wodka mit saisonalen Früchten, Limette und Zitronengras. Auch das Auge trinkt hier mit – die Liebe zum Detail ist kaum zu toppen.
227 D4
Dizengoff St. 223
+972 3-544-6537
www.223.co.il
Sa–Di 18–2, Mi/Do 18–3, Fr 19–2 Uhr

Double Standard
Eine weitere Adresse, wenn es um Spitzen-Drinks und erstklassiges Bar-Food geht. Auch wenn der Fokus hier auf ginbasierten Mixturen liegt, kommen Sie durchaus auch in den Genuss eines Klassikers à la Old Fashioned. Elegant serviert!

In der klassischen Cocktailbar Double Standard verfehlt ein Drink auch optisch seine Wirkung ganz sicher nicht.

227 D4
Dizengoff St. 247
+972 3-966-8498
So–Do 18–3 Uhr

El Vecino

Küchenchef Idan Avni ist auch für seine Lokale Herbert Samuel und Raphael bekannt. Entsprechend abwechslungsreich ist die Kost im El Vecino. Von verführerischen Vorspeisen bis zum ausgedehnten Festmahlschmaus: Das passende Glas Wein darf auf keinen Fall fehlen! Machen Sie es hier aber ruhig mal umgekehrt: Lassen Sie sich fachkundig beraten, wählen Sie eine Flasche Wein und erst anschließend das passende Gericht dazu aus.

227 E5 ✉ Shlomo Ibn Gabirol St. 192
☎ +972 3-546-0679
www.elvecino.co.il
So–Do 18–2 Uhr

Fantastic schafft wahrlich fantastische Drinks in einer ebensolchen Umgebung, wie aus »Alice in Wunderland« entsprungen.

Fantastic

Wer sich selbst fantastisch nennt, verspricht viel. Im Falle dieser Cocktailbar wird das Wort aber definitiv gehalten. Hier kommen Restaurant, Theater und Bar zusammen. Die Cocktailbar liegt im »Ballroom«. Tauchen Sie ein in die Welt von Alice im Wunderland und vergessen Sie die Zeit für einen kurzen Augenblick. Im Gegensatz zu Alice müssen Sie hierfür aber mindestens 25 Jahre alt sein.

227 D5 ✉ Tsidon St. 1
☎ +972 3-516-4700
www.fantastictlv.com
tägl. 18.30–23 Uhr

Juno

Willkommen in Italien! Zumindest fast. Juno serviert Wein zu feinstem italienischen Essen. In warmem Ambiente und umgeben von viel Holz kommen Sie hier nicht nur in den Genuss von Pasta und Risotto, sondern auch einer Auswahl an über 120 besten Weinsorten. Neben den italienischen dürfen selbstverständlich auch die israelischen Tropfen nicht fehlen.

227 E5 ✉ De Haas St. 1
☎ +972 3-544-6620
www.junowine.co.il
tägl. 8–1 Uhr

Rosa Parks

Ein lebendiger Hotspot inmitten des Getümmels der Dizengoff-Straße: Rosa Parks wirkt zwar wie ein belangloses Nachbarschaftslokal, ist aber nicht grundlos so beliebt. Erfrischen Sie sich mit einem Fassbier oder einem Gläschen Wein. Und versuchen Sie ja nicht, der berühmt-berüchtigten Pizza zu widerstehen!

227 D5 ✉ Dizengoff St. 265
☎ +972 77-980-0456
www.rosaparks.co.il
So–Do 18–3, Fr 13.30–3, Sa 17–3 Uhr

Spicehaus

Was irgendwie exotisch, irgendwie auch deutsch klingt, ist in Wahrheit eine faszinierende Cocktailbar, die sich am Konzept der ursprünglichen Apotheken orientiert. Wundern Sie sich also nicht, wenn Ihnen hier keine der Flaschen bekannt ist. Im Spicehaus wird bewusst auf Markenprodukte verzichtet – sämtliche Flüssigkeiten werden von den beiden Mixologen Yotam Sheila und Dan Kreizer persönlich (und im Apotheker-Kittel) hergestellt. Auf die Gesundheit!

227 D4 ✉ Dizengoff St. 117
☎ +972 3-518-5904
Sa–Do 18–3, Fr 13–3 Uhr

Ort des Gebets und des Anstoßes: die Klagemauer vor dem Tempelberg mit Felsendom in Jerusalem

Jerusalems Altstadt

Innerhalb der alten Stadtmauer begegnen sich die drei monotheistischen Weltreligionen. Jeder Stein atmet hier Geschichte.

Seiten 112–145

Erste Orientierung

Wer die Altstadt Jerusalems besucht, erlebt Geschichte hautnah: Umgeben von einer 4 km langen Stadtmauer aus dem 16. Jh. treffen hier bedeutende heilige Stätten aus dem Islam, dem Judentum und dem Christentum aufeinander.

Die Altstadt Jerusalems ist Schmelztiegel der Religionen: Hier stand der heilige Salomonische Tempel der Juden, hier soll Jesus gekreuzigt worden und Mohammed im 7. Jh. zu seiner Himmelsreise gestartet sein. Kaum irgendwo sonst auf der Welt wird Geschichte so fesselnd spürbar wie im Innern dieser antiken Stadtmauer.

Die Altstadt ist auch der Ort in Israel, wo sich Touristen tummeln. Sie pilgern hierher, um in der Grabeskirche, an der Klagemauer oder in der Al-Aksa-Moschee zu beten – oder um einfach die unbeschreiblich andächtige Atmosphäre zu erleben. Die Besucher sind so divers wie die Liste der Sehenswürdigkeiten auf diesem knapp 1 km² großen Areal lang ist. Ob jüdisches, arabisches, christliches oder armenisches Viertel: Jede Nachbarschaft ist einzigartig. Es lohnt sich also, den Besuch mit einem Guide zu planen. Während sich im christlichen Stadtteil, im Nordwesten, die biblische Geschichte zu einer lebhaften Gegenwart formt, lockt das am dichtesten besiedelte muslimische Viertel insbesondere mit geschäftigen Souks.

Im Gewirr der engen Gassen warten bunte Stoffe, Schmuck, Gewürze, Backwaren und Souvenirs auf feilschende Abnehmer. Ein angenehmer Nebeneffekt: Die Geschäfte hier sind auch an Samstagen geöffnet. Nicht dagegen im jüdischen Viertel, das sich am aufgeräumtesten präsentiert – ein geschichtsträchtiges Viertel mit vielen Talmud-Schulen und Synagogen. Daran grenzt im Westen das kleinste und ruhigste Viertel der Altstadt: das armenische Viertel.

TOP 10

❻ ★★ Klagemauer

❼ ★★ Grabeskirche

❽ ★★ Tempelberg

Nicht verpassen!

42 Zitadelle

43 Via Dolorosa

Nach Lust und Laune!

44 Jaffator

45 David Street

46 Armenisches Viertel

47 Berg Zion

48 Davidsstadt

49 Hurva-Synagoge

50 Verbranntes Haus

51 Klagemauer Tunneltour

52 St.-Anna-Kirche

53 Muslimisches Viertel

54 Al-Jebrini Tahini-Manufaktur

55 Ölberg

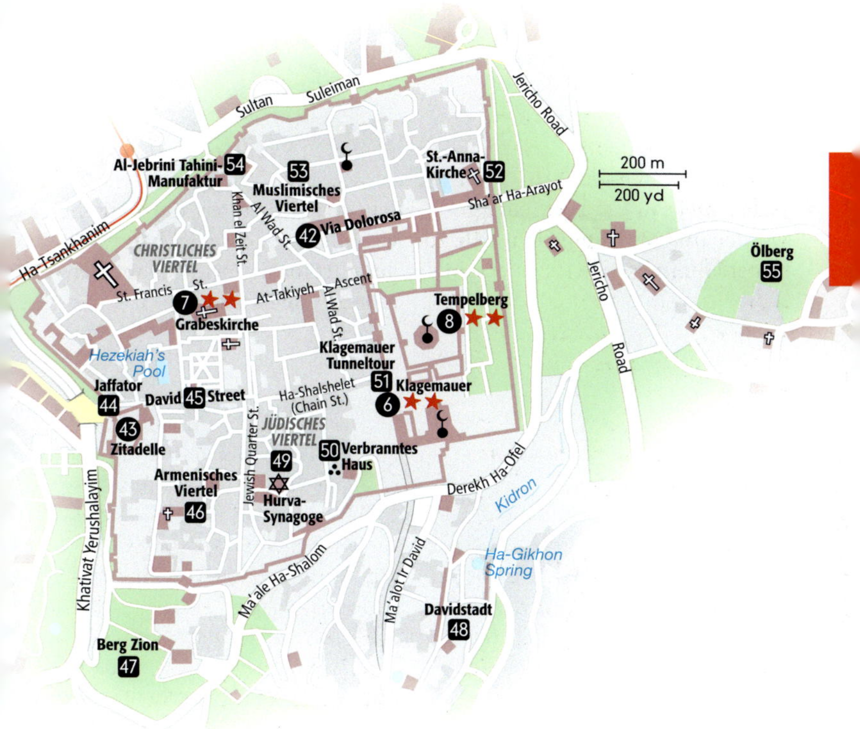

Mein Kulinarik-Tag mit Roy Yerushalmi

Der Historiker, Kulinarik-Journalist und Tour Guide findet die besten Speisen innerhalb der Stadtmauer.

10.30 Uhr: Frühstück bei Arafat

Der Hummus in Jerusalem schmeckt üblicherweise etwas sauer (Tel Avivis sind keine Fans davon). Für Roy ist der von Arafat der feinste der Stadt. Hummus plus Pita einpacken lassen und das Frühstück an der frischen Luft genießen.

11 Uhr: Ein Meer von Kräutern

Keine 40 Meter entfernt gibt es in dem Öl- und Kräuter-Shop Sea of Herbs (S. 145) ausgefallene Gewürze für die Küche, zur Gesundheits- und Schönheitspflege oder für Räucherrituale. Eine individuelle Beratung ist selbstverständlich.

12 Uhr: Zur Westmauer

Mit einem frischen Granatapfelsaft in der Hand geht es auf zur heiligsten Stätte des Judentums, zur ❻ ★★ Klagemauer (S. 120). An einem jüdischen Festtag beten hier mitunter Tausende. Aber auch sonst

11 Uhr: Ein Meer von Kräutern

Auch in Jerusalem gibt es Falafel-Stände wie Sand am Meer (unten).

Im Souk sind Gewürze häufig zu Pyramiden aufgetürmt, in diesem Fall (oben) ziert der Felsendom die Spitze. Sündhaft süßes Baklava ist die perfekte Nachspeise (unten).

ist das Treiben auf dem Vorplatz durchaus faszinierend. Für den Besuch des 8 ★★ Tempelbergs bitte die Öffnungszeiten (S. 126) im Blick behalten und entsprechend planen.

13 Uhr: Kebab-Pause

Lammfleischspieße gibt es in verschiedenen Varianten. Der Kebab bei Al Shaab ist laut Roy der weitaus beste der Stadt – und dazu supergünstig.

14 Uhr: Turkish Delight

Roy, der türkische Wurzeln hat, lässt sich schwer von Baklava in Jerusalem beeindrucken. Nur Al Najah schafft das! Nicht vergessen, einen Blick in die Kapelle des Österreichischen Pilger-Hospizes (S. 142) in der Nähe zu werfen. Erkundigen Sie sich, ob ein Blick vom Dach der Pilgerherberge auf die Stadt möglich ist. (Ein Kaffeestopp im Garten des Cafés ist auch empfehlenswert.)

14.30 Uhr: In der Sesammühle

Sesammus oder Sesampaste (Tahin) ist die Grundzutat für einige orientalische Gerichte. Eine der ältesten Tahin-Manufakturen (S. 141) befindet sich in der Nähe des Damaskustors.

Im Gewirr der Altstadtgassen von Jerusalem bieten Straßenhändler frisch gepresste Säfte, duftenden arabischen Kaffee und klassische Snacks von Kebab bis Hummus.

15 Uhr: Am Grab Jesu

Ein Besuch Jerusalems ohne auf den Spuren von Christus zu wandeln, ist kaum vorstellbar. Die ❼ ★★ Grabeskirche (S. 122) ist stark frequentiert, aber ein Muss.

16.30 Uhr: Kaffee am Brunnen

Im Zentrum von Muristan, des kleinen Viertels südlich der Grabeskirche, steht ein Brunnen. Ihn umgeben Lokale – ideal für einen Snack, bevor es nochmal auf Tour durch die Gassen der Altstadt geht.

18.30 Uhr: Käse & Wein

Gegenüber dem Neuen Tor liegt die katholische Pilgerherberge Notre Dame. Ihr Restaurant Cheese & Wine (S. 145) besitzt eine Dachterrasse mit umwerfender Aussicht auf die Altstadt. Hier lässt man den Tag laut Roy toll ausklingen.

ⓘ

Guide Roy Yerushalmi
☎ +972 54-215-5811
🌐 jerussi@gmail.com

Arafat Hummus
220 C2 ✉ Shuk ha-Basamin St.
◔ tägl. ganztags geöffnet

Al Shaab
220 C2 ✉ Shuk Habsamim 3
◔ tägl. ganztags geöffnet

Al Najah
220 C3 ✉ El Wad St. 69
◔ tägl. 10–18 Uhr

❻ ★★ Klagemauer

Warum?	Das wichtigste jüdische Heiligtum
Wann?	Montag oder Donnerstag einer Bar-Mizwa beiwohnen
Wie lange?	Maximal eine Stunde
Was nicht?	Respektloses Benehmen und ebensolche Kleidung
Resümee	Die Mauer gibt den Juden ein Gefühl der Einheit

Als die Römer im Jahr 70 n. Chr. den Jerusalemer Tempel zerstörten, verloren die Juden ihr spirituelles Zentrum. Nach dem Bar-Kochba-Aufstand im Jahr 135 war es ihnen dann verboten, in der Heiligen Stadt zu leben. Als sie sich später wieder ansiedeln durften, wurde eine rund 50 m lange Mauer, die vom alten Tempel übrig war, für sie zu einer wichtigen Gebets- und Pilgerstätte, während Millionen Juden in der Diaspora sie zu einem Sehnsuchtsort verklärten.

Die Klagemauer ist für gläubige Juden ein heiliger Ort; nur ein kleinerer Bereich ist den Frauen vorbehalten.

Heute bildet diese uralte Mauer, an der gläubige Juden beten und den Verlust des Tempels beklagen (daher der Name Klagemauer) den westlichen Abschluss des Tempelbergs. Sie gilt als die weltweit heiligste Stätte des Judentums, und nachdem Israel im Sechstagekrieg von 1967 die Jerusalemer Altstadt erobert hatte, bestand eine der ersten Maßnahmen der neuen Machthaber darin, die arabischen Häuser, die bis an die Klagemauer heranreichten, abreißen zu lassen und einen weiten Platz für die unzähligen jüdischen Gläubigen anzulegen, die seither dieses symbolträchtige Monument besuchen.

Lebendiger Ort der Vielfalt

Doch an der Klagemauer wird nicht nur geklagt. Hier finden Bar-Mizwa-Feiern statt, bei denen gesungen und getanzt wird, hier wird über die heiligen Schriften diskutiert, und hierher kommen Touristen, um sich das alles anzusehen. Doch das Wichtigste sind natürlich die Gläubigen, darunter schwarz gekleidete orthodoxe Juden, die im Gebet ihren Oberkörper vor- und zurückwiegen und zwischendurch die Mauersteine küssen. Insgesamt gleicht der Platz vor der Klagemauer einem Gotteshaus unter freiem Himmel, vor allem am Freitagabend, wenn Tausende von Menschen hier den Beginn des Sabbats zelebrieren. An der Mauer herrscht übrigens strenge Geschlechtertrennung: Der große nördliche Bereich ist den betenden Männern vorbehalten, der kleine südliche den Frauen. Immer wieder kommt es deshalb zu Protesten der »Women of the Wall«, die sich gegen diese Diskriminierung wehren.

Frommer Junge beim Studium der Schriften auf dem Platz vor der Klagemauer

Papiergebete in Mauerritzen

Nicht zu übersehen sind die vielen kleinen Zettel, die zwischen den Mauersteinen stecken. Sie heißen »Kvittelchen«, und auf ihnen stehen Fürbitten oder Gebete. In regelmäßigen Abständen werden die Zettel entfernt und bei Bestattungen auf dem Ölberg zusammen mit den Toten vergraben. Kvittelchen können übrigens auch online bestellt werden: Die Mauerwächter drucken sie aus und stecken sie zwischen die Steine.

Auf Hebräisch heißt die Klagemauer *kotel* (Mauer) oder *kotel Hamaaravi* (Westmauer), weil dies die westliche Begrenzung des Tempels war.

KLEINE PAUSE

Den schönsten Blick auf Klagemauer und Tempelberg bietet sich vom **Aish HaTorah** genannten Gebäude (HaTamid St. 6, 10 NIS).

---

221 D2

Der Platz vor der Klagemauer gilt als Synagoge – respektvolles Benehmen ist Pflicht. Männer müssen eine Kopfbedeckung tragen (Kippa vor Ort erhältlich). Laute Gespräche sind ebenso verpönt wie Rauchen, Telefonieren oder das Anzünden von Kerzen. Am Sabbat darf nicht fotografiert werden. Vor jedem Zugang gibt es eine Sicherheitskontrolle.

frei

❼ ★★ Grabeskirche

Warum?	Hier soll Jesus gekreuzigt und begraben worden sein
Wann?	Vor 9 Uhr und nach 18 Uhr, um den Massen zu entgehen
Wie lange?	Mindestens eine Stunde, mit Grabkapelle länger
Was noch?	Unter der koptischen Kirche befindet sich eine Zisterne
Was nehme ich mit?	Die historische Person Jesus Christus wird es ziemlich sicher gegeben haben

Mit Superlativen soll man vorsichtig sein, sie nutzen sich leicht ab. Doch hier ist ausnahmsweise einer angebracht: Die Grabeskirche in Jerusalem ist eine der heiligsten Stätten der Christenheit und neben dem Petersdom in Rom, der Basilius-Kathedrale in Moskau und Notre-Dame in Paris eine der bedeutendsten Kirchen der Welt.

Kirchenwächter lassen niemand rein, der nicht sittsam gekleidet ist; deshalb gilt es, Schultern, Knie und Rücken zu bedecken. Priester wachen auch über die Zeit, die Pilger am Heiligen Grab verbringen. Hier herrscht großer Andrang.

Die Grabeskirche ist eines der altehrwürdigsten Gotteshäuser: Schon im Jahr 326 ließ die heilige Helena, die Mutter von Kaiser Konstantin, an dieser Stelle einen ersten Vorgängerbau errichten. Die heutige Grabeskirche stammt aus dem 11. Jh. und wurde im Laufe der Zeit so oft ergänzt, renoviert und verändert, dass sie heute wie ein architektonisches Labyrinth anmutet. Doch in ihrem Kern besteht die Grabeskirche nur aus drei Bauteilen (Abb. S. 124): Im Westen erhebt sich über dem Grab Christi die sogenannte Rotunde, ein Rundbau mit mächtiger Kuppel, während sich im Osten das Katholikon anschließt – ein Langhaus, das im Osten in einer Apsis mit umgebenden Kapellenkranz endet. Dem Langhaus südlich vorgelagert liegt Golgatha, der Ort, an dem Jesus der Überlieferung nach hingerichtet wurde. Heute erhebt sich hier die griechisch-orthodoxe Kreuzigungskapelle.

Ein Heiligtum, sechs Konfessionen

Apropos griechisch-orthodox: Nicht weniger als sechs christliche Glaubensgemeinschaften teilen sich das Nutzungsrecht des Gebäudes! Neben den griechischen sind es die römisch-katholischen, die armenischen, die syrischen, die äthiopischen und die koptischen Christen, die Anspruch auf das

Gotteshaus erheben. Jede der Gemeinschaften wacht über ihre jeweiligen Kapellen, Reliquien und Privilegien. Auseinandersetzungen sind keine Ausnahme. Damit wenigstens nach außen hin Frieden herrscht, liegt die Schlüsselgewalt über die Kirche schon seit dem Jahr 637 bei der muslimischen Familie Nusseibeh.

Das Kerzenlicht der christlichen Pilger erleuchtet die Grabeskirche.

Auf den Spuren Jesu

Man betritt die Grabeskirche durch ein Tor an der Südfassade und stößt zuerst auf den Salbungsstein. Auf ihm wurde der verstorbene Christus der Legende nach für die Bestattung vorbereitet. Rechter Hand liegt Golgatha mit der Kreuzigungs- und der Kreuznagelungskapelle. Weiter geht es nach links in die Rotunde mit der Grabkapelle, die 1808 im Stil des türkischen Rokoko errichtet wurde. In ihr befindet sich Christi Grabkammer mit einer Marmorplatte über den Resten der Grabbank.

Vieles spricht dafür, dass dies der Ort ist, an dem Jesus begraben wurde: Seit dem ersten nachchristlichen Jahrhundert bis zum Kirchenbau durch Helena wurde die Stelle durchgehend als Begräbnisort Christi verehrt. Etliche Hinweise in den Evangelien stimmen mit der Realität überein.

KLEINE PAUSE

Lina (S. 143) liegt nördlich der Grabeskirche und ist einer der besten Hummusläden der Altstadt.

---

220 C3
Haupteingang an der St. Helena St.
+972 2-626-7000

www.churchoftheholysepulchre.ne
April–Sept. Mo–Sa 5–21, So 5–20, Okt.–März tägl. 4–19 Uhr frei

Grabeskirche

»Und Joseph nahm den Leib und wickelte ihn in reine, feine Leinwand, und legte ihn in seine neue Gruft, die er in dem Felsen ausgehauen hatte; und er wälzte einen großen Stein an die Tür und ging hinweg.«
(Matth. 27,57 – 60)

❶ Haupteingang

❷ Salbungsstein: Auf der Steinplatte soll der Leichnam Jesu für die Bestattung vorbereitet worden sein. Das Mosaik auf der Stützmauer zeigt Jesus bei der Abnahme vom Kreuz.

3 Golgatha: Der Name eines Felsvorsprungs, auf dem Jesus gekreuzigt worden sein soll. Am Altar der griechisch-orthodoxen Kreuzigungskapelle verdeckt eine Metallschiene den Riss im Felsen, der beim Tod Jesu entstand.

4 Rotunde: Der römische Kaiser Konstantin ließ die Kuppel über dem Grab Jesu bauen.

5 Ädikula: Die Grabkapelle enthält Grabkammer und Engelskapelle.

6 Katholikon: Das Mittelschiff der Kirche ist in der Obhut der griechisch-orthodoxen Kirche.

7 Debre-Seltan-Kloster: Seit 1875 unterhält die äthiopisch-orthodoxe Kirche ein kleines Kloster auf dem Dach der Helena-Kapelle (armenisch-orthodox).

❽★★ Tempelberg

Warum?	Heiliger Ort für Muslime und Juden
Wann?	Begrenzter Zugang, vorher erkundigen
Wie lange?	Nichtmuslime: halbe bis eine Stunde
Was nicht?	Unsittlich kleiden und nichtmuslimische Gebete verrichten
Was nehme ich mit?	Wem gehört der Tempelberg? Dieser Konflikt wird wohl nie gelöst werden

Dieser Ort ist einzigartig: Nirgendwo sonst auf der Welt kommen sich Judentum, Christentum und Islam so nah wie hier – und genau deshalb ist das Areal bis heute so erbittert umkämpft. Seit Tausenden von Jahren gilt der Berg Morija zwischen Kidron- und Tyropoion-Tal als heilige Stätte. Für die Juden ist dies der Ort, an dem ihr Tempel stand. Die Muslime glauben, dass ihr Prophet Mohammed von hier aus in den Himmel ritt und betrachten den Ort als wichtigstes Heiligtum nach Mekka und Medina. Und nach christlicher Überlieferung zog Jesus durch das Goldene Tor über den Tempelberg in Jerusalem ein.

Heute liegt der Tempelbezirk genau an der Nahtstelle der Religionen, Weltanschauungen und politischen Vorgaben: Verwaltet wird er von einer muslimischen Stiftung, den Zugang kontrolliert israelisches Militär. Ein Gang über den Tempelberg führt also mitten hinein ins Herz der drei Weltreligionen.

Wiege der Menschheit und höchstes Heiligtum

Nach talmudischer Überlieferung nahm Gott Erde vom Berg Morija und schuf daraus Adam, den ersten Menschen. Und ebenfalls hier wollte laut erstem Buch Mose Abraham auf Befehl Gottes seinen Sohn Isaak opfern, was erst in letzter Sekunde durch einen Engel verhindert wurde. Um 1000 v. Chr. erbaute dann König David einen Altar auf dem Berg und brachte die Bundeslade mit den Gesetzestafeln hierher. Und sein Sohn Salomo ließ hier den äußerst kostbar ausgestatteten Ersten Tempel errichten, der bis zu seiner Zerstörung durch die Babylonier rund 400 Jahre lang das höchste Heiligtum der Juden darstellte. Nach der Rückkehr der Juden aus der Babylonischen Gefangenschaft wurde bis 520 v. Chr. der Zweite Tempel errichtet, den Herodes der Große um Christi Geburt bedeutend erweitern ließ. Es war dieser Tempel, in dem Jesus den Evangelien zufolge als Knabe dargebracht wurde, in dem er als Zwölfjähriger mit den Gelehrten disputierte, aus dessen Hof er die Händler und Geldwechsler vertrieb und in dem er selbst lehrte. Seit der Zerstörung dieses Tempels im Jahr 70 hat hier nie mehr ein jüdisches Heiligtum gestanden, doch der Berg behielt seine religiöse Bedeutung auch unter den muslimischen Omaijaden: Kalif Abd el-Malik ließ zwischen 687 und 691 über dem Gipfel den Felsendom errichten, sein Sohn eine im 6. Jh. errichtete Marienkirche zur Al-Aksa-Moschee umbauen.

Größte Moschee und Krone im Stadtbild

Für Nichtmuslime existiert nur ein Zugang zum Tempelberg (Al-Haram Ash-Sharif/Har Habayit): Vom Platz vor der Klagemauer führt eine hölzerne Rampe zum ehemaligen Dungtor hinauf, auf Arabisch Bab el-Magharibeh (»Maghrebinertor«). Hat man es durchschritten, liegt rechter Hand die Al-Aksa-

Nichtmuslime kommen nur über eine Holzrampe am Platz vor der Klagemauer zum Tempelberg.

Moschee. Als größte Moschee Jerusalems bietet sie Platz für 5000 Gläubige. Ihre Ausstattung ist von erlesener Pracht: Kunstvolle goldene Mosaiken schmücken Kuppel und Wände, die Säulen des Gebetssaals sind aus weißem Marmor, und auch die vom ägyptischen König Faruk gestiftete Holzdecke ist mit goldenen Ornamenten überreich verziert. Leider ist die Moschee für Nichtmuslime nicht zugänglich.

Vom Plateau bietet sich ein schöner Blick auf den Ölberg und auf Getsemani, wo Jesus vor seiner Kreuzigung gebetet haben soll. Das Verlassen des Tempelbergs ist für jeden über alle Tore möglich.

Dasselbe gilt auch für den Felsendom (Abb. S. 130), der das Zentrum des »erhabenen Heiligtums« (Haram al-Sharif) bildet, als das die arabische Bevölkerung den Tempelberg bezeichnet. Der achteckige Zentralbau ist vor allem durch seine 33 m hohe goldene Kuppel weltberühmt, die heute als das Wahrzeichen von Jerusalem gilt und so etwas wie die Krone im Stadtbild ist. Der Felsendom mit seiner prächtigen, im 16. Jh. von Sultan Suleiman gestifteten Fassade ist keine Moschee, sondern ein Schrein. In der Mitte des Raumes ragt der Heilige Fels (El Sakhra) aus dem Fußboden hervor. Nach jüdischer Überlieferung ist dies die Stelle, an der Abraham seinen Sohn opfern wollte, während für die Muslime genau hier Mohammed auf seinem Pferd in den Himmel geritten ist. Auch der Felsendom ist mit wertvollen Teppichen, Buntglasfenstern, Marmorpfeilern und Goldgrundmosaiken aufs Kostbarste ausgestattet.

Verschiedene Nebengebäude, wie etwa der kuriose kleine Kettendom, komplettieren den Tempelbezirk.

KLEINE PAUSE

Der Besuch des Tempelbergs lohnt schon allein deshalb, weil man hier eine vergleichsweise ruhige Oase innerhalb der Jerusalemer Altstadt vorfindet. Einmal kurz durchatmen und wieder zurück ins Gewusel des muslimischen Viertels stürzen.

---

i

221 D2/3
rechts neben der Klagemauer
für Nichtmuslime: April–Sept. So–Do 8.30–11.30 und 13.30–14.30, Okt.–März So–Do 7.30–10 und 12.30–13.30 Uhr, am besten jeweils eine halbe Stunde vorher anstellen; Muslimen gewähren mehrere Tore zu erweiterten Zeiten Einlass

Die Öffnungszeiten können variieren! Oft ist der Tempelberg für Nichtmuslime gesperrt. Die Einlasskontrollen sind streng: Besucher müssen züchtig gekleidet sein (Röcke werden verliehen) und dürfen keine Schriften oder Symbole anderer Religionen mit sich führen.
frei

Betender in der Al-Aksa-Moschee, der drittwichtigsten Moschee der Welt

Der kleine Kettendom steht an dem Ort, wo zu Davids Zeiten die Ketten herabhingen, unter denen Recht gesprochen wurd.

Der Aufgang zum Felsendom, dessen goldene Kuppel die Altstadt überstrahlt

Felsendom

Das bedeutendste islamische Bauwerk wurde unter dem fünften Omaijadenkalifen Abd el-Malik über dem heiligen Felsen erbaut, von dem der Prophet Mohammed gen Himmel geritten sein soll.

1 Konstruktionsprinzip: In einen gedachten Kreis sind zwei um 46 ° gegeneinander versetzte Quadrate gestellt. Die Verlängerung der Quadrate treffen sich in acht Punkten – den Stützpfeilern des inneren Oktogons. Die Verlängerungen dieser Oktogonseiten ergeben zwei größere Quadrate. Um diese ist wieder ein Kreis geschlagen. Vergrößert man die Seiten des inneren Oktogons parallel bis zum Schnitt mit dem Außenkreis, erhält man ein großes Oktogon (nach K. A. C. Creswell).

2 Teppiche: Der Innenraum ist mit Teppichen prächtig ausgelegt.

3 Heiliger Felsen: Spitze des Hügels Morija, den David dem Jebusiterkönig abgekauft hatte. Hier wollte Abraham Isaak opfern, hier soll die Bundeslade im ersten Tempel gestanden haben. Die Rinne im Felsen wird als Abfluss für Opferblut gedeutet. Für Muslime ist dies die Stelle, von der aus Mohammed in den Himmel ritt.

4 Inschriftenbänder: Innen wie außen umlaufen Koranzitate den Bau. Sie beginnen mit der Basmala, der Einleitungsformel von 113 von 114 Suren. In der Kuppel über dem inneren Arkadenkreis wird aus Sure 17 zitiert, in der Jerusalem erwähnt wird.

5 Kuppel innen: Blütenornamente, Akanthus, Flügelpaare und Arabesken werden als Darstellung des Paradieses gedeutet.

㊷ Via Dolorosa

Warum?	Den Leidensweg Christi nachgehen
Wann?	Freitagnachmittag zur Kreuzprozession, dann ist es aber voll
Wie lange?	Je nach Tageszeit bis zu eine Stunde
Was noch?	Besonders Fromme mieten ein Kreuz: in Größen S, M, L
Resümee	Gottesfurcht trifft auf Kommerz

Einmal den Weg entlangzugehen, auf dem Jesus sein Kreuz trug, ist der Wunsch vieler gläubiger Christen. Auf der »Straße der Schmerzen« ist dies möglich, denn der Überlieferung nach schritt der Gottessohn hier seiner Hinrichtung auf Golgatha entgegen.

Der Andachtsweg hat sich über die Jahrhunderte je nach Glaubensrichtung verändert. Die heutigen Stationen des Kreuzwegs sind genau festgelegt und durch Metallplatten markiert.

Los geht's im Hof der islamischen Al-Omariyeh-Schule kurz hinter dem Löwentor. Hier soll Jesus von Pontius Pilatus zum Tode verurteilt worden sein. Gleich gegenüber liegt die zweite Kreuzwegsstation mit der Verurteilungskapelle. Hier nahm Jesus sein Kreuz auf sich. Die Stationen 3 und 4 liegen etwas weiter westlich an der Einmündung zur Al-Wad-Straße (Jesus fällt und sieht seine Mutter), der die Via Dolorosa ein kurzes Stück nach Süden folgt, um dann an der 5. Station (Simon von Cyrene hilft Jesus beim Tragen des Kreuzes) wieder nach Westen abzubiegen. Eine braune Holztür auf der linken Straßenseite bezeichnet die 6. Station, an der die heilige Veronika dem Erlöser ein Schweißtuch reichte. Das Tuch wird heute im Petersdom in Rom verwahrt.

Pilgerweg durchs Getümmel

Noch einmal geht es um die Ecke und schon hat die Via Dolorosa die Grabeskirche (S. 122) erreicht, in deren nächster Umgebung die Stationen 7 bis 9 liegen (Jesus fällt, tröstet und fällt wieder). Die Stationen 10 bis 14 befinden sich in der Kirche selbst, und zwar hauptsächlich in den Kapellen des Golgatha-Bereichs, wo Jesus gekreuzigt wurde. Die letzte Station bildet das Heilige Grab (S. 122).

Insgesamt ist die Via Dolorosa nur 600 m lang, doch das heißt nicht, dass es schnell vorangeht: Zahllose Pilgergrup-

Ordensschwestern und christliche Devotionalien auf der Via Dolorosa

pen und Touristen drängen sich in den schmalen Gassen, und so kann es schon mal eine Stunde dauern, bis man die Grabeskirche erreicht. Und auch sonst geht es auf diesem Pilgerweg nicht gerade ruhig zu: Die Via Dolorosa schlängelt sich von Ost nach West quer durch die dicht bebaute Altstadt, durch laute arabische Souks mit zahllosen Läden, Souvenirshops und Restaurants. Israelische Soldaten bewachen diesen sensiblen Bereich, in dem sich fast immer viele Menschen aufhalten.

Am Freitagnachmittag wird es übrigens noch voller: Da findet die Kreuzprozession der Franziskaner statt, die neben den Gläubigen auch Schaulustige anlockt. Ein wahres Spektakel findet zur Karfreitagsprozession statt. Aber auch an anderen Tagen ist es nicht ungewöhnlich, Kreuz oder Dornenkrone tragende Pilger zu erspähen.

Wer den Leidensweg Christi einigermaßen ungestört abschreiten möchte, sollte den Freitag meiden.

KLEINE PAUSE

Die kleine Kreuzfahrerkirche **St.-Anna-Kirche** (S. 140) in der Nähe des Löwentores bietet erholsame Ruhe und eine wunderbare Akustik.

---

220 C3
Vom Löwentor zur Grabeskirche
www.cicts.org
Freitagsprozession Okt.–März um 15 Uhr, April–Sept. um 16 Uhr, Treffpunkt ist das Pilgrims Reception Center am Löwentor

43 Zitadelle

Warum?	Festung aus der Zeit des Herodes
Wann?	Gleich am Anfang des Altstadtbesuchs, denn der Panoramablick von der Bastion hilft bei der Orientierung
Wie lange?	Zwei bis drei Stunden
Was noch?	Ton- und Lichtshow »Night Spectacular«
Was nehme ich mit?	Der Name Davidsturm bezieht sich heute auf die Zitadelle und auf das Minarett

Die mittelalterliche Zitadelle, die in der Nähe des Jaffators emporragt, beherbergt das Tower of David Museum, das Museum zur Stadtgeschichte. Von der Befestigungsanlage bietet sich ein fantastischer Rundumblick auf die Stadt.

Der in Israel gebräuchliche Name der Bastion, Davidsturm (Tower of David), lässt vermuten, sie hätte etwas mit König David zu tun. Dem ist nicht so. Zwar ist die Bezeichnung schon seit dem 5. Jh. im Volksmund gebräuchlich – byzantinische Christen glaubten, den Königspalast zu sehen, der in einem Hohelied mit Türmen auf dem Berg Zion beschrieben wird –, Ausgrabungen zeigen jedoch, dass die Festung auf die Zeit Herodes I. (73–4 v. Chr.) zurückgeht.

Herodes ließ seinen Palast durch drei Türme ergänzen. Er benannte diese nach ihm nahestehenden Personen: Phasael (sein Bruder, der Selbstmord begangen hatte), Mariamne (seine zweite Frau, die er exekutieren ließ) und Hippicus (ein Freund). Die Römer ließen nach der Eroberung der Festung 70 n. Chr. diese drei Türme stehen. Die Bezeichnung Davidsturm bezog sich früher auf den Turm Phasael, heute jedoch auf das Minarett, das am anderen Ende der Zitadelle 1635 auf einer Moschee errichtet wurde.

Stadtgeschichte hautnah

Die Festung erlebte durch verschiedene Herrscher – Römer, Kreuzfahrer, Mamluken, Osmanen und Briten – mehrere Umbauten. Ihr heutiges Aussehen verdankt sie vor allem Süleyman I., dem zehnten Sultan des Osmanischen Reichs, der sie 1532 erweitern ließ. Die archäologischen Funde belegen die bewegte Geschichte der Zitadelle, die zeitgleich die Geschichte der Stadt widerspiegelt. Da liegt es nahe, hier ein Museum zur Stadtgeschichte einzurichten, das die Ereignisse chronologisch aufarbeitet und die daraus folgende Bedeutung Jerusalems für die drei großen monotheistischen Religionen veranschaulicht. Das Tower of David Museum öffnete 1989 nach einer umfangreichen Restaurierung des Geländes.

Da viele Pilger in den Türmen der Festung einen Bezug zu König David herstellten, wird sie auch Davidsturm genannt.

Nachtspektakel – eine multimediale Geschichtsstunde
Im Innenhof der Zitadelle entfaltet sich nach Sonnenuntergang die Geschichte König Davids in überdimensionalen, atemberaubenden Bildern auf den alten Mauern. In Musik gehüllt, entführen die Szenen von »The Night Spectacular« die Betrachter in die Vergangenheit. 20 Projektoren zaubern eine moderne Lichtshow in historischer Kulisse.

KLEINE PAUSE
Eine Stärkung bietet das **Museumscafé.**

---

220 B/C2
Unweit vom Jaffator
www.tod.org.il
So–Do 9–16, Fr 9–14, Sa 9–16 Uhr, im Sommer eine Stunde länger; Nachtspektakel Mo, Mi 19.30, Do 20.30, Sa 20 Uhr 40/18 NIS, Show 65/55 NIS, Kombi 80/70 NIS

Magischer Moment

Festival of Lights

Einmal im Jahr tauchen zahlreiche israelische und internationale Lichtkünstler die Mauern, Fenster, Gassen und Plätze der Altstadt nach Sonnenuntergang in atemberaubende Bilder und Installationen. Umhüllt von Klängen entsteht eine magische Atmosphäre – ein modernes Lichtspektakel in historischer Kulisse. Die Veranstaltung umfasst auch Theateraufführungen, Konzerte und Feuerwerk.

Eine Woche lang im Sommer, Eintritt frei
Infos unter www.lightinjerusalem.com

Nach Lust und Laune!

44 Jaffator

Sechs Stadttore ließ Suleiman I., auch Suleiman der Prächtige (ca. 1495–1566), in Jerusalem errichten. Das Jaffator, noch in seiner ursprünglichen Form erhalten, führt heute von der Neustadt im Westen in die Altstadt. Kaum ein Besucher der Stadt, der es nicht durchschreitet.

Öffnungen in der Stadtmauer bargen immer auch eine Gefahr – das ist dem Tor deutlich anzusehen: Der L-förmige Tunnel durch den Mauerring gewährte zwar Einlass, sollte in seiner Wegführung jedoch zugleich eindringende Feinde bremsen. Dass an dieser Stelle heute auch Autos in die Altstadt hineinfahren können, ist dem deutschen Kaiser Wilhelm II. geschuldet. 1898 wurde eine Bresche in die Mauer geschlagen, damit er mit seiner Kutsche in die Stadt gelangen konnte.

Viele Besucher beginnen die Erkundung der Altstadt am Jaffator. Es führt direkt ins christliche und ins armenische Viertel. Zudem liegen hier die Zugänge zur Stadtmauer, links hinter dem Tor jener für den nördlichen und rechts jener für den südlichen Abschnitt. Das Begehen der Stadtbefestigung ist ein empfehlenswertes Vergnügen. Tickets erhält man in der Tourist Information, die sich am Jaffator befindet.

220 B2

45 David Street

Vom Jaffator führt die David Street gen Osten zum Tempelberg und trennt das christliche vom armenischen Viertel im Süden. Sie zählt zu den Hauptgeschäftsstraßen in Jerusalem und markiert den Beginn des quirligen Bazars der Jerusalemer Altstadt.

220 C2

46 Armenisches Viertel

Ein Quell der Ruhe in der geschäftigen Großstadt Jerusalem: das armenische Viertel in der südwestlichen Ecke der Altstadt. Zwar gibt es hier weniger touristische Highlights, doch ermöglicht eben das ein entspanntes Schlendern durch historische Straßen. Seit dem 4. Jh. ist die armenische Gemeinde durchgehend in Jerusalem präsent und infolge

Frisches Brot und Sesamkringel – im Angebot vor dem Jaffator am Westrand der Altstadt

des Völkermords an den Armeniern kam während des Ersten Weltkriegs eine große Zahl von armenischen Flüchtlingen hinzu.

Noch heute lebt man hier sehr zurückgezogen, hohe Mauern verwehren oft den Einblick. Zu besuchen sind Läden und Werkstätten, die armenisches Kunsthandwerk, besonders Keramik, feilbieten. Nun schrumpft das Viertel. Es wird befürchtet, dass es in einigen Jahren nicht mehr existieren könnte.

In St. Jakobus, der Kathedrale des Armenischen Patriarchen, werden sehr eindrucksvolle Messen mit armenischen Gesängen abgehalten.

220 C1/2

St. Jakobus
Armenian Patriarchate St. 87
+972 2-628-2331
https://armenian-patriarchate.com

47 Berg Zion

Südlich der Altstadt liegt jenseits des Ziontors der Berg Zion, der für Christentum, Judentum und Islam gleichermaßen heilig ist. Verehrt wird er als der Ort, an dem das Letzte Abendmahl und das Pfingstwunder stattgefunden haben, an dem Maria zuletzt gelebt und auch gestorben ist, und an dem König David begraben wurde. Dass all dies von Historikern angezweifelt wird, tut der immensen religiösen Bedeutung des Ortes keinen Abbruch.

Zu besichtigen sind das Davidsgrab und darüber der Abendmahlssaal (Coenaculum) in den Überresten einer Kreuzfahrerkirche. Die neoromanische Dormitio-Abtei, das den Hügel beherrschende Bauwerk, gehört dem deutschen Benediktinerorden; die Kirche wurde erst 1906 geweiht. Beeindruckend ist u. a. der Mosaikboden.

Oskar Schindlers Grab am Zionberg ist nach jüdischem Brauch mit Steinchen bedeckt.

Seit 1993 der Film »Schindlers Liste« von Steven Spielberg in die Kinos kam, streben viele Besucher des Berg Zion auch auf den Franziskaner-Friedhof, denn hier liegt der Industrielle Oskar Schindler (1908–1974) begraben. Die Grabinschrift lautet: »Der unvergessliche Lebensretter 1200 verfolgter Juden«.

220 B/C1
Zugang über das Ziontor

Davidsgrab
So–Do 8–17, Fr 8–13 Uhr

Abendmahlssaal
tägl. 8–18 Uhr

Dormitio-Abtei
Mo–Sa 9–17, So ab 10 Uhr

Grab von Oskar Schindler
Mo–Sa 8–12 Uhr

48 Davidsstadt

Ohne Zweifel: Die Davidsstadt ist eine archäologische Stätte von außergewöhnlicher Bedeutung. Seit den 1850er-Jahren wird auf dem 24 ha großen Areal südlich des Tempelbergs gegraben, und das mit Erfolg: Man entdeckte die ältesten Siedlungsspuren Jerusalems – Ruinen von Gebäuden, Gräber, Wasserbecken, Tunnel und Kanäle.

Nicht ohne Zweifel: Ob König David tatsächlich in »seiner« Stadt war, ist umstritten. Diese Diskussion hat auch eine große politische Dimension, da die Stätte inmitten von überwiegend palästinensischen Vierteln liegt, sodass die arabische Bevölkerung befürchtet, dass es zu einer schleichenden Enteignung kommt.

Im sogenannten Königlichen Viertel fand man Spuren aus dem 10. Jh. v. Chr. Sehr reizvoll ist auch der unterirdische Teil der Ausgrabungsstätte, wie etwa der Warren-Schacht, der den Kanaanitern einen geschützten Zugang zur Gihonquelle und damit zu Trinkwasser gewährte.

221 D1
+972 77-96-6726
www.cityofdavid.org.il
So–Do 8–19, im Winter bis 17, Fr 8–16, im Winter bis 14 Uhr
28/14 NIS

49 Hurva-Synagoge

Ihr Schicksal spiegelt sich im Namen (Hurva = Ruine) wider: Im 18. Jh. erstmals zerstört, fiel der zweite Bau 1948 dem Palästinakrieg zum Opfer. Seit dem 2010 abgeschlossenen Wiederaufbau gilt die Kuppelsynagoge gerade wegen ihrer Geschichte als wichtiges Symbol des jüdischen Viertels. Vom Dach hat man eine ganz hervorragende Aussicht auf das jüdische Viertel.

220 C2 Ha-Yehudim St.
+972 2-626-5906
www.rova-yehudi.org.il
So–Do 9–17, im Sommer bis 18, Fr 9–13 Uhr 75/45 NIS (Ticket Jewish Quarter)

Die Hurva-Synagoge wurde 62 Jahre nach ihrer Zerstörung 2010 wieder eingeweiht.

50 Verbranntes Haus

Wie hat die wohlhabende jüdische Familie aus dem Kreis der Hohepriester wohl in diesem Haus gelebt, wie ist sie umgekommen, als die Römer 70 n. Chr. Jerusalem einnahmen und weitgehend zerstörten? Ein Film entwirft ein Bild, wie es gewesen sein könnte. Erst 1970 entdeckten israelische Archäologen die Ruinen dieses Hauses, dessen Aufteilung noch gut zu erkennen war. Auch Knochenfunde eines Mädchens sowie Gegenstände wie Töpfe und Tintenfässer kamen zum Vorschein und sind nun Teil der gut gemachten Ausstellung im Verbrannten Haus.

221 D2
Tifferet Yisrael St. 2
+972 2-626-5906
So–Do 9–17, im Sommer bis 18, Fr 9–13 Uhr 20/10 NIS

51 Klagemauer Tunneltour

Vor dem wichtigsten Wallfahrtsort der Juden liegt der Eingang zu dem Tunnel, der entlang der Klagemauer verläuft und erahnen lässt, mit was für einem Kraftakt die Stützmauern des Tempelbergs zur Zeit des Herodes errichtet wurden. Die Besucher sehen riesige Quadersteine mit einem Gewicht von bis zu mehr als 500 Tonnen.

Riesige Quadersteine stabilisieren die Tempelbergmauer.

221 D2
Eingang auf dem Platz vor der Klagemauer
+972 2-627-1333
tägl. ab 7.20 Uhr, Fr bis 12 Uhr, sonst bis spät nachts 35/19 NIS

52 St.-Anna-Kirche

Die einzige erhaltene Kreuzfahrerkirche ist zugleich das womöglich schönste romanische Gotteshaus Jerusalems. Verantwortlich für den Bau ist eine Frau: Avda, die Witwe von Balduin I., ließ eine Kirche an der Stelle errichten, wo die frühe Überlieferung das Elternhaus der Maria verortete. Der Hochaltar der dreischiffigen Pfeilerbasilika wurde erst 1954 von dem französischen Bildhauer Philippe Kaeppelin geschaffen. Berühmt ist die St.-Anna-Kirche, die heute von den Weißen Vätern als spirituelles Zentrum genutzt wird, auch für ihre hervorragende Akustik mit langem Widerhall – Glück hat, wer hier zufällig auf eine musikalische Pilgergruppe trifft.

221 D3
nahe beim Löwentor
+972 2-628-3285
Mo–Sa 8–12 und 14–18, im Winter bis 17 Uhr 10 NIS

53 Muslimisches Viertel

Angst vor Gedränge sollte man nicht haben: Das muslimische Viertel ist das am dichtesten bevölkerte, die Souks sind bunt und laut, die engen Gassen teils überdacht und oft labyrinthisch ineinander verschlungen. Manche Besucher lassen sich hier gern treiben, andere sind weniger begeistert, doch das größte Viertel der Altstadt besucht jeder, schließlich liegt es sehr zentral. Der schnellste Zugang erfolgt durch das Damaskustor.

Das muslimische Viertel ist das geschäftigste der Altstadt.

✈ 221 D3/4

54 Al-Jebrini Tahin-Manufaktur

In dem Familienunternehmen werden Sesamprodukte wie die Tahin-Paste noch traditionell hergestellt. Wer Glück hat, kann auch bei der Fertigung zusehen.

✈ 220 C3
✉ Ibn Jarah, nahe beim Damaskustor
☎ +972 2-627-4816, +972 52-232-4224

55 Ölberg

Auch der Ölberg, eine Erhebung östlich der Altstadt, hat für alle drei Religionen in Jerusalem große Bedeutung. Für Juden und Muslime ist das Kidrontal unterhalb des Hügels der Ort des endzeitlichen Gerichts; Christen verbinden den Ölberg mit Gottes Sohn, so soll Jesus von hier nach der Auferstehung in den Himmel aufgefahren sein. Entsprechend zahlreich sind die religiösen Stätten. Dazu zählen Himmelfahrtskirche und Himmelfahrtsmoschee (auch Himmelfahrtskapelle, wo Jesus aufgefahren ist), die Gräber der Propheten, der Garten Gethsemane (hier soll Jesus verhaftet worden sein und davor gebetet haben) und das Mariengrab. Etwas Kondition ist schon erforderlich, um das weitläufige Gelände ganz zu erkunden. Am besten, man schließt sich einer Tour an.

Besucht wird der Ölberg nicht nur zu Lebzeiten – über den gesamten Hügel erstreckt sich ein Meer von Gräbern, hier liegt der größte jüdische Friedhof der Welt. Der Grund: Der Messias soll über den Ölberg nach Jerusalem ziehen, die Toten erwecken und im Tal das Jüngste Gericht abhalten. Inzwischen braucht es besondere Verdienste oder eine prall gefüllte Geldbörse, um hier ein Grab zu bekommen.

✈ 221 E/F2/3

Wohin zum …
Essen und Trinken?

Preise für ein Hauptgericht ohne Getränke:

€	unter 12 Euro
€€	12–25 Euro
€€€	über 25 Euro

In der Altstadt überwiegen Lokale, die Hummus, Kebab und verwandte Speisen im Angebot haben, zudem gibt es ein paar Imbisse, die westliches Fastfood anbieten. Wer zu Abend essen möchte, verlässt am besten die Stadtmauern und begibt sich in die Neustadt (S. 147).

RESTAURANTS & CAFÉS

Armenian Tavern €€

Wie der Name vermuten lässt, befindet sich dieses Lokal im armenischen Viertel. Es liegt im Souterrain eines ehemaligen Kreuzritterklosters und wirkt aufgrund der zahlreich platzierten Antiquitäten wie ein kleines Museum. Zu empfehlen ist die armenische Spezialitätenplatte.

220 C2
Armenian Orthodox Patriarchate Rd. 79
+972 2-627-3854
Mo–Sa 12–22 Uhr

In der Altstadt gibt es einige Imbisse, die exzellenten Hummus servieren.

Café Triest €

Wiener Kaffeehaus-Charme gefällig? Appetit auf ein Stück Sacher-Torte? Dann erwartet Sie das Österreichische Pilger-Hospiz in der Via Dolorosa. Der Genuss einer Melange innerhalb dieser Mauern scheint zunächst abwegig. Wer aber den Garten erspäht hat und auch den umwerfenden Blick vom Dach der Pilgerherberge gestattet bekommt, lässt sich in dieser Oase der Ruhe gern für eine Weile nieder.

220 C3 Via Dolorosa 37
+972 2-626-5800
www.austrianhospice.com
tägl. 10–22 Uhr

Jaffar Sweets €

Knafeh bieten die meisten arabischen Bäckereien in der Altstadt an. Dies ist der beliebteste Anbieter. Probieren Sie die Engelshaarpastete mit Ziegenkäse, die mit Sirup beträufelt wird. Zu der süßen Nachspeise, die aus Nablus stammt, gibt's Minztee.

220 C3 El Wad Hagai St. 32
tägl. früh bis spät

The Quarter Café €

Im jüdischen Viertel betreiben die Geschwister Alon und Uzi Amidor dieses 1975 eröffnete Restaurant in zweiter Generation. Es gibt typisch jüdisch-vegetarische Gerichte (auch Fisch), die auch deshalb so gut munden, weil man hier einen fantastischen Blick auf die Stadt genießt.

221 D2 Tiferet Israel St. 11
+972 2-628-7770
www.quarter-cafe.co.il
So–Do 9–17, Fr 9–15 Uhr

HUMMUSLÄDEN

Kichererbsenpüree ist im gesamten orientalischen Raum bekannt, jedoch in Israel – wo es Nationalspeise ist – soll es am sämigsten sein. Hummus-Varianten gibt es viele. Er kommt in Restaurants als Vorspeise auf den Tisch, füllt in jedem Supermarkt mehrere Regale – und wird in einfachen Hummusläden verkauft. Der Kunde wählt das Topping zu seinem Hummus (Kräuter, Pinienkerne, Kichererbsen etc.) und bekommt diesen

In höhlenartigen Läden türmen sich Ketten, Schals, Souvenirs ... im Souk der Jerusalemer Altstadt.

zusätzlich mit Pita-Brot, Oliven, Zwiebeln und sauren Gurken gereicht. Falafelbällchen sind eine leckere Beilage.

Abu Shukri €
Das kleine Lokal ist leicht zu übersehen und ist doch sehr populär. Es befindet sich etwa auf Höhe der 5. Station der Via Dolorosa im muslimischen Viertel. In dem Imbiss gibt es eine klassische orientalische Stärkung.
220 C3 Al-Wad St. 63
+972 2-627-1538 tägl. 9–17 Uhr

Akramawi €
Auch dieser Hummusladen wird als einer der besten der Stadt gehandelt. Er liegt in Ostjerusalem, in Sichtweite des Damaskustors und operiert seit 1952.
220 C4 Ha-Neviim 2
+972 2-626-1658 tägl. ab 8 Uhr

Lina €
Dieser kleine Familienbetrieb serviert seit Jahrzehnten einen der besten Hummus' der Stadt, nicht weit von der David Street entfernt. Es gibt zwei Filialen dicht beieinander.
220 C3 Ma'alot E-Khanka St. 42
+972 2-627-7230 tägl. 8–16 Uhr

Tala €–€€
Tala liegt im christlichen Viertel, nahe der westlichen Stadtmauer und dem Jaffator. Es ist ein bisschen teurer, serviert aber auch gutes Kebab und den Frühstücksklassiker Schakschuka.
220 B2 Shlomo ha-Melekh St. 3–7
+972 2-627-5799 tägl. 8–16 Uhr

Wohin zum ... Einkaufen?

Über das christliche und das muslimische Viertel erstreckt sich ein großer Souk (arabisch »Markt«) – ein schier unendliches Gewirr aus Geschäften des täglichen Bedarfs, aus Souvenirshops, Imbissbuden, aber auch traditionellen Handwerksläden.

Der Besitzer von Razzouk Ink, Wassim Razzouk, tätowiert in der 27. Generation christliche Motive; seine Söhne werden dieses Erbe höchstwahrscheinlich fortsetzen.

In höhlenartigen Ständen türmen sich Schmuck, T-Shirts, religiöse Devotionalien und Antiquitäten ... Wer hier etwas erwerben möchte, sollte bereit sein zu feilschen. Um herausfordernden Verkaufsgesprächen aus dem Weg zu gehen, ist es ratsam, sein Interesse nur dann öffentlich zu bekunden, wenn tatsächlich eine Kaufabsicht besteht.

Elia Photo Service

Hinter diesem kleinen Fotoladen im christliches Viertel steckt Geschichte: Der Betreiber George Kahvedjian ist der Enkel von Elia Kahvedjian (1910–99), eines Überlebenden des Genozids an den Armeniern, der sich nach Israel retten konnte. Der junge Elia begann zu fotografieren und entwickelte sich zu einem der wichtigsten Zeitzeugen des Jerusalems zu Beginn des 20. Jahrhunderts. Seine Sammlung umfasst etwa 3000 Schwarz-Weiß-Fotografien. Die Negative wurden erst 1987 von Familienmitgliedern bei Sanierungsarbeiten entdeckt; Elia hatte sie zu Beginn des Palästinakriegs 1948 versteckt. Sein Sohn brachte das Buch »Jerusalem Through My Father's Eyes« heraus, das mittlerweile hoch gehandelt wird. Im Elia-Fotoshop sind Fotoabzüge erhältlich – ein beeindruckendes Mitbringsel.

220 C3 Ma'alot E-Khanka St. 14
+972 2-628-2074
www.eliaphoto.com
Mo–Mi, Sa 9.30–17, Do/Fr 9.30–15 Uhr

Moriah Books & Judaica

Der größte und bekannteste Laden für jüdische Literatur der Altstadt befindet sich natürlich im Herzen des jüdischen Viertels. Neben einer riesigen Auswahl an Büchern gibt es auch Schmuck und Judaica. Moriah möchte den Menschen den spirituellen Reichtum des Judentums näherbringen.

221 D2 Misgav Ladach St. 40
+972 2-628-5267
https://de-de.facebook.com/moriah-books So–Do 10–20.30, Fr 10–14.30 Uhr

Razzouk Ink

Ein Mitbringsel, das unter die Haut geht – für Unerschrockene. Razzouk ist kein Hipster-Laden, Wassim Razzouk tätowiert schon in der 27. Generation, und seine Söhne helfen bereits aus. Die Razzouk-Familie ist im 14. Jh. nach Jerusalem gekommen. Der Tätowierladen ist auf christliche, vor allem alte koptische Motive spezialisiert. Friedenstauben und Kreuze stehen hoch im Kurs: Schmerz als Teil der Jerusalemreise.

Hochsaison bei Razzouk ist Ostern. Eine Terminvereinbarung ist nötig.
⌖ 220C2 ✉ Greek Catholic Patriarchate St. 13
☎ +972 2-535-3106
🌐 http://razzouktattoo.com
🕘 Mo–Sa 10–19 Uhr

Sandrouni Armenian Art Center

Keine 100 m vom New Gate entfernt, im christlichen Viertel, machen Dorin und George Sandrouni mit der armenischen farbenfrohen Keramikkunst vertraut. Hier gibt es authentische, handgefertigte Einzelstücke.
⌖ 220 B3 ✉ im Neuen Tor
☎ +972 2-626-3744
🌐 www.sandrouni.com
🕘 So–Do 10–20.30, Fr 10–14.30 Uhr

Sea of Herbs

Die Brüder Isaac und Jacob führen eine breite Palette von Kräutern und Gewürzen, die sie mithilfe moderne Technologien auch zu Haut- und Körperpflegeprodukten verarbeiten. Im alten Gewürzmarkt der Stadt gelegen kann der Laden auf eine über 200-jährige Geschichte zurückblicken.
⌖ 220 C2 ✉ Al-Attarin St.
☎ +972 2-627-1535
🌐 https://seaofherbs.com
🕘 Sa–Do 8–18, Fr 8–15.30 Uhr

Wohin zum … Ausgehen?

Wenn in der Heiligen Stadt die Sonne untergeht, klappt die Altstadt die Bürgersteige hoch. Wer also mehr als nur die zugegebenermaßen interessante Atmosphäre stiller Gassen erleben will, verlässt die Stadtmauern und begibt sich in die Neustadt (S. 147). Gleich außerhalb des Neuen Tores befindet sich:

Notre Dame Rooftop Cheese & Wine

Das beeindruckende Pilgerhaus Notre Dame of Jerusalem, das einer französischen Kathedrale gleicht, bietet einen der schönsten Ausblicke auf Jerusalem. Das Restaurant ist, der Name sagt es, auf Käse und Wein spezialisiert – 40 Käsesorten und 60 Weinsorten sind im Angebot. Wie wäre es mit einer Käseplatte oder einem Käsefondue? Wem der Sinn nicht nach Käse steht, kann auf Fleisch- und Pastagerichte im oberen Preissegment ausweichen.
⌖ 220 B3
✉ HaTsanhanim St. 3
☎ +972 2-627-9177
🌐 www.notredamecenter.org
🕘 tägl. 12–23 Uhr

George Kahvedjian verkauft Jerusalem-Fotografien, die sein Großvater Elia schoss.

Bunte Sonnenschirme schmücken die Yoel Moshe Solomon Street im Stadtteil Nachalat Shiva.

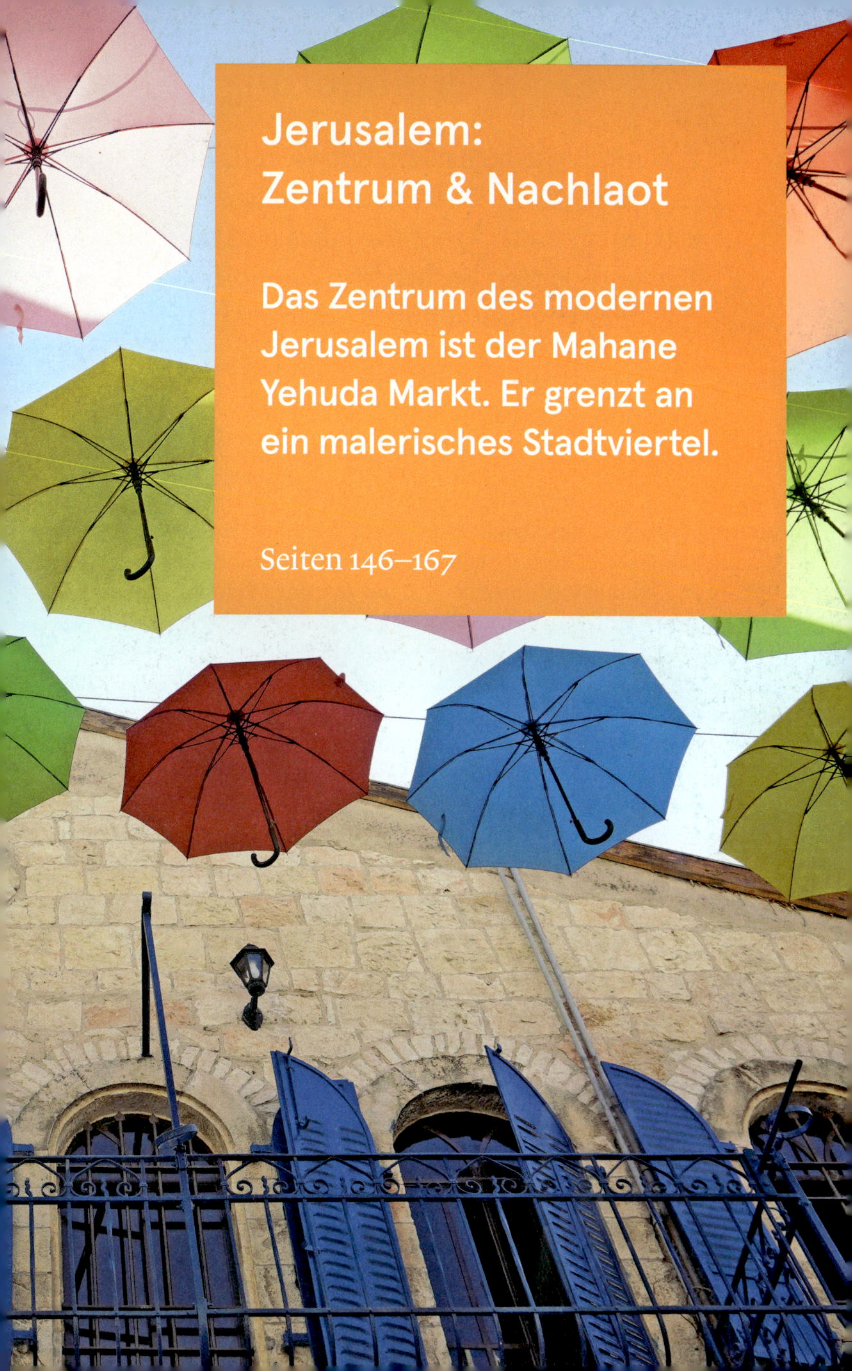

Jerusalem: Zentrum & Nachlaot

Das Zentrum des modernen Jerusalem ist der Mahane Yehuda Markt. Er grenzt an ein malerisches Stadtviertel.

Seiten 146–167

Erste Orientierung

Das moderne Jerusalem entwickelte sich ab den 1860er-Jahren außerhalb der Altstadtmauern. Über die Jahre entstand die Neustadt, deren Architektur ein Spiegelbild der Diversität der Einwohner ist.

Der Besuch der geschichtsträchtigen Altstadt kann schnell zu einer Reizüberflutung führen. Wer Entschleunigung sucht, ist im pittoresken Stadtteil Nachlaot genau richtig. In diesem Gebilde aus offiziell 32 Vierteln kann man seine Seele baumeln lassen. Hier verstecken sich auch viele kleine Synagogen. Nicht ohne Grund tauchen die verträumten Gassen mit ihrer bunten Blumenpracht häufig in israelischen Filmen auf. Ein Dorf inmitten der Großstadt.

Von hier ist es nicht weit zum Mahane Yehuda Markt – definitiv eines der Highlights des Jerusalemer Stadtzentrums. Wer durch die belebten Markthallen zieht, kann sich kaum vorstellen, dass hier vor 2003 nicht viel los war. Der Grund: Während der Zweiten Intifada scheuten sich die Leute vor dem Besuch; viele Geschäfte standen leer. Bis ein Kaffeestand seine Türen öffnete, der schnell sehr beliebt wurde. Nach und nach füllten sich auch die umliegenden Stände mit mehr Leben. Heute gilt die Gegend rund um den Markt als kulinarische Hochburg, mit Marktständen, Bars und Restaurants. Wo tagsüber degustiert und gefeilscht wird, geht es abends zu Livemusik richtig zur Sache.

Aber auch andere Viertel sind einen Abstecher wert: Yemin Moshe entwickelte sich als erstes Viertel außerhalb der Stadtmauern westlich vom Ziontor; Mea Shearim ist dagegen Heimat der Ultraorthodoxen, bei einem Besuch gelten bestimmte Verhaltensregeln (S. 205).

Wer typisches Großstadtleben genießen möchte, schlendert durch die Straßen Ben Yehuda, Nachalat Shiva und die Jaffa Street. Sie sind gesäumt von Shops sowie zahlreichen gastronomischen und kulturellen Einrichtungen.

TOP 10

⑩ ★★ Mahane Yehuda Markt

Nicht verpassen!

56 Ostjerusalem

Nach Lust und Laune!

57 Hansen House

58 YMCA

59 Nachalat Shiva

60 Ades-Synagoge

61 Jaffa Street

62 Mea Shearim

Mein Markt-Tag mit Pnina Ein Mor

Unterwegs vom orientalischen Marktstand zum angesagten Restaurant mit der Reiseleiterin im Mahane Yehuda Markt.

11 Uhr: Frühstück

Bei HaAgas 1, einem vegetarischen Bio-Restaurant mit frischer israelischer Küche, startet der Tag spät. Wer draußen sitzt, kommt in den Genuss des quirligen Treibens auf dem ⑩ ★★ Mahane Yehuda Markt (S. 154). Diese Marktstraße ist nach der Familie Banai benannt – einer israelischen Künstlerdynastie.

12.30 Uhr: Süß und deftig

Halva ist in vielen Mittelmeerländern als süße Nachspeise beliebt. Bei Halva Kingdom gibt es über hundert verschiedene Sorten. Käsevariationen im Überfluss hat Basher im Angebot.

13 Uhr: Auf einen Drink

Jetzt ist es Zeit für eine Erfrischung bei BeerBazaar. Einige der

13 Uhr: Auf einen Drink

12.30 Uhr: Süß und deftig

Kleine Synagogen und blumengeschmückte Häuschen säumen den Weg durch die engen Gassen Nachlaots.

Das Roaster's (links) serviert nicht nur frischen Kaffee und zarte Backwaren, wer sich hier niederlässt, erlebt den Trubel des Markts hautnah.

angebotenen Craft-Biere sind hausgebraut. Wer lieber Kaffee trinkt, geht zu Roaster's – definitiv einer der besten Anbieter der Stadt.

14 Uhr: Authentischer Lunch

Nach einem kleinen Bummel wartet der Lunch bei Azura (S. 162) oder Morduch (S. 163), wo man älteren Herren bei einer Partie Backgammon zuschaut.

15.30 Uhr: Entschleunigen in den Gassen

Auch wenn man problemlos den ganzen Tag auf dem Markt verbringen kann, lohnt sich ein Abstecher in die malerischen Gassen von Nachlaot (S. 148). Die Fotos an den Wänden des Viertels zeigen Familien, die einst hier gelebt haben.

18.30 Uhr: Junge Küche am alten Markt

Eine einzigartige Atmosphäre und super Essen aus der offenen Küche erwarten den Gast im renommierten Machneyuda Restaurant (S. 163) von Uri Navon und seinen beiden Mitstreitern. Die drei tragen definitiv zur Popularität der israelischen Küche bei. Frühzeitig reservieren!

Die geschäftige Atmosphäre des nahe gelegenen Markts ist auch im Machneyuda Restaurant spürbar. Durch die offene Küche ist es mitunter trubelig, aber die Gerichte sind erstklassig.

21 Uhr: Absacker

Wenn am Abend die Rollläden vor die Auslagen rattern, erwacht der Markt erneut: als Ausgehmeile. Statten Sie Freddy Lemon einen Besuch ab. Das entspannte Lokal veranstaltet nicht selten ein Konzert.

ⓘ

219 D5
Jaffa Rd./Agripas St. 90
https://en.machne.co.il
So–Do 8–24, Fr 8–15 Uhr

Der Markt selbst veranstaltet einige Touren auf Englisch. Auf der o. a. Website sind diese aufgelistet, man kann direkt buchen. Die Reiseleiterin Pnina Ein Mor (www.ekl.co.il) veranstaltet private Touren auf Englisch, auch durch andere Stadtteile.

HaAgas 1
Eliyahu Yaakov Banai St.
+972 54-313-3442

Halva Kingdom
Etz HaChaim St. 12 +972 54-793-6805

Basher Fromagerie
Etz HaChaim St. 53 +972 2-534-0400

BeerBazaar
Etz HaChaim St. 3
+972 2-534-0400 https://beerbazaar.co.il

Roaster's
HaAfarsek St. 20
+972 54-671-0296
https://roasters.co.il

Freddy Lemon
Etz HaChaim St. 19
Sa–Do 20–2 Uhr

⑩ ★★ Mahane Yehuda Markt

Warum?	Der größte Markt des Landes gibt Einblick in den israelischen Alltag
Wann?	Donnerstagabend ist hier Partytime und Freitagvormittag herrscht höchste Betriebsamkeit vor dem Sabbat
Wie lange?	Einen halben Tag
Was noch?	Private Graffiti & Nightlife Tour (s. Website)
Resümee	Ein kulinarisches Highlight der Reise

Sind die Rollläden nach Geschäftsschluss runtergefahren, verwandelt sich das Areal in eine Graffiti-Galerie.

Genuss wird in Jerusalem großgeschrieben. Das ist vor allem im Stadtzentrum spürbar und ganz besonders am Mahane Yehuda Markt, dem größten Markt Israels, der sich in den letzten Jahren zum kulinarischen Epizentrum gemausert hat.

Über 200 000 Menschen zieht es täglich auf das große Areal, das bis zu 250 Händlern die Möglichkeit gibt, ihre Waren – Obst, Gemüse, Gewürze, Backwaren, Fisch und Fleisch, Haushaltszubehör – unter freiem Himmel und zum Teil überdacht zum Verkauf anzubieten. Der Shuk (Markt) wird von Hauptstraßen und schmalen Gassen durchzogen, in denen immer etwas los ist – ein Erlebnis, das alle Sinne anspricht.

Nachts auf dem Markt

Je tiefer man ins Gewusel eindringt, desto heftiger purzeln die Preise. Nehmen Sie sich also Zeit und vergleichen Sie die Angebote auf der Suche nach dem saftigsten Baklava, den knusprigsten Falafeln und der günstigsten Pasta. Hier kommen selbst Liebhaber der Gourmetküche auf ihre Kosten, denn seit einigen Jahren hat sich der Markt auch für die jüngere Generation geöffnet. Mittlerweile sind hippe Cafés, Restaurants und ein Shops, die auch abends ihre Klientel anziehen, kaum etwas Besonderes. Mahane Yehuda und die

umliegenden Straßen haben sich zu einem Party-Hotspot entwickelt. Vor allem Donnerstagabend ändert sich die Atmosphäre: Dann geben sich Standverkäufer und Nachtschwärmer die Klinke in die Hand. Alt trifft auf Neu. Diese Gentrifizierung bereitet aber auch Sorge.

Der Markt ist zum Teil überdacht und bietet eine große Auswahl an Zutaten für die regionale Küche.

Struktur statt Improvisation

Mahane Yehudas Geschichte beginnt Ende der 1880 Jahre unter osmanischer Herrschaft als improvisierter Bauernmarkt. Erst unter dem britischen Mandat ab 1917 begann man, dem Markt eine Struktur zu verleihen und die hygienischen Zustände grundlegend zu verbessern. Die letzte große bauliche Veränderung fand 2000 statt.

Der Markt war 1997 und 2002, während der Ersten und der Zweiten Intifada, Ziel von Bombenanschlägen, bei denen mehrere Menschen starben.

KLEINE PAUSE

Uzi-Eli **»The Etrog Man«** (S. 165) Hezi ist eine lokale Größe auf dem Markt: An seinem farbenfrohen Stand bereitet der gut gelaunte selbsternannte Heiler vitaminreiche, frisch gepresste Säfte zu.

✢ 219 D5
✉ Begrenzt durch Jaffa St., Agrippas St., Beit Yaakov St. und Kiakh St.
☎ +972 76-539-8000
🌐 https://en.machne.co.il
● So–Do 8–19, Fr 8–15 Uhr ✦ frei

ℹ Auf der Website sind sieben Touren (engl.) im Angebot, die direkt gebucht werden können. Empfehlenswert ist auch ein Rundgang mit Tourguide Pnina Ein Mor (www.ekl.co.il)

56 Ostjerusalem

Warum?	Muslimisch geprägter Stadtteil Jerusalems
Wann?	Nicht am Freitag, dann sind viele Läden geschlossen
Wie lange?	Ein paar Stunden
Was noch?	Hier startet der Bus nach Bethlehem (S. 194)
Was nehme ich mit?	Von den aufgeladenen Spannungen hier kriegen Touristen wenig mit – entladen können sie sich trotzdem jederzeit

Wer von der Altstadt aus durch das Damaskustor schreitet, betritt den muslimischen Teil der Neustadt, ein geschäftiges Viertel – und einen der zentralen Streitpunkte im Nahostkonflikt.

Das hauptsächlich von Arabern bewohnte Ostjerusalem umfasst das Gebiet, das nach dem Palästinakrieg 1948 zu Jordanien gehörte und nach dem Sechstagekrieg 1967 unter die Kontrolle Israels gelangte. Der Begriff bezieht sich also nicht ausschließlich auf den Osten der Stadt, sondern auf Stadtgebiete nördlich, östlich und südlich der Altstadt (so auch den Ölberg, S. 141). Die Annexion ist völkerrechtlich nicht anerkannt. Für Palästinenser ist Ostjerusalem bzw. ganz Jerusalem ihre zukünftige Hauptstadt, genannt al-Quods.

Das Damaskustor ist das größte und schönste Tor der Altstadtmauer, hier geht es immer geschäftig zu.

Irrungen und Wirrungen

Das Damaskustor ist quirliger Zugang zum nördlichen Teil Ostjerusalems. Hier starten Sammeltaxis ins Westjordanland und warten Lebensmittelhändler auf Kundschaft. Bei einem Rundgang durch dieses Viertel lassen sich einige interessante Sehenswürdigkeiten entdecken, nach wenigen hundert Metern etwa das Gartengrab. Diese kleine grüne Oase ist eine wichtige Pilgerstätte, obwohl längst widerlegt ist, dass es sich hier um das Grab von Jesus handelt. Weiter nordöstlich liegt das Museum on the Seam (Museum an der Naht), ein sozialpolitischer Ort für zeitgenössische Kunst, der Menschen verbinden will. Einen charmanten Kontrast zur Betriebsamkeit auf den Straßen bieten das Kloster St. Stephan und die St.-Georgs-Kathedrale, beide an der Nablus Road gelegen.

Über diese Straße gelangt man auch zu den Königsgräbern, deren Name widersprüchlich ist, denn in der aus Felsen herausgearbeiteten Grabanlage soll »nur« die assyrische Königin Helena von Adiabene samt Familie bestattet worden sein (50 n. Chr.). Französische Forscher dachten zunächst, es handle sich um das Grab der Könige von Juda.

Die von einer britischen Stiftung unterhaltene Gartenanlage gewährt eine erholsame Pause. Als Grabstätte von Jesus kommt das Gartengrab (The Garden Tomb) für Archäologen nicht infrage.

Herodes' Steinbruch

Nach einer kleinen Pause führt die Salah ad-Din Street gen Süden direkt zum Herodestor an der Altstadt, wo sich das Rockefeller-Museum befindet. Die Zweigstelle des Israel Museum (S. 180) beherbergt eine sehr umfangreiche archäologische Ausstellung zur Siedlungsgeschichte Palästinas.

Nur etwa 150 m vor dem Damaskustor besteht die Möglichkeit, einen Teil des verzweigten Höhlensystems Jerusalems zu besuchen: Die Zedekia-Höhle lieferte als Steinbruch lange Zeit Baumaterial für die Stadt, wohl auch für den Herodes-Tempel. Ein erfrischender Besuch.

Die Bewohner Ostjerusalems besitzen nur einen Residenzstatus und sind vergleichsweise arm. Sie belastet die Ungewissheit, in der sie leben.

KLEINE PAUSE

Der Garten des legendären **American Colony Hotel** (Louis Vincent St. 1, www.americancolony.com) erwartet Sie zum stilvollen Mittag. Vielleicht lässt sich in dieser neutralen Oase – wie so oft – ein bekannter Weltpolitiker blicken.

---

220 C4/5

Gartengrab
Derech Shchem
https://gardentomb.com
Mo–Fr 8–17, Sa 8–18 Uhr frei

Museum on the Seam
Kheil ha-Handasa St. 4
+972 2-628-1278
www.mots.org.il
Mo, Mi/Do 10–17, Di 14–20, Fr 10–14 Uhr, Sa/So geschl. 30/25 NIS

Rockefeller-Museum
Sultan Suleiman St. 27
+972 2-628-2251 www.imj.org.il
So/Mo, Mi/Do 10–15, Sa 10–14 Uhr
frei

Zedekia-Höhle
So–Do 9–16/17 Uhr 18/10 NIS

Nach Lust und Laune!

57 Hansen House

Das von 1887 bis 2009 zur Betreuung und später auch Behandlung von Leprakranken dienende Gebäude wurde in ein Kulturzentrum umgewandelt. In diesem Center of Design, Media and Technology werden u. a. Ausstellungen gezeigt und Multimedia-Ereignisse ausgerichtet. Eine ständige Ausstellung erzählt die Geschichte des Hauses und seiner Bewohner.

219 E1 Gdalyahu Alon St.
+972 579-3702
https://hansen.co.il
So–Do 10–18, Fr 10–14 Uhr

58 YMCA

Mehr als ein Hotel: Diese Herberge – mit Turm und Glockenspiel – ist ein architektonisches Wahrzeichen, erschaffen von Loomis Harmon, dem Architekten des Empire State Building in New York City. Mit byzantinischen, romanischen, gotischen und orientalisierenden Stilelementen fängt das imposante Gebäude die kulturelle Vielfalt der Stadt ein. Die christlichen Bezüge wie das Seraph-Relief am Turm verweisen auf den Auftraggeber: die Young Men's Christian Association, der Christliche Verein Junger Menschen.

Hineingehen lohnt sich, denn der Ausblick von der Turmspitze ist schlichtweg fantastisch. Dazu wendet man sich an die Rezeption und fährt dann mit dem Hotellift hinauf. In der Etage darunter ist das Glockenspiel zu besichtigen.

Von der Aussichtsplattform des YMCA-Turms bietet sich ein toller Blick über die Stadt.

219 F2 King David St. 26 St.
+972 569-2692
www.ymca3arches.com
Lift auf die Turmspitze 15 NIS, Zutritt aus Sicherheitsgründen erst ab 2 Pers.

59 Nachalat Shiva

Das in den 1860er-Jahren direkt westlich der Altstadt errichtete Viertel ist seit seiner Sanierung wie gemacht zum genussvollen Flanieren, Einkaufen und Ausgehen. Die verwinkelten Gassen und die in ihrer historischen Bausubstanz erhaltenen Häuser verströmen ein besonderen Charme. Die vielen Cafés, Bars, Restaurants und Geschäfte

Open Restaurants

Dieses noch junge Festival präsentiert die Vielfalt der gastronomischen Szene Jerusalems. Besucher können Chefköchen über die Schulter gucken oder unter ihrer Anleitung ein Gericht kreieren, mit Restaurantbesitzern ins Gespräch kommen sowie an Marktführungen teilnehmen. Einige der besten Restaurants der Stadt öffnen ihre Türen. Kostproben sind da natürlich garantiert – ein sinnlich-kulinarischer Streifzug, mit Musik und Kunst untermalt.
Man bucht ausgewählte Events online unter https://openrestaurants.com

sorgen für lebhaftes Treiben. Besonders abends ist der Music Square ein Epizentrum – und macht dann seinem Namen alle Ehre. Nachalat Shiva ist angesagt!

219 F2

60 Ades-Synagoge

Anfang des 20. Jh.s emigrierten viele Juden aus Syrien, wobei nicht wenige nach Jerusalem gingen. Diese Synagoge im Stadtteil Nachalat Zion wurde 1901 von der jüdischen Gemeinde aus Aleppo erbaut; die Finanzierung übernahmen zwei Cousins aus der Familie Ades. Überwältigend sind insbesondere die Wandgemälde von Yaakov Stark. Die Arbeit des in Krakau geborenen Künstlers ist gleichermaßen vom europäischen Jugendstil und von den Arabesken in der islamischen Kunst beeinflusst. Neben dem herausragenden Werk eines weitgehend unbekannten Künstlers lässt sich hier noch ein Kleinod anderer Art entdecken: Zur Winterzeit werden am Sabbat aleppinische Bakkashot-Gesänge angestimmt – ein ausgesprochen beeindruckendes Hörerlebnis. Allerdings wohl kaum etwas für Frühaufsteher: Um 3 Uhr morgens geht es los. Der kabbalistische Gesang ist sonst selten zu hören, doch in der Ades-Synagoge spielen die Pflege der musikalischen Tradition des Synagogengesangs und die Ausbildung von Kantoren von jeher eine große Rolle.

219 D4/5
Beer Sheva 1 ☎ +972 50-554-8376
https://adessynagogue.com
Besuchszeiten zur Gebetszeit, Zeiten siehe Aushang.

61 Jaffa Street

Hinter dem Jaffator führt die Jaffa Street als zentrale Achse durch das Stadtzentrum Jerusalems, das sich nordwestlich der Altstadt erstreckt. Eine Straße mit Geschichte: Früher verlief hier die Handels-, Pilger- und Heerstraße von Jerusalem Richtung Jaffa. Handel wird hier heute ganz besonders betrieben. Und damit diese wichtige Geschäftsader nicht im Stau versinkt, dürfen nur noch öffentliche Verkehrsmittel passieren – wie die 2011 eröffnete einzige Tramlinie der Stadt (Light Rail Train). Die Auswahl an Shops ist groß. Erholung vom Konsum versprechen Cafés und Restaurants.

Das große Digital-Radio in der Jaffa Street funktioniert; fünf Sender stehen zur Wahl.

219 F4–D5

Im Stadtteil Mea Shearim leben vor allem ultraorthodoxe Juden, die die Tora traditionell auslegen.

62 Mea Shearim

Ausgangspunkt des Stadtviertels, in dem fast ausschließlich ultraorthodoxe Juden (Haredim) leben, war eine Wohnanlage, die der deutsche Architekt und evangelische Missionar Conrad Schick ab 1874 entwarf. In Mea Shearim ist vieles anders – das lockt Besucher an. Doch Achtung: Die Bewohner möchten sich nicht als Touristenattraktion fühlen und erwarten, dass ihre Regeln respektiert werden: Fotografieren ist verboten, größere Gruppen sind unerwünscht, Schultern und Beine sind zu bedecken, christliche und staatliche Symbole Israels dürfen nicht sichtbar sein. Wer diese Vorschriften einhält, kann auf »Zeitreise« gehen.

Doch was ist in dieser Gemeinschaft anders? Man spricht Jiddisch, kleidet sich einheitlich konservativ und führt ein von Ritualen bestimmtes Leben wie im 19. Jh., in dem Männer sich vor allem dem Torastudium widmen. Es ist deshalb nicht verwunderlich, dass viele Familien recht arm sind. Ultraorthodoxe Juden verweigern den Wehrdienst und zahlen nicht viel in die Staatskasse ein, zeitgleich wächst die Minderheit rasant, das führt auch zu Spannungen im Land.

Ob man sich nun eher als Eindringling oder entspannter Besucher fühlt, hängt vermutlich von jedem Einzelnen ab.

220 A5

Wohin zum ... Essen und Trinken?

Preise für ein Hauptgericht ohne Getränke:

€	unter 12 Euro
€€	12–25 Euro
€€€	über 25 Euro

RESTAURANTS

Adom €€–€€€

Bevor das Restaurant 2013 auf das Areal des alten Bahnhofs zog, war das Interieur tatsächlich *adom* (rot). Heute überwiegt ein warmes Braun. Moti Davis und Elran Buzaglo bieten exzellente internationale Küche mit mediterranem Touch. Die Speisekarte wechselt regelmäßig, die Weinkarte ist sehr umfangreich, die roten Weine dominieren.

220 südl. B1 David Remez St. 4
+972 2-624-6242
www.adom.rest tägl. ab 12 Uhr

Anna Italian Café €€–€€€

In dem Haus, das der Malerin Anna Ticho gewidmet ist, befindet sich dieses koschere italienische Restaurant, das besonderen Wert auf Frische und Perfektion legt. Jedes Gericht besticht durch eine leichte israelische Note. Und wer hier isst, tut etwas Gutes: Denn das Anna beschäftigt gefährdete Jugendliche in der Küche.

220 A4 HaRav Agan St. 10
+972 2-543-4144 www.annarest.co.il
So–Do 12–23, Fr 9–14 Uhr

Azura €

Der kleine Laden im Mahane Yehuda Markt ist ein Hotspot für Einheimische und Touristen. Moshe Shrefler und seine Familienmitglieder bieten authentische israelische Küche mit türkischem Einfluss. Die langsam vor sich hin köchelnden Eintöpfe sind der Renner.

219 D5 Ha-Eshkol St. 4
+972 2-623-5204
www.facebook.com/AZURARESTURANT
So–Do 9–16, Fr 9–14.15 Uhr

Chakra €€€

Die Speisekarte des eleganten Lokals wechselt mit den Jahreszeiten. Ilan Garousi beherrscht sein Handwerk perfekt, kein Wunder also, dass das Chakra als eines der besten Restaurants des Landes gilt. Unter der Woche gibt es für 265 NIS pro Person ein Probiermenü.

219 E3 King George St. 41
+972 2-625-2733 http://chakrarest.com
So–Fr 18–24, Sa 12.30–24 Uhr

Das Adom im umgebauten alten Bahnhof (First Station) bietet international-mediterrane Küche..

Crave Gourmet Street Food €€–€€€
Das Diner im Mahane Yehuda Markt ist genau das, was sein Name verspricht. Das amerikanische Fastfood ist koscher. Der Käse für den Cheeseburger ist vegan. Die Betreiber bezeichnen ihre Küche als Slow-Fastfood.
219 D5 Ha-Shikma St. 1
www.facebook.com/gotcrave
So–Do 12–23, Fr 11.30–13.45, Sa 19.30–24 Uhr

DKL 3 €€
Auch dieses kleine Lokal liegt im Mahane Yehuda Markt und wird von zwei Köchen betrieben, die in Israel durch Fernsehauftritte einer breiten Masse bekannt geworden sind. In dem entspannten Bistro gibt es neben leckeren Speisen eine Auswahl an Cocktails.
219 D5 Ha-Dekel St. 3
+972 2-533-3442 So–Do 19–1.30 Uhr

Hummus Pinati €
Pinati-Lokale gibt es mehrere in Jerusalem. Sie alle servieren israelischen Hummus par excellence. Dies ist die älteste Filiale und hier ist es häufig voll. Suppen, Moussaka, Schnitzel ergänzen das Menü – tolles Preis-Leistungs-Verhältnis.
219 E3 King George St. 13
+972 2-625-4540
https://hummuspinati.co.il
So–Do 8–19, Fr 8–15 Uhr

La Régence €€€
Klassische Feinschmeckerküche von Chefkoch David Biton und seinem Team im legendären King David Hotel. Die außergewöhnlichen französisch inspirierten Gerichte regen alle Sinne an – und sind koscher.
220 A2 King David St. 2
+972 2-620-8795 www.danhotels.com
So–Do 18.30–22.30 Uhr

Machneyuda €€
Die drei Köche des modernen israelischen Lokals sorgen für eine lebhafte Stimmung, nicht zuletzt durch die offene Küche. Alle Zutaten stammen vom nahen, namensgebenden Mahane Yehuda Markt.
219 D5 Beit Ya'akov St. 10
+972 2-533-3442
www.machneyuda.co.il
So–Do 12.30–16 und 18.30–24 Uhr

Mona €€–€€€
Das Jerusalem Artists House ist Heimat der Jerusalemer Künstlervereinigung und eine Kunstgalerie. Das Gebäude aus dem 19. Jh. beherbergt zudem das gemütliche Mona, das vor allem frische Fisch- und Fleischgerichte auf den Tisch bringt.
219 E4 Shmuel Ha-Nagid St. 12
+972 2-622-2283
https://monarest.co.il So–Do ab 18.30, Fr 12.30–16.30 und ab 18, Sa ab 12.30 Uhr

Das Mona bietet einen Mix aus hochwertigen mediterranen und europäischen Gerichten.

Morduch €
Das familiengeführte Lokal kocht seit über 30 Jahren auf dem Mahane Yehuda Markt. Die orientalische Hausmannskost ist auf Kibbeh (Hackfleisch-Bulgur-Klöße) und gefülltes Gemüse spezialisiert. Wie wäre es mit einer roten Kibbeh-Suppe und gefüllter Zucchini?
219 D5 Agripas St. 70
+972 2-624-5169 http://morduch.com
So–Do 8–17, Fr 8–16 Uhr

Piccolino €€–€€€
Wie der Name erkennen lässt, ist das Piccolino italienisch geprägt. Es liegt in Nachalat Shiva in einem alten Steinhaus, das den

traditionellen Stil der Küche unterstreicht, der auch Raum für moderne Akzente lässt. Auch Frühstück ist im Angebot.
219 F4 Yoel Moshe Salomon St. 12
+972 2-624-4186
www.piccolino.co.il/en
So–Do 10–24, Fr 9–15, Sa 20–23 Uhr

Rooftop Restaurant Mamilla Hotel €€€
Nicht weit vom Jaffator entfernt, in der Mamilla Mall, liegt das gleichnamige Luxushotel, von dessen Dachterrasse sich ein beeindruckender Blick auf die Altstadt bietet. Serviert werden Gerichte wie Auberginen-Tomaten-Confit mit türkischem Spinat an hausgemachten Gnocchi.
220 B2 Shlomo ha-Melekh St. 11
+972 2-548-2230
www.mamillahotel.com/rooftop
So–Do 18–23, Sa 12–23 Uhr

Satya €€€
Kreative Küche in einer eleganten, aber gemütlichen Umgebung. Ilan Grossi serviert abwechslungsreiche Fisch- und Fleischgerichte wie Seefisch-Tartar oder mit Parmesankäse überbackenes Kalbsschnitzel. Auch Vegetarier kommen auf ihre Kosten.
220 A1 Keren HaYesod St. 36
+972 2-650-6808 www.satya.co.il
So–Fr 18–24 Uhr

Tacos Luis €
Mexikanisch essen in Jerusalem? Auf jeden Fall. Dieser Taco-Laden wird selbst von Mexikanern gelobt. Da er koscher ist, gibt es kein Schweinefleisch. Nach einer Runde Tacos unbedingt eine Portion Churros bestellen.
220 B3 Queen Shlomziyon St. 11
+972 2-663-9992 www.tacosluis-il.com
So–Do 12–22, Fr 11–16 Uhr

The Eucalyptus €€€
Chefkoch Moshe Basson interpretiert biblische Küche neu, d. h. er erforscht alte Gewürze und Rezepte, die fast in Vergessenheit geraten sind, und bringt sie exquisit auf den Tisch. Auf der Karte finden sich etwa roter Linseneintopf, Artischockensuppe oder King-Salomon-Couscous.
220 B2 Hativat 14
+972 2-624-4331
www.the-eucalyptus.com
So–Do 17–23, Sa 20.15–23 Uhr

Village Green €
Unprätentiöses Lokal, das sich auf gesunde, vegetarische Speisen konzentriert. Große Auswahl, leckeres Essen. Darunter Pasta, Suppen, Burger …
220 A3 Yoel Moshe Salomon St. 5
+972 2-645-7676
https://villagegreen.co.il
So–Do 9–23, Fr 9–15.30 Uhr

CAFÉS

Bezalel
Kleines Café auf der gleichnamigen Straße, das auch Außenplätze bietet. Hier gibt es guten Kaffee und eine hervorragende Auswahl an Kuchen und Snacks, wie Sandwiches, in entspannter Atmosphäre.
219 E4 Betsalel St. 8
+972 2-625-9164
So–Do 7–21, Fr 7–17 Uhr

Caffit – Deutsche Kolonie
1987 öffnete dieses Lokal als Nachbarschaftscafé in der Deutschen Kolonie. Inzwischen existieren mehrere Filialen in der Stadt. Zum Frühstück gibt's Bagel, Sandwiches, Schakschuka oder Komplettpakete wie »Arbeiterfrühstück für zwei«. Mittags und abends stärken Focaccina, Pizza, Pasta und weitere schmackhafte Hauptgerichte.
219 südl. E1 Emek Refaim St. 36
+972 2-563-5284
https://caffit.co.il
So–Do 7.30 Uhr bis spät, Fr 7.30–14 Uhr

Coffee Mill
Kaffeeliebhaber fühlen sich hier besonders wohl. Die Kaffeemühle bietet eine große Auswahl an vor allem traditionellen Kaffeesorten. Aber auch Teetrinker werden nicht enttäuscht. Zum Heißgetränk schmecken Gebäck, Sandwiches und Salate.
220 südl. B1 Emek Refaim St. 23
+972 2-566-1665
https://he-il.facebook.com/coffeemill99
So 7.30–22, Fr 7.30–14, Sa 18.30–23 Uhr

Kadosh

Das Lokal ist auf altmodische Weise gemütlich – ein Café im europäischen Stil. Itzik Kadosh hat die Geschäfte inzwischen von seinem Vater Meir, dem Gründer, übernommen. Die Kadosh-Patisserie ist im ganzen Land bekannt.

220 A3 Queen Shlomziyon St. 6
+972 2-625-4210
So–Do 7.30–24, Fr 7.30–14, Sa 19–24 Uhr

Mousseline

Der Eisladen an der Ecke des Mahane Yehuda Markts verwendet ausschließlich natürliche und hochwertige Zutaten. Es entstehen nicht nur Eis-Klassiker, sondern so ausgefallene Sorten wie Schwarzer Sesam, Wasabi oder Safran.

219 D5 HaArmonim 2 (Mahane Yehuda)
1-700-502-722
www.mousseline-jerusalem.com So–Mi 11–23, Do 9–23, Fr 7.30–15.30, Sa 18–23 Uhr

Nadi

Das zentral gelegene Lokal ist der Tipp fürs Frühstück. Zwölf verschiedene Sandwiches stehen zur Auswahl, darunter vegetarische/vegane. Das Frühstück wird bis 13 Uhr serviert und trägt so schöne Namen wie »Schatz«.

220 A3 Hillel St. 39
+972 2-625-1737 www.naadicafe.com
So–Do 7–23, Fr 7–15 Uhr

Nocturno

Das entspannte Café verwandelt sich abends in eine Bar, die Livemusik und anderen Kulturevents eine Bühne bietet. Im Angebot sind Frühstücksvariationen bis 13.30 Uhr, außerdem Sandwiches, Salate, Pasta und köstliche Desserts.

219 E4 Betsalel St. 7
+972 77-700-8510 https://nocturno.co.il
So–Do 7–24, Fr 7–14.30 Uhr

Uzi-Eli – The Etrogman

Uzi-Eli verkauft Smoothies nicht erst, seit diese weltweit als Trendprodukt die Haushalte und Kühlregale füllen. Seit vielen Jahren steht der selbsternannte Etrog Man im Mahane Yehuda Markt und drückt Früchte aus, vor allem die vitaminreiche Etrog (Zitronatzitrone), eine Zitrusfrucht, die Uzi-Eli auch in Hautpflegeprodukten verarbeitet.

219 D5 HaEgoz St./Mahane Yehuda
+972 2-500-3075
www.etrogman.com
So–Do 8–20, Fr 8–15 Uhr

Wohin zum … Einkaufen?

Wer die Altstadt durch das Jaffator verlässt, steht schon mittendrin in einer Shoppingmeile: Die Mamilla Mall ist eine etwa 300 m lange Straße mit exklusiven westlichen Geschäften. Auch ein Besuch zum Windowshopping lohnt, denn die Atmosphäre ist vor allem abends zauberhaft. Achten Sie auf

300 m exklusive Läden: Mamilla Mall

die Fassaden: Manche Häuser tragen Buchstaben-Ziffern-Kombinationen. Das einst heruntergekommene Viertel Mamilla stand kurz vor dem Abriss. Aufgrund von starkem Widerstand beschloss die Stadt, die Steine der Gebäude durchzunummerieren, diese komplett abzutragen und als Fußgängermeile im gleichen Stil neu aufzubauen.

Ein breites Angebot bieten die Fußgängerzone Ben Yehuda und die angrenzenden Straßen (wie die Jaffa Street). Ebenfalls

Wenn die Läden schließen, verwandelt sich der Mahane Yehuda Markt in eine Ausgehmeile.

Fußgängern vorbehalten ist die charmante Yoel Salomon Street, über der bunte Regenschirme schweben und die von individuellen Kunst-, Schmuck- und Klamottenläden gesäumt wird.

Freitags ab 10 Uhr findet in der Bezalet Street die Nachalat Binyamin Art Fair, ein Künstlermarkt, statt.

Buchladen am American Colony Hotel

Wer auf der Suche nach analoger Reiselektüre ist, ist in diesem Buchladen genau richtig: große Auswahl an Belletristik und Sachbüchern, vor allem auf Englisch.

220 nördl. C5 Louis Vincent St. 1
+972 2-627-9731
www.americancolony.com
tägl. 10–20 Uhr

Avi Ben Weinhandlung

Avi Ben und sein Team sind echte Weinkenner. Sogar das Israel Museum vertraut darauf und lässt sie ihr jährlich stattfindendes Weinfest ausrichten. Neben heimischen und internationalen Weinen gibt es Accessoires, die einen gepflegten Weinabend veredeln.

219 F4 Yosef Rivlin St. 22
+972 2-625-9703
www.avibenwine.com
So–Do 9–21, Fr 8–15.30 Uhr

Kippa Man

Der Miniladen führt ein riesengroßes Angebot an Kippot. Form und Farbe dieser runden jüdischen Kopfbedeckung für Männer gibt Auskunft über die religiöse und politische Einstellung des Trägers. Neben seriösen Designs finden sich auch »Happy Kippot« mit Smiley o. Ä.

219 F4 Ben Yehuda St. 8
+972 53-424-6969
So, Di–Do 9.30–21, Mo 10.30–20 Uhr

Ophir

Dieses Juweliergeschäft ist nach dem Land benannt, aus dem König Salomon Gold, Perlen und Edelsteine einführte. Die alten Holzvitrinen von Abraham und seinem Sohn Sefie Lor sind voller wunderschöner, auch antiker Ketten, Ringe, Ohrringe – jedes Teil ist ein Unikat.

219 F4
Jaffa St. 38
+972 2-624-9078
www.ophir-jewelry.com
So–Do 9–19, Fr 9–13 Uhr

Wohin zum ... Ausgehen?

Das Jerusalemer Nachtleben ist vielfältig: Es gibt Kneipen, Bars, Livemusik, Shows und Konzerte. Selbst am Sabbat hat einiges geöffnet. Einen Überblick über das aktuelle Geschehen bieten das Web, etwa www.itravel jerusalem.com oder www.gojerusalem.com.

BARS

Gatsby Cocktail Bar

Benennt sich eine Bar nach der Hauptfigur eines literarischen Meisterwerks, das sich mit den Ausschweifungen der Roaring Twenties beschäftigt, dann erwartet der Gast dekadentes Interieur und exquisite Cocktails. Er wird nicht enttäuscht. Die Bartender geben sich nicht mit den allseits bekannten Rezepten zufrieden. Jedes Getränk erhält eine eigene Note. Und so entstehen Cocktails wie Dante's Inferno oder Elon Musk's Flame Thrower. Reservieren.

219 F4 Hillel St. 18
+972 54-814-7143
https://gatsby.co.il
tägl. ab 18 Uhr

Mirror Bar im Mamilla Hotel

Die »Spiegelbar« des noblen Mamilla Hotel (s. auch S. 110) ist eine der schicksten der Stadt. In dieser eleganten Umgebung treffen sich Geschäftsleute, Touristen und Einheimische auf einen gepflegten Drink. Zigarrenliebhabern steht eine Lounge zur Verfügung.

220 B2 Mamilla Rd. 11
+972 2-548-2230
www.mamillahotel.com
So–Do ab 20, Sa ab 21.30 Uhr

The Wine Bar im Hotel King David

Das King David Hotel ist das berühmteste Hotel des Landes. Das Luxushotel hat seit seiner Gründung 1931 viele berühmte Persönlichkeiten beherbergt und weist eine bewegte Geschichte auf. Wer ihr nachspüren möchte, begibt sich in die Weinbar des Hotels, die über 60 israelische Weinsorten anbietet.

220 A2 King David St. 23
+972 2-620-8888
www.danhotels.com tägl. 7–23 Uhr

Yudale Bar

Die Tapas-Bar betreibt der Besitzer des Machneyuda (S. 163). Neben netten kleinen Speisen gibt es leckere Cocktails und eine gute Stimmung.

219 D5 Beit Ya'akov St. 11
+972 2-533-3442
So–Do 17–24, Fr 11.30–13.30 Uhr

KULTUR/KINO

Cinematheque

Die Kinemathek zeigt jährlich Hunderte Filme, veranstaltet Filmfestivals sowie Filmkurse. Ein Kinobesuch ist am Freitagabend empfehlenswert (englischsprachige Filme laufen täglich).

220 südl. B1 Hebron Rd. 11
Jarrestr. 20 +972 2-565-4333
www.jer-cin.org.il/en

First Station

Seit der Renovierung des 1998 geschlossenen ersten Bahnhofs der Stadt hat sich dieser zu einem lebendigen Kunst- und Kulturzentrum einwickelt: Mode, Musik, Essen ...

220 südl. A1 David Remez St. 4
+972 2-653-5239 www.firststation.co.il

Gatsby: neu interpretierte Speakeasy-Kultur

In Gedenken an gefallene Soldaten und Opfer von Terrorismus entstand auf dem Herzlberg eine mit 23 000 Stahlziegeln ausgestattete Halle; diese Ziegel tragen jeweils den Namen und das Todesdatum eines Getöteten.

Jerusalem: Regierungsviertel bis Ein Kerem

Unterwegs zwischen Politik, Geschichte und dörflicher Idylle vor den Stadttoren

Seiten 168–189

Erste Orientierung

Jerusalem hat auch fernab der Altstadt und des Zentrums vieles zu bieten: historische Gedenkstätten, kulturelle und politische Epizentren und dazu hübsche Dörfer.

Wer das Stadtzentrum Jerusalems Richtung Westen verlässt, passiert zunächst das israelische Parlamentsgebäude, die Knesset, bevor der Herzlberg erreicht ist. Dieser ehrt den zionistischen Vordenker Theodor Herzl nicht nur namentlich. Ein Museum widmet sich seinem Schaffen. Der Berg ist zugleich letzte Ruhestätte für die Lenker des israelischen Staates und Standort der zentralen Holocaust-Gedenkstätte Yad Vashem.

Deutlich gelöster ist die Stimmung in Ein Kerem. Wer das grüne Dörfchen sichtet, ahnt schon von Weitem, dass hier ein Garten Eden wartet. In der biblischen Ortschaft,

TOP 10

❾ ★★ Yad Vashem

Nicht verpassen!

63 Israel Museum

Nach Lust und Laune!

64 Kreuzkloster

65 Knesset

66 Bible Lands Museum

67 Herzl-Museum

68 Ein Kerem

69 Abu Ghosh

in der Johannes der Täufer geboren worden sein soll, haben sich in den Steinhäusern auf Felsplateaus Künstler und Musiker niedergelassen. Entsprechend geht es hier trotz zahlreicher historischer Klöster und Kirchen von religiöser Bedeutung lässig zu. Auch das arabische Abu Ghosh lockt etwa zehn Kilometer westlich von Jerusalem mit Kultur und vielen bekannten Restaurants Besucher an.

In Abu Ghosh und Ein Kerem sind einige Lokale und Galerien auch am Samstag geöffnet. Darum trifft man am Wochenende auch viele Israelis von auswärts, die sich hier vergnügen.

Mein Ferientag in Ein Kerem

Ein erholsamer Spaziergang zum und durch das gut 8000 Jahre alte, zauberhafte Dörfchen im Westen Jerusalems.

8.30 Uhr: Frühstück
Der Tag beginnt mit einem Frühstück im Denya Café, das entlang der einzigen Tramlinie (Haltestelle Denya Square) der Stadt liegt. Nach der Stärkung geht's weiter mit der Tram zum Herzlberg, der Endhaltestelle.

10 Uhr: Morgenspaziergang
Etwa 200 m von der Haltestelle entfernt biegt die Ha-Zikon St. links ab. Folgt man dieser etwa 170 m, zweigt links ein schmaler, blau markierter Wanderweg durch die bewaldeten Hügel Jerusalems ab. Vorbei an Oliven- und Feigenbäumen führt die Ha-Tzukim Lane (2 km) direkt nach 68 Ein Kerem (S. 183), ein charmantes Bergdorf.

11 Uhr: Geburtsort des Täufers
Christen besuchen Ein Kerem vor allem zu Ehren von Johannes dem Täufer, der hier geboren worden sein soll. Die gleichnamige Kirche an einem Hang ist deshalb heute eine Pilgerstätte.

12 Uhr: Dekorative Fliesen
Die Künstlerin Ruth Havilio fertigt dekorative Fliesen, die jedem Raum das gewisse Extra verleihen. In ihrem charmanten Hinterhofatelier bemalt sie diese per Hand.

12.30 Uhr: Libanesisches Lunch
Im Zentrum bewirtet Fairus die Gäste mit köstlichen libanesischen Speisen in netter Atmosphäre.

12 Uhr: Dekorative Fliesen

14.30 Uhr: In stille Gärten

Auf dem morgendlichen Spaziergang durch die stimmungsvolle Landschaft begegnet einem vielleicht Yashar Barashi aus Ein Kerem mit seiner Ziegenherde.

14 Uhr: Künstlertreff

Yitzhak Greenfield lebt seit über 50 Jahren in Ein Kerem. Von den Künstlern, die hier eine Heimat gefunden haben, ist er wohl der bekannteste.

14.30 Uhr: In stille Gärten

Greenfields Atelier liegt auf dem Weg zum Kloster Notre Dame de Sion, von dem sich wunderbare Ausblicke auf die Hügellandschaft bieten. Die weitläufigen Klostergärten sind erholsam.

15.30 Uhr: Süße Pause

Wer guten Kaffee und vor allem echte Schokolade schätzt, darf das Sweet n' Karem (S. 188) nicht verpassen. Das kleine Lokal hat einen urigen Hof, wo die Spezialitäten der Chocolatière Ann noch besser munden. Gönnen Sie sich einen Koffeinbooster. Wie wäre es mit Eiskaffee plus Espresso-Praline? Oder doch lieber das hausgemachte Eis?

16.30 Uhr: Weinbergsquelle

In Ein Kerem blüht es zu jeder Jahreszeit üppig. Um die Einfachheit und Schönheit des Dorfes und seiner Umgebung zu erleben, ist es Zeit für einen kleinen Spaziergang: Vorbei an der Marienquelle, dessen Quellwasser bei Pilgern hoch im Kurs steht, geht es zur Besuchs-

Der Künstler Yitzhak Greenfield wurde in New York geboren, lebt aber schon viele Jahre in Ein Kerem (unten). Das Sweet n' Karem (rechts) ist ein beliebter Treffpunkt für einen Nachmittagsplausch.

kirche und zum Gorny-Kloster (S. 184), die beide nach einer Siesta erst nachmittags wieder öffnen. Wer möchte, verweilt hier oder wandert ein wenig über die Hügel, auf denen im Februar Mandelbäume blühen.

18.30 Uhr: Pasta im Hof

Der Tag klingt im gemütlichen Innenhof des Restaurants Pundak (S. 187) aus, das eine große Auswahl an europäischen und israelischen Speisen bietet.

20 Uhr: Heimfahrt

Erholt und voller neuer Eindrücke geht es mit dem Taxi zurück nach Jerusalem.

i

216 westl. A1

Denya Café
✉ Shderot Herzl 102
☎ +972 2-648-5553
🌐 http://denyacafe.co.il
◑ So–Do 8–23, Fr 8–14.30, Sa 18.30–23 Uhr

Ruth Havilio
✉ Ein Kerem St. 18, Ein Kerem
☎ +972 52-352-6995
◑ tägl. geöffnet, es gibt keine festen Zeiten; Ruth öffnet bei Bedarf (anrufen)

Fairus
✉ Mevo Ha-Sha'ar 1, Ein Kerem
☎ +972 52-485-0583 ◑ tägl. 11–23.30 Uhr

Greenfield Studio
✉ Haoren St. 5, Ein Kerem
☎ +972 2-641-6097
🌐 www.greenfieldstudio.com
◑ So–Fr tagsüber geöffnet

9 ★★ Yad Vashem

Warum?	Zentrale Gedenk- und Forschungsstätte zum Holocaust
Wann?	Täglich, außer an jüdischen Feiertagen
Wie lange?	Drei Stunden
Was noch?	Im Shop findet sich eine große Auswahl vertiefender Literatur
Resümee	»Nie wieder« darf nicht zu einer Floskel verkommen

Die polnische Regierung hat diesen Viehwaggon der Deutschen Reichsbahn Yad Vashem vermacht; er erinnert an die Deportierten.

Yad Vashem (»Denkmal und Name«) ist weltweit die bedeutendste Gedenkstätte für die sechs Millionen jüdischen Opfer der Nationalsozialisten.

Mit dem Ziel, alle in Europa lebenden Juden zu ermorden, verfolgten die Nazis Kinder, Männer und Frauen und internierten sie in Vernichtungs- und Konzentrationslagern. Die Weltgemeinschaft blieb im Großen und Ganzen gleichgültig. Und so zerstörten die Deutschen und ihre Helfer während des Zweiten Weltkriegs die Zentren des jüdischen Lebens in Europa.

In Yad Vashem bekommt die Geschichte des Holocaust Namen und Gesichter. Gedacht wird der Opfer und der Helden – der Widerstandskämpfer, der Partisanen sowie der Nichtjuden, die unter Einsatz ihres Lebens zu helfen vermochten (»Gerechte unter den Völkern«).

Achse der Erinnerung

Zu den Hauptaufgaben von Yad Vashem gehören Forschung, Bildung und Erziehung. Und so setzt sich das 18 ha große weitläufige Areal aus mehreren Gebäuden und Gedenkstätten zusammen (Abb. S. 178). Ohne Zweifel ist das Museum zur Geschichte des Holocaust das Herzstück der Gedenkstätte. Der 2006 eingeweihte moderne Bau von Moshe Safdie ist außergewöhnlich: Prismenförmig durchdringt er einen Berg unterirdisch und endet im Freien auf einer Aussichtsplattform. Von einem 180 m langen, schmalen Gang gehen zehn

Galerien ab, in denen die Geschichte der Schoah chronologisch erzählt wird – vom Anfang bis zum Ende. Der Gang symbolisiert die Achse des historischen Gedächtnisses, den Besucher immer wieder kreuzen müssen, um von einer Galerie zur nächsten zu gelangen. Dokumente, Briefe, Tagebücher, Fotos, Filme, persönliche Gegenstände sind ausgestellt, und an fast hundert Bildschirmen legen Überlebende Zeugnis dieser schrecklichen Jahre ab.

Die Halle der Namen versammelt Kurzbiografien von Holocaust-Opfern als symbolische Grabsteine; das Innere des zehn Meter hohen Kegels ist mit Fotografien bedeckt.

Wider die Gleichgültigkeit

Bundespräsident Frank-Walter Steinmeier durfte 2020 anlässlich des 75. Jahrestags der Befreiung von Auschwitz eine Rede in Yad Vashem halten, als erstes Staatsoberhaupt des Tätervolks. Er warnte vor dem Vergessen und vor den bösen Geistern in neuem Gewand.

KLEINE PAUSE

Eine Etage unter dem Ticketbereich befindet sich eine **Cafeteria,** die warme Speisen und Snacks im Angebot hat.

---

216 A2/3
Tram (Light Rail Train) oder zahlreiche Busse bis Mount Herzl, kostenloser Shuttleservice zw. Station und Museum
Har Hazikaron

+972 2-644-3400
www.yadvashem.org
So–Mi 8.30–18, Do 8.30–20, Fr 8.30–14 Uhr
frei; ab 14 J. geeignet/empfohlen

Yad Vashem

»Ich will ihnen in meinem Hause … ein Denkmal (Yad) und einen Namen (Shem) geben …«
Jesaja 56,5

❶ Besucherzentrum

❷ Allee der Gerechten unter den Völkern: Jeder Baum steht für einen Nichtjuden, der unter Einsatz seines Lebens versucht hat, Juden zu retten.

❸ Kindergedenkstätte: Gedenkt der 1,5 Mio. ermordeten jüdischen Kinder. Ihre Namen werden fortlaufend verlesen.

❹ Säule des Heldentums: Ehrendenkmal für den jüdischen Widerstand

❺ Janusz-Korczak-Gedenkplatz: Gedenkstätte für den Arzt und Erzieher, der die Kinder des Waisenhauses des Warschauer Ghettos ins Vernichtungslager Treblinka begleitete, obwohl er sich hätte retten können.

❻ Museum zur Geschichte des Holocaust: Das Herzstück liegt unterirdisch mit zehn Galerien.

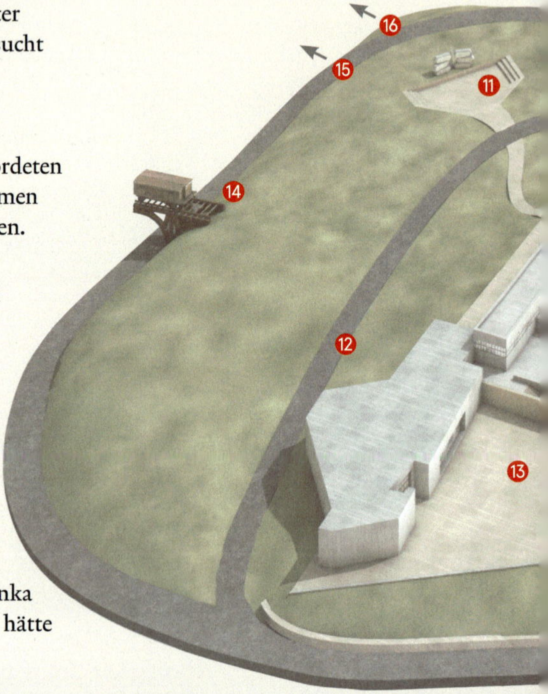

7 Halle der Namen: Die Kuppel ist ausgekleidet mit Gedenkblättern der Holocaustopfer.

8 Aussichtspunkt: Blick auf Jerusalem als Zeichen der Hoffnung

9 Holocaust-Kunstmuseum: Ausstellung von Kunstwerken, die an Orten der Verfolgung entstanden.

10 Synagoge: Einige Ausstattungsgegenstände stammen aus zerstörten europäischen Synagogen.

11 Denkmal für die jüdischen Soldaten und Widerstandskämpfer

12 Schwedische Ambulanz: Ein Bus des schwedischen Roten Kreuzes, mit dem KZ-Insassen im März/April 1945 aus Deutschland gerettet wurden.

13 Platz des Warschauer Ghettos: Gedenkmauer

14 Denkmal zur Erinnerung an die Deportierten: Original-Viehwaggon der Deutschen Reichsbahn

15 Tal der Gemeinden: 5000 jüdische Gemeinden in Stein graviert

16 Aussichtspunkt der Partisanen

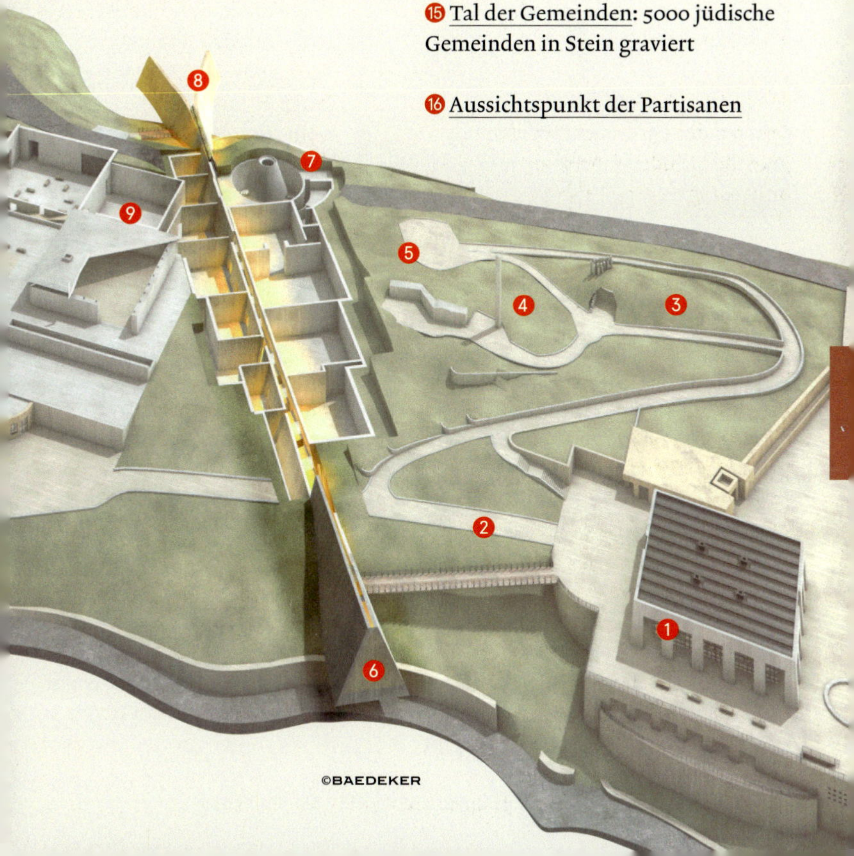

63 Israel Museum

Warum?	Nationalmuseum Israels
Wann?	Im Rahmen einer Highlights-Führung (Infos online)
Wie lange?	Ein Vormittag oder Nachmittag
Was noch?	Im Springer Auditorium spielen regelmäßig Musiker des nahen Konservatoriums
Resümee	Eine der wertvollsten kulturellen Erfahrungen in Israel

Das größte und wichtigste Museum des Landes zählt mit seinen fast 500 000 Ausstellungsstücken auch weltweit zu den führenden in den Bereichen Kunst und Archäologie. 1965 gegründet, lockt es mittlerweile jährlich über eine Million Besucher auf das mehrere Hektar große Gelände.

Seit 1965 bewahrt der Schrein des Buches die Schriftrollen, die am Toten Meer gefunden wurden. Sie sind die weltweit ältesten biblischen Texte.

Den Grundstein für das Nationalmuseum legte Theodor »Teddy« Kollek im Jahr seines Amtsantritts als Bürgermeister der Stadt Jerusalem 1965. Die umfangreichen Sammlungen der Dauerausstellung spannen einen Bogen von der Prähistorie bis in die Moderne und sind in drei Bereiche geteilt: Archäologie, jüdische Kunst und jüdisches Leben sowie Bildende Kunst. Darüber hinaus befinden sich auf dem Außengelände ein Skulpturengarten sowie die beiden Museumshighlights: der Schrein des Buches und das Modell Jerusalems. Wechselausstellungen ergänzen das Programm.

Artefakte, Kultobjekte und aktuelle Trends

Der Archäologische Flügel ist der größte und widmet sich chronologisch den Kulturen, die von jeher auf dem Gebiet des heutigen Israel siedelten. Die ausgestellten Objekte wurden bei Ausgrabungen im Land gefunden und sind bis zu 1,5 Millionen Jahre alt.

Die Abteilung für jüdische Kulturgeschichte gibt einen tiefen Einblick in das religiöse und säkulare Leben in den jüdischen Gemeinden weltweit – ihre Gemeinsamkeiten und ihre Unterschiede, vom Mittelalter bis heute. Präsentiert werden zeremonielle Objekte, jahrhundertealte Manuskripte, meisterhaft verzierte Kleidungsstücke und Schmuck. Besonders beeindruckend sind die vier rekonstruierten Synagogen aus Italien, Indien, Süddeutschland und Surinam.

Die Kunstsammlungen zeigen Werke aller Kontinente und zahlreicher Strömungen, darunter auch Werke von Gauguin, Chagall und Modigliani. Viel Raum erhält israelische Kunst. Neben Gemälden, Fotografien, Designobjekten gibt es drei komplett im Stil des 18. Jh. eingerichtete Räume, die einen Einblick in das Leben der europäischen Elite erlauben.

Wegen der Vielzahl der Ausstellungsstücke ist es nicht schwer, einen ganzen Tag im Museum zu verbringen. Wer nicht so viel Zeit hat, schließt sich einer englischen Tour an, die die Highlights zeigt. Kostenlose Audio Guides helfen ebenfalls bei der Orientierung.

Der Schatz vom Meer

Besuchermagnet ist jedoch der Schrein des Buches, der die uralten Schriftrollen ausstellt, die am Toten Meer ab 1947 gefunden wurden. Die Form des Gebäudes nimmt Bezug auf die Gefäße, in denen die Rollen in den Höhlen von Qumran (S. 198) steckten. Das Innere dominiert ein Schaukasten in Form einer Torarolle. Um das Originalschriftstück zu schützen, enthält er eine Kopie der Jesaja- Rolle, die als älteste bekannte biblische Handschrift gilt. Ausgestellt sind auch andere Fundstücke wie der »Codex von Aleppo«, eines der kostbarsten hebräischen Bücher.

Auf dem Außengelände befindet sich auch das 1000 m² große Modell der Stadt Jerusalem zur Zeit des Zweiten Tempels (66 n. Chr.).

KLEINE PAUSE

Das **Restaurant Modern** (S. 187) bietet ebenso Stärkung wie die **Cafés Mansfield** und **Chic.** Die Cafés öffnen bereits um 8 Uhr, d. h. Sie können den Tag hier mit einem Frühstück beginnen (vor Museumsöffnung wird Zugang gewährt).

---

218 B/C2
Bus 7, 9, 14, 35, 66
Ruppin Blvd. 11
+972 2-670-8811

www.imj.org.il
So/Mo, Mi/Do 10–17, Di 16–21, Fr 10–14, Sa 10.30–16 Uhr
54/27 NIS, Di, Sa unter 18 J. frei

Nach Lust und Laune!

64 Kreuzkloster

Wie eine mittelalterliche Burg sieht es aus, das Kreuzkloster in der Nähe der Knesset. Vor allem die mächtigen Mauern verleihen ihm einen wehrhaften Charakter. Georgische Mönche gründeten das Kloster im 11. Jh., erst Jahrhunderte später kam es in den Besitz des griechisch-orthodoxen Patriarchats. Der Name der weitläufigen Anlage ist natürlich kein Zufall: Der Legende nach soll am Ort der heutigen Klosterkirche der Baum gewachsen sein, aus dem das Kreuz Christi gezimmert wurde. Die Stelle ist im Altarraum mit einem Silberring gekennzeichnet. Beachtenswert sind auch die Fresken in der Kirche, die aus dem 12. bis 17. Jh. stammen, und die Kuppel aus der Kreuzfahrerzeit.

218 C2 Emek Ha'Matsleva
+972 2-221-5144
Mo–Sa 10–16, April–Sept. bis 17 Uhr
15 NIS

65 Knesset

Hier tagt Israels Parlament, hier debattieren die 120 Abgeordneten – auch schon mal hitzig. Architektonisch ist das 1960er-Jahre-Gebäude sicher kein Highlight, doch ein geführter Besuch lohnt trotzdem. Besucher erfahren viel über die Abläufe der parlamentarischen Arbeit und das politische System Israels. Höhepunkte sind der Plenar- und der Chagall-Saal, der vor allem für Zeremonien genutzt wird. Zu sehen sind drei riesige Wandteppiche und einige Mosaike des berühmten Künstlers russisch-jüdischer Herkunft.

Die Wandteppiche von Chagall in der Knesset stellen Israels Geschichte dar.

218 C3 +972 2-675 3337
https://main.knesset.gov.il
Es wird eine große Vielfalt an Touren in verschiedenen Sprachen angeboten, aktuelle Infos online. Viele davon sind kostenlos. Anmeldung erforderlich.

66 Bible Lands Museum

Wer sich für die nahöstlichen Hochkulturen interessiert, ist in diesem Museum richtig. Bible Lands meint in diesem Fall zugleich eine geografische und eine kulturelle Dimension. Die archäologischen Funde zeigen die Bedeutung der antiken Zivilisationen für die Entwicklung von Sprache und Schrift,

Wissenschaft und Technologie, Wirtschaft und Handel, Glaube und Religion. Dabei werden immer wieder Bezüge von der Archäologie zur biblischen Geschichte hergestellt, wodurch sich eine ganz besondere Perspektive ergibt. Die ständige Ausstellung wird durch Wechselschauen ergänzt.

218 B2/3
Avraham Granot St. 25
+972 2-561-1066
www.blmj.org
So–Di und Do 9.30–17.30, Mi 9.30–21.30, Fr/Sa 10–14 Uhr
44/22 NIS

67 Herzl-Museum

Theodor Herzl (1860–1904) wurde in Budapest geboren. Das antisemitische Klima, das er als Jude in seiner Heimat und dann als Korrespondent in Paris erlebte, dort insbesondere die Dreyfus-Affäre, führten ihn zu der Überzeugung, dass ein eigenständiger jüdischer Staat, in dem Juden ohne Diskriminierung leben können, erforderlich sei. Seine Publikation »Der Judenstaat« entfaltete eine enorme internationale Wirkung. Herzl wurde daraufhin erster Präsident der Zionistischen Weltorganisation und widmete sich der Vorbereitung einer jüdischen Siedlung in Palästina. Er gilt als Vater des politischen Zionismus.

1949 wurde der 1904 verstorbene Herzl nach Israel überführt und auf dem Nationalfriedhof beigesetzt. Dieser liegt auf dem später nach ihm benannten Herzlberg. Hier befinden sich auch die Gräber mehrerer israelischer Minister- und Staatspräsidenten.

Zum 100. Todestag des Publizisten wurde am Parkeingang das Herzl-Museum gegründet. Die Besucher können sich interaktiv mit Leben und Werk des Visionärs vertraut machen und mit dem zionistischen Traum auseinandersetzen.

216 C2
Mount Herzl, Herzl Boulevard
+972 2-632-1515
www.herzl.org.il
So–Do 8.30–18, Fr 8.30–13.30 Uhr
28 NIS, Anmeldung obligatorisch; Zugang Friedhof kostenfrei

68 Ein Kerem

Besucher und Einheimische mögen die besondere Stimmung in diesem Dorf, das der Geburtsort von Johannes dem Täufer sein soll. Nur 20 Fahrminuten von Jerusalems Zentrum entfernt eröffnet sich hier eine ganz andere Welt (S. 172). Die auf Felsplateaus errichteten Steinhäuser sind umgeben von Ackerbauterrassen, von Zypressen und Mandelbäumen. Seit dem 6. Jh. pilgern Gläubige zu den religiösen Stätten am heiligen Ort.

Die bedeutendste Sehenswürdigkeit ist die Franziskanerkirche Johannes des Täufers über der Geburtshöhle. Ebenfalls katholisch ist die Kirche der Heimsuchung Marias (Besuchskirche), die den Ort markiert, an dem Maria ihre schwangere Cousine Elisabeth, die Mutter von Johannes dem Täufer, besuchte. Das Wasser der Dorfquelle, der Marienquelle, gilt als heilig. Auch das russische Kloster Gorny ist sehenswert.

Doch die Gäste kommen nicht nur aus religiösen Gründen: Ein Kerem ist ein lebendiger Ort mit guten Restaurants und Galerien, die teilweise samstags geöffnet haben. In der Künstlerkolonie arbeiten zahlreiche Maler und Bildhauer (S. 172).

Kunst und Religiosität verbinden sich auf besondere Weise etwa 4 km weiter westlich in den zwölf Fenstern von Marc Chagall, die in der hauseigenen Synagoge (So–Do 8.30–16 Uhr) des Hadassah-Krankenhauses die zwölf Stämme Israels bzw. Söhne Jakobs darstellen.

216 westl. A1

69 Abu Ghosh

Etwa 10 km westlich von Jerusalem befindet sich in dem größtenteils arabischen Dorf ein Benediktinerkloster mit der Auferstehungskirche aus Zeiten der Kreuzfahrer. Beeindruckend sind die Wandfresken, die teilweise aus dem 12. Jh. stammen.

Abu Ghosh ist wie Ein Kerem nicht von der Sabbatruhe in Jerusalem betroffen und deshalb insbesondere samstags ein beliebtes Ausflugsziel der Städter. Hoch im Kurs steht dann die kulinarische Spezialität des Dorfes: Hummus in verschiedenen Variationen. Entsprechend voll sind die Restaurants.

Zweimal im Jahr geht's hier hoch her: Bei den Voice Festivals zeigen Sänger und Chöre, was sie können (www.agfestival.co.il).

219 nördl. D5

Das Wasser der Marienquelle in Ein Kerem gilt als segensreich.

Romeo & Julia in Ein Kerem

Ein Kerem ist ein beliebtes Wochenendausflugsziel vieler israelischer Großstädter. In dem kleinen Dorf bieten nicht wenige Lokale von ihrer Terrasse einen fabelhaften Blick auf die Umgebung. Aber die Aussicht von der Dachterrasse des Alegra Hotels toppt niemand. Benannt ist die Herberge nach Alegra Bello, einem jüdischen Mädchen, das Ende der 1920er-Jahre heimlich ihren christlichen Freund Jebra Francis in Bethlehem heiratete. Die beiden ließen sich 1930 in Ein Kerem nieder und bauten dieses Haus. Mehr Romantik geht kaum.
www.hotelalegra.com

Wohin zum ...
Essen und Trinken?

Preise für ein Hauptgericht ohne Getränke:
€ unter 12 Euro
€€ 12–25 Euro
€€€ über 25 Euro

RESTAURANTS

Während das Regierungsviertel und der Herzlberg keine kulinarischen Hotspots sind, sieht es bei Ein Kerem (S. 183) und Abu Ghosh (S. 184) ganz anders aus. Beide Dörfer sind ganz auf israelische Wochenendausflügler eingestellt – die Auswahl an Restaurants ist entsprechend recht groß.

Atalya €€€
Atalya Ein Mor wusste schon mit neun Jahren, dass sie Köchin werden wollte. Nach vielen Stationen des Lernens an fremden Töpfen, hat sie ihr Geburtshaus in Ein Kerem für Gäste geöffnet. Sie kocht für private Gruppen und bietet freitags ab 11 Uhr einen umwerfenden Brunch (165 NIS pro Person) an. Die Ingredienzen besorgt sie auf den Märkten Jerusalems, in den Wäldern Ein Kerems oder in ihrem eigenen Kräutergarten. Eine Reservierung ist nötig.
216 westl. A1 ✉ Ein Kerem St. 9, Ein Kerem
☎ +972 52-475-5167 🌐 www.en.atalya.co.il
🕐 Fr ab 11 Uhr Brunch

Brasserie Ein Kerem €€–€€€
Etwa 150 m von der Marienquelle entfernt liegt die Brasserie im Herzen von Ein Kerem. Auf zwei Ebenen serviert das Lokal mediterrane Speisen wie Lammfilet in Madagaskar-Soße, Ricotta-Ravioli oder Pilz-Risotto. Unter der Woche gibt es ab 10 Uhr Frühstück, das man am besten auf der Terrasse auf der 2. Etage genießt.
216 westl. A1 ✉ Ha-Ma'ayan St. 15, Ein Kerem ☎ +972 2-566-5000
🕐 So–Do 10–23, Fr/Sa 9.30–23 Uhr

Karma €€
Das Karma bietet eine vielfältige italienische Speisekarte mit Klassikern wie Focaccia,

Die Brasserie n Ein Kerem serviert mediterrane Speisen auf zwei Ebenen.

Pizza und Pasta. Im Tabun-Ofen (Tonofen) entstehen leckere Aufläufe. Einige Gerichte zeigen einen typisch orientalischen Einfluss: etwa der Halloumi-Salat oder der Bulgur-Salat mit Granatapfelkernen. Von der Terrasse bietet sich ein schöner Blick.
216 westl. A1 ✉ Ein Kerem St. 74, Ein Kerem
☎ +972 2-643-6643
🌐 www.karma-rest.co.il
🕐 tägl. 10–24 Uhr

Lebanese Food Restaurant €–€€
Das libanesische Lokal in dem Bergdorf Abu Ghosh (S. 184) begeistert durch authentische Küche. Es ist voll, es ist laut – es ist lecker. Vorweg wird Mezze (Vorspeisenvariation) gereicht, danach geht es mit Kebab oder Hühnchen auf Reis weiter. Abu Ghosh ist in Israel inzwischen ein Synonym für Hummus bester Qualität. Sie werden nicht enttäuscht sein.
219 nördl. D5 ✉ Kvish ha-Shalom 86, Abu Ghosh ☎ +972 2-570-2397
🕐 tägl. 8–23 Uhr

Mala Bistro €€–€€€
Chefkoch Eli Mizrahi legt großen Wert auf qualitativ hochwertige Produkte, die er in typisch israelische Gerichte verwandelt. Wie

für Restaurants in Ein Kerem nicht untypisch, bietet sich von der zweiten Etage ein bezaubernder Panoramablick.
✢ 216 westl. A1 ✉ Ha-Ma'ayan St. 1, Ein Kerem
☎ +972 77-997-7004 🌐 www.malabistro.co.il
🕘 tägl. 9.30–0.30 Uhr

Modern €€
Das Modern ist das Museumsrestaurant des Israel Museums (S. 180). Entsprechend zeitgenössisch, aber traditionsbewusst präsentiert es sich optisch und kulinarisch. Die Jerusalemer Küche, die sich über Jahrzehnte durch den Einfluss der verschiedener Ethnien geformt hat, steht im Mittelpunkt.
✢ 218 B2 ✉ Derech Ruppin 11 (Israel Museum)
☎ +972 2-648-0862
🌐 www.modern.co.il 🕘 So/Mo, Mi/Do 11.30 bis 17, Di 11.30–21, Fr 11.30–14 Uhr

Muma €€–€€€
Im ehemaligen Kuhstall des Kibbuz Kiryat Anavim (bei Abu Ghosh, S. 184) serviert heute das Muma Meeresfrüchtepasta, Käse-Ravioli, Auberginen-Carpaccio ... Muma war der Spitzname der Großmutter des Betreibers. Und so fühlt man sich hier geborgen wie zu Besuch bei einer Grande Dame.
✢ 219 nördl. D5 ✉ Kiryat Anavim
☎ +972 2-645-9727 🌐 www.muma.co.il
🕘 So–Mi 18–24, Do 13–17 und 18–24, Fr/Sa 12–16 und 18–24 Uhr

Naji €–€€
Abu Ghosh (S. 184) hat nur etwa 7000 Einwohner, wenn aber zum Sabbat in Jerusalem die meisten Restaurants schließen, ziehen nicht religiöse Juden scharenweise in dieses arabische Dorf und bevölkern die heimischen Lokale, die alle u. a. mit gutem Hummus und Lamm-Kebabs werben – wie das Naji im Zentrum.
✢ 219 nördl. D5 ✉ Mahmoud Rashid 4, Abu Ghosh ☎ +972 53-943-8242
🕘 tägl. 8–21 Uhr

Pundak €€–€€€
Im Grunde ähneln sich viele Restaurants in Ein Kerem auf positive Weise. Letztlich entscheidet die Speisenauswahl oder der Ausblick von der Terrasse. Auch das Pundak bietet gute Mittelmeerküche, aber in etwas größerer Bandbreite. Neben Pizza, Pasta, Focaccia, Fisch und Fleisch findet sich sogar eine traditionelle ungarische Gulaschsuppe auf der Karte.
✢ 216 westl. A1 ✉ Ha-Ma'ayan St 9, Ein Kerem
☎ +972 2-643-1840
🌐 https://pundakeinkerem.rest.co.il
🕘 tägl. 9.30–24 Uhr

Atalya Ein Mor empfängt ihre Gäste in ihrem Privathaus in Ein Kerem.

Belinda
Für Besucher der Knesset oder des Bible Lands Museum ist dieses Café eine gute Wahl. Es ist unprätentiös und bietet Stärkung in Form von Sandwiches, Suppen, Salaten etc. Der Besitzer ist Amerikaner, deshalb hört man hier häufig Englisch.
218 D3 Canyonit Wolfson, Diskin St. 9a
+972 2-563-3995
www.facebook.com/BelindaCoffeeandKitchen So–Do 8–17, Fr 8–14 Uhr

Efrat Bakery
Die Bäckerei befindet sich in Kiryat Anavim, einem Kibbuz, das in unmittelbarer Nähe zum Dorf Abu Ghosh (S. 184) in den Jerusalemer Bergen liegt. Dass es hier frisches Brot gibt, versteht sich von selbst: Vollkornbrot, Brioche, Olivenbrot … Efrat Sharf serviert auch vorzügliches Frühstück und ebensolche Sandwiches, etwa mit Schafskäse oder Thunfisch. Hausgemachte Marmelade und frische Milch aus der Kibbuz-Molkerei ergänzen das Angebot.
219 nördl. D5 164, Kiryat Anavim
+972 2-673-5539
tägl. ab 7.30 Uhr

Sweet 'n Karem
Die Schokoladenmanufaktur im Herzen Ein Kerems verwöhnt die Sinne: die Vielfalt der Schoko-Farben, -Aromen und Texturen lässt Aficionados dahinschmelzen. Entweder halten Sie für eine Praline oder ein Eis auf die Hand oder machen es sich im gemütlichen Hof bequem und genießen kleine Speisen und ein passendes Getränk.
216 westl. A1
Mevo Ha-Sha'ar 3, Ein Kerem
+972 77-200-6660 So–Fr 8–22 Uhr

Wohin zum … Einkaufen?

Be'hefetz Kapeha
Hier wird traditionelles Kunsthanderk hergestellt, u. a. Körbe, Babybetten, Kleider und Schals. Im Innenhof ist eine alte Mikwe erhalten.
216 westl. A1 Ein Kerem St. 21, Ein Kerem
+972 2-652-5802
http://melachot.co.il So–Mi 10–14, Do 10–16, Fr 9.30–13.30 Uhr

Kunsthandwerk nach alter Tradition entsteht bei Be'hefetz Kapeha.

In Ein Kerem haben sich viele Künstler niedergelassen; ein spontanes Konzert ist nicht ungewöhnlich.

Cinema City

Etwas nördlich vom Regierungsviertel liegt dieser große moderne Kinokomplex, in dem auch englische Filme laufen. Er beherbergt einige Läden und Lokale. Zu empfehlen ist das Café Landwer, von dem man wunderbar auf die Stadt blickt.

218 B5 Sderot Yitshak Rabin 10
+972 74-752-6700
www.cinema-city.co.il tägl. außer Sa

Malha Mall

Dieses Einkaufszentrum ist das größte der Stadt. Es beherbergt über 250 Shops auf drei Etagen und wird seit seiner Eröffnung 1993 rege besucht.

217 südl. F1 Derech Agudat Sport Beitar 1
+972 2-679-1333
www.azrielimalls.co.il So–Do 9.30–22, Fr 9–15.30, Sa 19.30–23.15 Uhr

Sultan Sweets

Wer nach all den hochgelobten Hummusgerichten in Abu Ghosh noch Platz für einen Nachtisch hat, findet hier honigsüße, klebrige Baklava oder Halva.

219 D5 Kvish Ha-Shalom 29, Abu Ghosh
+972 2-579-7044 Mo–Sa ab 9 Uhr

Wohin zum … Ausgehen?

Eden Tamir Music Center

Die Pianisten Bracha Eden und Alexander Tamir traten über 50 Jahre als Duo auf und gründeten Ende der 1960er-Jahre dieses Musikzentrum in Ein Kerem, nicht zuletzt zur Nachwuchsförderung. Beide Künstler sind inzwischen verstorben, ihr musikalisches Erbe lebt jedoch fort. Es finden regelmäßig Kammermusikkonzerte und Musikwettbewerbe statt.

216 westl. A1 Hamaayan 29, Ein Kerem
+972 2-641-4250
http://edentamirmusiccenter.org
Fr/Sa, Programm s. Website

Krachma Bar

Dieses Lokal ist ein echter Geheimtipp. Es erwacht erst abends zum Leben. Tagsüber ist es das Studio eines lokalen Künstlers und deshalb dann quasi unsichtbar. In dieser Art Salon gibt es häufig Livemusik und es herrscht eine super Stimmung.

216 westl. A1 Hamaayan St. 13, Ein Kerem
abends

Priester betreten die Geburtsgrotte in der Geburtskirche in Bethlehem.

Ausflüge & Touren

Von der Römerresidenz zum Geburtsort Christi und über eine umkämpfte Bergfestung zum tiefsten Punkt der Erde.

Seiten 190–201

Caesarea

Was?	Tour mit Mietwagen
Wann?	Ganzjährig
Länge?	Ab Tel Aviv 56 km, 50 Min.; ab Jerusalem 125 km, 1,5 Std. (hin)
Dauer	Ganztagestour
Start	Tel Aviv oder Jerusalem
Ziel	Nationalpark Caesarea

Unter Herodes entwickelte sich aus einem kleinen phönizischen Hafen eine florierende Stadt am Mittelmeer. Nördlich bzw. nordwestlich von Tel Aviv und Jerusalem sind ihre Spuren heute in einem bedeutenden archäologischen Park zu bestaunen.

Die erste Siedlung entstand hier unter den Phöniziern im 4. Jh. v. Chr., als diese einen Hafen mit Schutzburg anlegten und ihm den Namen Straton gaben. In römischer Zeit begann Herodes um 30 v. Chr. mit dem Bau einer modernen Hafenstadt, die er zu Ehren des ersten römischen Kaisers Augustus Caesarea taufte. Es entwickelte sich eine prosperierende Stadt mit Wasserleitungen, Straßen, Tempeln und Theatern. Caesarea stieg mit etwa 50 000 Einwohnern zur Provinzhauptstadt Judäas auf und galt als wichtiger Verkehrsknotenpunkt.

Ruinenstadt unter Sanddünen

Unter muslimischer Regentschaft (ab 640 n. Chr.), die immerhin 500 Jahre dauerte, und unter den Kreuzrittern (ab 1101) verlor die Stadt ihre Bedeutung. Die Mamluken zerstörten 1291 alle strategisch wichtigen Hafenstädte – und so verschwand Caesarea als Ruinenstadt unter Sanddünen. Im späten 19. Jh. siedelten hier Bosnier, die während des Palästinakriegs 1948 flohen. Ganz in der Nähe gründete sich 1940 der Kibbuz Sdot Jam. Bei Planungsarbeiten sollen die Bewohner auf die Überreste Caesareas gestoßen sein.

Die Ruinen bilden heute zusammen den gleichnamigen Nationalpark. Etwas weiter nördlich liegt die Stadt Caesarea

Maritima, eine moderne Siedlung. Es gibt drei Zugänge zu dem archäologischen Gelände. Abhängig davon, welchen man nutzt, gestaltet sich der Rundgang über das weitläufige Gelände. Highlights sind das einst 4000 Besucher fassende Amphitheater und der am Ufer liegende Palast des Herodes. Auf dem Weg zur Kreuzfahrerstadt passiert man das Hippodrom. Davor nimmt der Film »The Caesarea Experience« die Besucher mit auf eine Mini-Zeitreise. Am Hafen – zu sehen sind Reste aus der Zeit der Kreuzfahrer – haben sich Galerien und Lokale angesiedelt.

Nicht verpassen: das römische Aquädukt, etwa 850 m nördlich der Anlage. Direkt dahinter liegt ein beliebter Badestrand (ohne Versorgung).

Hinter dem Aquädukt von Caesarea kommt der Badestrand.

Der Hafen ist über den Nationalpark zugänglich. Erst nach Schließung des Parks wird die Zufahrt zum Hafen freigegeben, dann ist der Zutritt kostenlos.

KLEINE PAUSE

Am idyllischen, geschützten **Hafen von Caesarea** gibt es ein paar nette Lokale, die passenderweise vor allem Fischgerichte servieren, etwa das **Hellena** (www.hellena.co.il).

Anreise

Mit dem Mietwagen ca. ein- bis anderthalbstündige Fahrt über die Autobahn von Tel Aviv bzw. Jerusalem aus. Die Angebote der Autovermietungen sollten im Vorfeld online verglichen werden. Wer kein Auto mieten möchte, schließt sich einer organisierten Tour an, etwa von Abraham Tours (https://abrahamtours.com, Abfahrt: Mo, Do, Sa ab Tel Aviv)

Caesarea-Nationalpark

227 nördl. E5
südl. Caesarea Maritima
+972 4-626-7080
www.parks.org.il
Mai–Aug. So–Do und Sa 8–18, Fr 8–16, Sept./Okt. So–Do, Sa 8–17, Fr 8–16, Nov.–April So–Do, Sa 8–16, Fr 8–15 Uhr
39/24 NIS

Bethlehem

Was?	Spaziergang durch die Altstadt
Wann?	Ganzjährig
Dauer	Ganztagestour
Start/Ziel	Busbahnhof oder Damaskustor in Ostjerusalem

Mit dem Mietauto nach Bethlehem zu fahren empfiehlt sich nicht. Es ist umständlich, und Versicherungen gelten selten für palästinensische Autonomiegebiete.

Die palästinensische Stadt, die im Norden an Jerusalem grenzt, ist für Christen, Juden und Muslime von Bedeutung. Die Pilgerstätte ist aber auch ein Ort, an dem der Nahostkonflikt regelmäßig hochkocht.

Wer an Bethlehem denkt, – das Arabisch Bayt Lahm (Haus des Fleisches) und auf Hebräisch Bet Lehem (Haus des Brotes) heißt – hat nicht unbedingt eine etwa 30 000 Einwohner große Stadt vor Augen. Hier geht es geschäftig zu, und das nicht nur, weil täglich Hunderte Touristen auf den Spuren Jesu durch die Straßen spazieren.

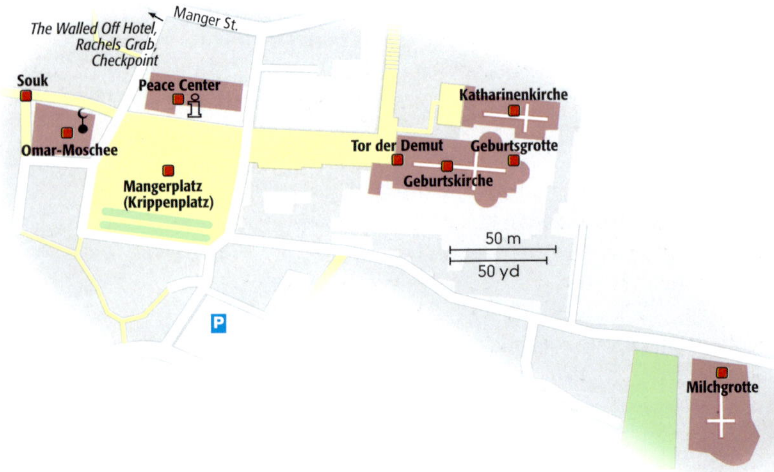

Für Christen ist Bethlehem ein Wallfahrtsort, weil er als Geburtsort Jesu Christi gilt, Juden verehren ihn, weil hier Rachel (eine der Erzmütter Israels) starb und David hier zum König gesalbt wurde. Moslems verweisen darauf, dass der Prophet Mohammed hier auf seiner Reise nach Jerusalem gebetet haben soll.

1947 waren etwa 80 Prozent der Einwohner Christen, 1997 noch 60 Prozent, heute wohl weniger als 15 Prozent, Tendenz fallend. Die Wiege des Christentums ist eine mehrheitlich muslimische Stadt. Aus Furcht vor muslimischen Extremisten und Armut sowie Ausgrenzung verlassen Christen die Stadt.

Der Künstler Banksy hat an der Sperrmauer ein Hotel eröffnet; als Provokation gedacht, hat sie sich zu einer Sehenswürdigkeit entwickelt.

Streetart als Provokation

Ausgrenzung ist für alle nicht nur spürbar, sondern auch sichtbar: Eine fast einen Kilometer lange, acht Meter hohe Mauer soll Israel vor Terrorakten schützen. Die israelische Regierung ließ sie nach dem Ausbruch der Zweiten Intifada (Palästinenseraufstand im Jahr 2000) errichten. Die Mauer schützt nicht nur, sie erschwert Besuchern und Bewohnern auch das Leben – durch Umwege und Kontrollen, die sie in Kauf nehmen müssen. Israelis selbst ist das Betreten des Autonomiegebiets nicht gestattet. Inzwischen gibt es aber ein paar Ausnahmen.

Prominenter Kritiker der Mauer ist der berühmte britische Streetart-Künstler Banksy, der direkt an der Sperrmauer ein Hotel einrichtete. Sein Walled Off Hotel wirbt mit »dem schlechtesten Ausblick der Welt«. Der anonyme Künstler hat bereits mehrere Graffiti entlang der Mauer hinterlassen. Berühmt sind die Taube in kugelsicherer Weste und der Aktivist, der mit Blumen wirft. Im Hotel zeigt eine Galerie Werke palästinensischer Künstler, und ein kleines Museum erklärt den Nahostkonflikt. Die Darstellungsweise wird jedoch auch als zu einseitig kritisiert. Unumstritten ist jedoch, dass Banksy den Tourismus in Bethlehem belebt hat. Vom Banksy-Hype profitieren viele Einheimische.

Highlight des Heiligen Landes

In positiver Weise stehen geblieben scheint die Zeit im Zentrum. Der autofreie Mangerplatz (Krippenplatz) ist Dreh- und Angelpunkt Bethlehems. Hier gibt es eine Touristeninformation im modernen Peace Center, von hier zweigen Gassen mit unzähligen Souvenirshops auch zum Souk ab, von hier sind wichtige Sehenswürdigkeiten fußläufig erreichbar und hier finden sonntags Gottesdienste statt.

Highlight aller Pilger, die das Heilige Land besuchen, ist natürlich die Geburtskirche. An der Stelle, wo Jesus geboren sein soll, einer Grotte, ließ Kaiser Konstantin im Jahr 326 eine Kirche bauen, die über die Jahrhunderte zahlreiche Erneuerungen und Umbauten erfuhr. Wie bei der Grabeskirche in Jerusalem (S. 122) regelt ein Status quo (von 1853) die Aufteilung und die Prozessionen in der Geburtskirche, um Streitigkeiten zwischen den christlichen Gemeinden zu begrenzen, denn diese kämpften in der Vergangenheit ziemlich erbittert um Zuständigkeiten.

Pilger zünden Opferkerzen in der Geburtskirche an und warten geduldig auf Einlass in die Geburtsgrotte.

Demütig zur Geburtsstätte

Die Kirche betreten Besucher durch das sehr niedrige Tor der Demut. Die Osmanen ließen das ursprünglich aus Kreuzfahrerzeiten stammende Tor verkleinern, um Plünderungen durch Reiter zu vermeiden. Das mit Mosaiken geschmückte Kirchenschiff führt zur legendären Geburtsgrotte. Ein silberner Stern markiert die Geburtsstelle im Boden. Vor der Grotte bildet sich vor allem an den Wochenenden eine lange Schlange. Wem es möglich ist, der sollte auf andere Wochentage ausweichen, um Wartezeiten zu vermeiden.

Höhepunkt der jährlichen Weihnachtsfeierlichkeiten ist die Mitternachtsmesse, die in der Katharinenkirche stattfindet. Sie ist mit der Geburtskirche über den Klostergarten verbunden.

Nicht weit entfernt befindet sich die Milchgrotte, eine Kalksteinhöhle, in der Maria und Joseph auf ihrer Flucht Unterschlupf fanden. Als Maria ihr Kind stillte, tropfte Milch auf den Boden und färbte diesen der Legende nach weiß.

Am Mangerplatz fällt die einzige Moschee der Altstadt auf: die Omar-Moschee aus dem Jahr 1860.

Zur Geburtskirche gewährt die niedrige Demutspforte Einlass.

Steinmal am Checkpoint

Der Besuch von Rachels Grab ist komplizierter, weil es nur von israelischer Seite aus zugänglich ist und in der Nähe eines Hauptkontrollpunkts liegt. Entweder nutzt man also ein israelisches Taxi oder den Egged-Bus 183, der direkt dort hält. Rachel, Lieblingsfrau des Jakob, soll ihm hier den zweiten Sohn, Benjamin, geboren haben. Sie starb bei der Geburt, ihr Mann errichtete die Grabstätte. Ihre Söhne Josef und Benjamin gelten als Väter der Zwölf Stämme Israels.

KLEINE PAUSE

Am zentralen Manger Square gibt es einige **Restaurants** mit traditionellem palästinensischem Essen. Auch das Lokal im **Peace Center** ist empfehlenswert.

---

220 B1

Anreise
Nördlich vom Damaskustor in Jerusalem befindet sich der arabische Busbahnhof, von dem täglich Busse nach Bethlehem (Westjordanland) fahren (nachfragen). Ansonsten bieten Taxifahrer ihre Dienste an: Verhandeln ist Pflicht!

Geburtskirche & Katharinenkirche
Manger-Platz
tägl. April–Sept. 6.30–12 und 14–19.30, Okt.-März 5.30–12 und 14–17 Uhr, Sonntagvormittag ist die Geburtsgrotte geschl. frei

Milchgrotte
Milk Grotto St.
tägl. April–Sept. 8–12 und 14–18, Okt.–März 8–12 und 14–17 Uhr frei

Omar-Moschee
Manger Sq. tägl. 4.30–21.30 Uhr, zu Gebetszeiten geschl. frei

Walled Off Hotel
Caritas St. 182 +970 2 277-1322
http://walledoffhotel.com

Totes Meer

Was?	Autotour
Wann?	Ganzjährig, am besten um 7 Uhr losfahren
Länge?	Hin und zurück: 230 km
Dauer	Reine Fahrtzeit: 3,5 Std.; Ganztagesausflug
Start/Ziel	Autovermietung Jerusalem

Ein Israelurlaub ohne einen Ausflug zum Toten Meer ist kaum vorstellbar. Am tiefsten Punkt der Erde erwarten die Besucher nicht nur Wellnessangebote, hier wurde auch Geschichte geschrieben. Wer also nicht nur baden möchte, startet bereits um 7 Uhr mit dem Ausflug.

1–2

Die Fahrt ab Jerusalem führt mit dem Auto auf dem Highway 1 zunächst vorbei an Gemeinden im Westjordanland, entlang der hohen Schutzmauer – ein denkwürdiger Abschnitt. Schon bald ändert sich die Szenerie, und man düst durch die faszinierende, leere Jüdäische Wüste. Nach etwa 30 Minuten ist der erste Stopp erreicht: am Schild »Sea Level«, dem Meeresniveau.

Vom Bergplateau von Masada bietet sich ein weiter Blick über die Judäische Wüste bis zum Ufer des Toten Meers.

2–3

Nach einem kurzen Fotostopp geht es etwa 10 km weiter. Hier zweigt Highway 90 nach Süden ab und führt am Ufer des Toten Meers entlang bis nach Masada. Der gewaltige Felsblock erhebt sich 450 m über dem Meeresspiegel. In der Wüstenfestung kämpften jüdische Widerstandskämpfer erfolglos gegen römische Besatzer. Masada gilt heute als Symbol der Freiheit und ist Unesco-

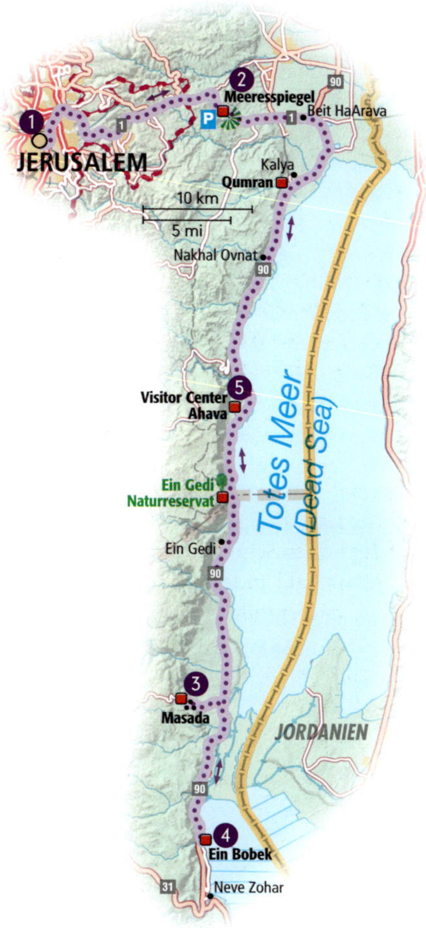

Weltkulturerbe. Eine Seilbahn führt Besucher nach oben, von wo sich ein wunderbarer Blick über die Landschaft bis hinüber nach Jordanien bietet. Eine Broschüre, auch in deutscher Sprache, erklärt die Bedeutung der Ruinen auf dem Bergplateau. Wer Zeit und Fitness mitbringt, wandert entlang des Schlangenpfads nach oben.

Wer hinauf und/oder hinabwandert, darf Sonnenschutz und Wasser nicht vergessen. Die Tour hoch dauert etwa 50 Minuten.

3–4

Nach etwa 15 Minuten (17 km) gen Süden ist Ein Bokek erreicht, das Kurzentrum des Toten Meers. Entlang der Hotelmeile befinden sich kostenlose saubere Strände, die mit Sonnenschutz, Strandduschen, Umkleiden und Toiletten ausgestattet sind. Wer auf einen stillen, natürlichen Zugang gehofft hat, wird beim Anblick der Hotels enttäuscht sein. Zahlreiche andere Zugänge zu dem 67 km langen und 18 km breiten See, der 428 m unter dem Meeresspiegel liegt, wurden in den vergangenen Jahren geschlossen, denn es gibt über 6000 Dolinen (sinkholes) entlang der Küste. Eine Folge des sinkenden Wasserspiegels. Das Naturphänomen droht auszutrocknen, da zu viel vom Jordan, dem natürlichen Zufluss des Toten Meers, entnommen wird: für Privathaushalte, Landwirtschaft und Industrie.

Die Hinweisschilder, die vor Dolinen warnen, sollte man ernstnehmen.

Das Wasser des Sees ist sehr mineralhaltig, seine heilenden Kräfte, gerade bei Hautkrankheiten, lange bekannt. Der hohe Salzgehalt lässt die Menschen an der Oberfläche treiben. Unbedarft sollte jedoch niemand ins Wasser steigen. Beachten Sie ein paar Tipps: am Morgen nicht rasieren (brennt), Schmuck ablegen (läuft an), nicht mit dem Kopf eintauchen oder auf dem Bauch schwimmen (!), kein Wasser schlucken (!!), nicht zu lange baden und viel trinken.

Badeschuhe sind ebenfalls von Vorteil, weil der Sand sich unglaublich erhitzt. Außerdem sollte auch nicht die allerbeste Bademode hier ausgeführt werden. Das Salz könnte das Material angreifen.

4–5

Nach ein, zwei Stunden (inkl. Mittagssnack) führt Highway 90 wieder gen Norden. Für die Nachmittagsgestaltung gibt es zwei Alternativen, sofern es nicht schon nach 14 Uhr ist: entweder ein Stopp im Naturreservat Ein Gedi oder weiter nördlich in Qumran. Ein Gedi ist eine grüne Oase, in der man leicht einen ganzen Tag wandernd verbringen kann. Heute reicht die Zeit nur für eine Wanderung zum David-Wasserfall (hin und zurück: 2 Std., inkl. Aufenthalt).

Wen nach mehr Historie dürstet, fährt weiter nach Qumran, dem Fundort der berühmten Schriftrollen. Hunderte über 2000 Jahre alte Dokumente fand man ab 1947 in den Höhlen der Gegend, eine Sensation (S. 180).

20 km vor Qumran lohnt sich ein kurzer Abstecher zu Ahava, dem führenden israelischen Hersteller für Pflegeprodukte aus dem Toten Meer.

Baden im Schwebezustand: spannend, aber auch nicht ungefährlich

5-1

Nach einem ereignisreichen, langen Tag geht es auf selber Strecke zurück nach Jerusalem – oder durch die Wüste Negev gen Süden ans Rote Meer.

KLEINE PAUSE

Entlang dieser Route liegen nur sehr wenige Lokale. Snacks und ausreichend Wasser sollten mitgeführt werden. Im **Infozentrum von Masada** befindet sich ein kleiner Imbissstand. In Ein Bokek gibt es ein paar **Strandcafés**; die meisten Badegäste verschwinden zur Mittagszeit in ihrem gebuchten Hotel. Deshalb: vorsorgen.

Anreise
Die Angebote der Autovermietungen sollten im Vorfeld online verglichen werden. Der Wagen sollte vollgetankt sein. Wer kein Auto mieten möchte, schließt sich einer organisierten Tour ab Jerusalem an.

Masada-Nationalpark
☎ +972 8-658-4207
www.parks.org.il
tägl. April–Sept. 8–17, Okt.–März 8–16, Fr nur bis 12 Uhr; Licht-Ton-Show März–Aug. Di und Do 20, Sept./Okt. Di und Do 21 Uhr
31/17 NIS

Naturreservat Ein Gedi
☎ +972 8-658-4285
www.parks.org.il
tägl. April–Sept. 8–17, Okt.–März 8–16 Uhr, Fr eine Stunde kürzer
28/14 NIS

Qumran-Park
☎ +972 2-994-2235
www.parks.org.il
tägl. April–Sept. 8–17, Okt.–März 8–16 Uhr, Fr kürzer 29/15 NIS

Visitor Center Ahava
Mizpe Shalem ☎ +972 2-994-5117
https://de.ahava.com
tägl. 8–17 Uhr

Am nördlichen Teil der Strandpromenade
von Tel Aviv

Praktische Informationen

Was vor der Reise wichtig ist, wie Sie vor Ort gut zurechtkommen und viele wichtige Infos mehr erfahren Sie hier.

Seiten 202–214

VOR DER REISE

Auskunft

Staatliches Israelisches Verkehrsbüro (IGTO)
✉ Auguste-Viktoria-Str. 74–76, 14193 Berlin
☎ 030 203 99 70
🌐 www.goisrael.de

In Österreich und der Schweiz gibt es kein offizielles israelisches Verkehrsbüro, bitte an die deutsche Niederlassung wenden.

Tourist Information Center Tel Aviv
- Herbert Samuel St. 46 (Boardwalk)
- Marzuk/Azar St. 2 (am Uhrturm, Jaffa)
- Rothschild Blvd. 11 (Independence Trail)
- Alluf Mandler St. 11 (Sarona)

🌐 https://visit.tel-aviv.gov.il

Tourist Information Center Jerusalem
- Jaffa St. 11 (am Jaffa Gate)
- Shazar Ave. 33, Yitzhak Navon Station

🌐 www.itraveljerusalem.com

Im Flughafen Ben Gurion befindet sich ebenfalls eine Tourist Information direkt neben dem Gepäckband, die rund um die Uhr besetzt ist.

Internet/Apps

www.goisrael.de und https://israel.travel: Homepages des israelischen Verkehrsbüros; gibt es auch als App
www.touristisrael.com: hilfreiche Auflistung von Tipps und Infos von Tourist Israel
www.timeout.com: aktuelle Tipps zu Freizeit, Shopping, Kultur
https://igoogledisrael.com: umfangreiche Reisetipps
www.travelpalestine.ps: Webseite des Tourismusministeriums von Palästina
www.parks.org.il/en: israelische Naturschutz- und Parkbehörde
Morfix: Englisch-Hebräisch-Übersetzungs-App
Cellopark: Parking-App
Gett: Taxi-App (mit israelischer SIM-Karte)
Moovit: Nahverkehrs-App
Waze: Navigations-App wie Google Apps

Botschaften/Diplomatische Vertretungen

Israelische Botschaften in Deutschland
✉ Auguste-Victoria-Str. 74–76, 14193 Berlin
☎ 030 89 04 55 11
🌐 www.israel.de

in Österreich
✉ Anton-Frank-Gasse 20, 1180 Wien
☎ 01 47 64 60
🌐 www.embassies.gov.il

in der Schweiz
✉ Alpenstr. 32, 3000 Bern 6
☎ 031 356 35 00
🌐 www.embassies.gov.il

Deutsche Botschaft
✉ Daniel Frisch St. 3, 19. Stock, Tel Aviv
☎ 03 693 13 13
🌐 www.tel-aviv.diplo.de

Österreichische Botschaft
Sason Hogi Tower
✉ Abba Hillel St. 12
4. Stock, Ramat Gan, Tel Aviv
☎ 03 612 09 24
🌐 www.aussenministerium.at/telaviv

Schweizer Botschaft
✉ Hayarkon St. 228, Tel Aviv
☎ 03 546 44 55
🌐 www.eda.admin.ch/telaviv

Elektrizität

Die Netzspannung beträgt 220 V Wechselstrom. In Israel werden Steckdosen des Typs C (zweipolig) und H (dreipolig) verwendet. Für europäische Geräte mit einem Stecker des Typs F benötigt man einen Adapter. Die meisten Stecker passen jedoch.

Ermäßigungen

In vielen Museen und Sehenswürdigkeiten erhalten Kinder und Jugendliche, in manchen auch Senioren Rabatte auf den Eintrittspreis. Der Israel Pass gewährt vergünstigten Eintritt in Nationalparks oder historische Stätten wie Masada und Caesarea und ist zwei Wochen lang gültig (www.israelpass.biz).

Etikette

Um Missverständnisse und Streit zu vermeiden, sollte man seine persönliche Meinung zum Nahostkonflikt nur gegenüber Freunden oder guten Bekannten äußern.

In religiösen Stätten, in jüdisch-orthodoxen und traditionell muslimischen Vierteln wird angemessene Kleidung erwartet. Vor allem beim Besuch der Jerusalemer Altstadt ist es für Frauen und Männer ratsam, mindestens knielange Röcke oder Hosen zu tragen und die Schultern zu bedecken. Im ultra-orthodoxen jüdischen Viertel Mea Shearim, auf dem Tempelberg und in der Grabeskirche wird dieser Dresscode ernst genommen. Männliche Juden tragen in einer Synagoge und an der Klagemauer eine Kippa; für männliche Touristen gibt es Leih-Kippas vor Ort. Eine Moschee betritt man ohne Schuhe; Frauen bedecken dabei Kopf und Schultern.

Am Sabbat und anderen wichtigen jüdischen Feiertagen meidet man das Jerusalemer Viertel Mea Shearim. Am höchsten jüdischen Feiertag Jom Kippur fährt niemand Auto. Und wer sich während des Ramadans in einem arabischen Viertel aufhält, sollte nicht in der Öffentlichkeit essen oder rauchen.

An Grenzkontrollpunkten, in der Nähe militärischer Objekte und in orthodoxen Vierteln bleibt der Fotoapparat am besten ausgeschaltet.

Israelis, vor allem Tel Avivis, sind für ihre Ruppigkeit bekannt, nehmen Sie Taktlosigkeiten nicht persönlich.

Feiertage

Israel kennt unzählige Feiertage. Jüdische Feiertage beginnen am Vorabend des angegebenen Tages. Sabbat (Samstag) ist der wöchentliche Ruhe- und Feiertag, an dem das jüdische Gesetz jegliche Geschäftstätigkeit verbietet. Fast alle Geschäfte und viele Restaurants bleiben ab Freitagnachmittag bis Samstagabend geschlossen und der Nahverkehr wird eingestellt. Im säkularen Tel Aviv gibt es jedoch zahlreiche Ausnahmen. Museen, Kinos sowie andere kulturelle Einrichtungen operieren häufig auch am Sabbat. In muslimischen Gebieten (Ostjerusalem, Westjordanland, Teile Jaffas) sind Geschäfte am Freitag zu und dafür am Samstag auf. In christlichen Gegenden gilt der Sonntag als Ruhetag (Bethlehem). Jom Kippur ist der strengste jüdische Ruhe- und Fastentag, an dem das gesamte öffentliche Leben Israels stillsteht (S. 11).

Die meisten Feiertage sind variabel, unter www.goisrael.de findet sich eine Auflistung. Hier folgen die Termine der wichtigsten jüdischen Feiertage.

Rosch Haschana (Neujahrsfest): 19./20.9.2020 und 7./8.9.2021

Jom Kippur (Versöhnungsfest): heiligster Tag im Judentum (28.9.2020, 15.9.2021)

Sukkot (Laubhüttenfest): siebentägig, folgt auf Jom Kippur (2.–9.10.2020, 20. bis 27.9.2021)

Chanukka (Lichterfest): erinnert an die Befreiung Jerusalems von den Griechen (10.–18.12.2020, 28.11.–6.12.2021)

Purim (Losfest): feiert die Rettung des jüdischen Volkes in der persischen Diaspora durch Königin Esther (26.2.2021)

Pessach (Passahfest): das achttägige Fest gedenkt dem Auszug der Israeliten aus Ägypten (28.3.–4.4.2021)

Schawuot (Wochenfest): erinnert an den Empfang der Tora am Berg Sinai (28.–30.5. 2020, 16.–18.5.2021)

Nicht alle genannten Tage sind Schließtage.

Geld

Israel ist kein Billigreiseland, die Lebenshaltungskosten sind im Vergleich zu anderen Industriestaaten sehr hoch. Lebensmittel, Restaurantbesuch und Benzin: Auch Touristen spüren, dass hier vieles teurer als etwa in Deutschland ist.

Währung: Ein Schekel (NIS, ILS) besteht aus 100 Agorot. Es gibt Banknoten im Wert von 20, 50, 100 und 200 NIS und Münzen im Wert von 1, 5, 10 NIS sowie 10 und 50 Agorot. 1 € = ca. 3,81 NIS, 10 NIS = 2,62 Euro (Stand: März 2020).

Kreditkarten: Die meisten Banken, Hotels, Geschäfte und Autovermieter akzeptieren die gängigen internationalen Kreditkarten.

Trinkgeld: In Restaurants wird Trinkgeld inzwischen erwartet, freundlich ist es, einen guten Service mit 15–20 % der Rechnungs-

summe zu honorieren. Bei Taxifahrten rundet man den Rechnungsbetrag gern auf.
Feilschen: Auf Flohmärkten und in Souks ist der Preis Verhandlungssache.
Sperrnummern: Unter dem zentralen Sperrnotruf ☎ +49 116 116 kann man in Deutschland Bank- und Kreditkarten, Online-Banking-Zugänge, Handykarten und die elektronische Identitätsfunktion des Personalausweises bei Verlust sperren lassen. Für Österreich gilt die Telefonnummer: ☎ +43 1 204 88 00.
Die Schweiz hat keine einheitliche Notfallnummer; die wichtigsten sind:
☎ +41 44 659 69 00 (Swisscard)
☎ +41 44 828 31 35 (UBS Card Center)
☎ +41 58 9 58 83 83 (VISECA)
☎ +41 44 8 28 32 81 (PostFinance).

Gesundheit
Die medizinische Versorgung in Israel ist sehr hoch entwickelt, in palästinensischen Gebieten etwas weniger. Ärztliche Leistungen müssen sofort bar oder mit Kreditkarte bezahlt werden. Die Kosten werden auch im Nachhinein von gesetzlichen Krankenkassen nicht übernommen. Es empfiehlt sich, eine **Auslandskrankenversicherung** abzuschließen, die im Notfall auch die Kosten für den Rücktransport übernimmt. Zu prüfen ist im Vorfeld, welche Gebiete eventuell nicht von der Versicherung abgedeckt sein könnten (Grenzgebiete, palästinensische Autonomiegebiete). Impfungen sind nicht erforderlich. Bei einem medizinischen Notfall ruft man den **Notfalldienst** (Magen David Adom) unter ☎ 101 an. Bei weniger schlimmen Erkrankungen weiß die Hotelrezeption weiter. Die Botschaft hält eine Liste von deutschsprachigen Ärzten bereit.

Notfallzentren von **Terem** bieten zahlreiche Dienstleistungen unter einem Dach (www.terem.com). Auch **Tel Aviv Doctor** bietet Reisenden medizinische Hilfe (www.telaviv-doctor.com).

Leitungswasser kann bedenkenlos getrunken werden.

Apotheken
Medikamente erhalten Sie auf Rezept und im freien Verkauf in den zahlreich vorhandenen Apotheken *(beit merkachat)*. Es empfiehlt sich, benötigte Medikamente in ausreichender Menge von daheim mitzubringen. Eine Rezeptkopie kann bei der Beschaffung von Nachschub behilflich sein.

In Kontakt bleiben
Post: Briefe ins Ausland wirft man in einen der roten Briefkästen, deren Zahl jedoch stetig abnimmt. Briefmarken erhält man in Postämtern, Schreibwaren- und Andenkenläden, Buchhandlungen und den großen Hotels.
WLAN, Internet: Alle besseren Hotels verfügen über Breitbandanschlüsse auf dem Zimmer oder in der Lobby. In etlichen Hotels, Bars, Cafés und Restaurants kann man kostenlos surfen. In Tel Aviv gibt es WLAN-Hotspots an etwa 80 öffentlichen Plätzen.
Telefon: Am teuersten sind Festnetztelefonate von internationalen Hotels. Im Vorfeld sollte man sich nach den Roaming-Gebühren des eigenen Handyanbieters erkundigen. Wesentlich günstiger ist es, eine israelische SIM-Karte zu erwerben (von Orange, Cellcom oder Pelephone), entweder schon zu Hause (www.prepaidisraelisim.com) oder gleich am Flughafen. Es herrscht eine gute Netzabdeckung.

Internationale Vorwahlen
☎ Deutschland +49
☎ Österreich +43
☎ Schweiz +41
☎ Israel +972

Notrufe
Polizei ☎ 100
Krankenwagen ☎ 101
Feuerwehr ☎ 102

Reisedokumente
Zur Einreise wird ein Reisepass benötigt, der nach Reiseantritt noch mindestens sechs Monate gültig sein muss. Besucher aus Deutschland, die nach dem 1. Januar 1928 geboren sind, Besucher aus Österreich und der Schweiz erhalten ein kostenloses Besuchervisum für drei Monate. Dabei handelt es sich um eine hellblaue Einreisekarte *(entry permit)*, die in den Pass eingelegt wird und

den Einreisestempel im Pass ersetzt. Eine rosafarbene Karte ersetzt den Ausreisestempel. Diese Stempel konnten in der Vergangenheit bei einem späteren Besuch eines arabischen Landes (außer Ägypten und Jordanien) zu Problemen führen. Kärtchen bitte gut aufbewahren und bei Überquerung von Kontrollpunkten mitführen.

Das Visum kann vor Ort verlängert werden. Kinder benötigen eigene Reisedokumente. Der EU-Führerschein wird anerkannt. Weitere Infos unter: https://embassies.gov.il und unter Anreise (S. 208).

Reisezeit

Von Juni bis Oktober herrscht große Hitze und am Mittelmeer ist es schwül, am Toten Meer ebenfalls und bereits schon im Mai ist es unfassbar heiß. Die klimatisch beste Reisezeit sind das Frühjahr und der Spätherbst ab Oktober. Ein herbstlicher Badeurlaub bei Wassertemperaturen über 20 °C ist bis Ende November möglich.

Wer nicht aus religiösen Gründen nach Israel fährt, sollte Reisen nach Jerusalem zu den hohen christlichen Feiertagen meiden. Während der jüdischen Feiertage muss man damit rechnen, dass viele Läden und Restaurants geschlossen sind. Badeorte sind dagegen mehr als gut besucht, auch während der israelischen Schulferien von Mitte Juni bis Anfang September.

Wer einen Städtetrip über ein verlängertes Wochenende plant, muss an die möglichen Einschränkungen durch die Sabbat-Schließzeiten denken.

Sicherheit

Grundsätzlich gilt Israel für Touristen als sicheres Reiseland. Die Kriminalitätsrate ist niedrig.

Es gibt vermutlich nur wenige Staaten, in denen so viel für den Schutz der Bürger und der Touristen unternommen wird wie in Israel. Bereits bei der Gepäckkontrolle und Befragung vor der Einreise ist offensichtlich, wie hoch die Sicherheitsvorkehrungen sind. Auch im Land selbst werden überall, wo viele Menschen aufeinandertreffen oder Institutionen beschützt werden müssen, Taschen kontrolliert – besonders in der Altstadt von Jerusalem. Die Militärpräsenz ist für manche gewöhnungsbedürftig.

Sollte doch einmal der Alarm der israelischen Raketenabwehr schrillen, tun sie es den Einheimischen gleich: Bewahren Sie Ruhe und suchen Sie Schutz in einem fensterlosen Gebäude (etwa Treppenhaus).

Durch den Nahostkonflikt gelten für Israel besondere Bedingungen, deshalb ist das Studium der Reise- und Sicherheitshinweise des Auswärtigen Amts im Vorfeld unter www.auswaertiges-amt.de (»Reise & Sicherheit«) Pflicht. Bedenken Sie: Die eigene persönliche Meinung zur politischen Lage kann zu hitzigen Debatten führen, deshalb ist Schweigen manchmal besser.

Beachten Sie auch Verbotsschilder: etwa die Badeverbotsschilder in Tel Aviv oder die Hinweisschilder auf »Sink Holes« am Toten Meer.

Obwohl Israel, allen voran Tel Aviv, eine der lebendigsten LGBTQ-Szenen der Welt aufweist und Homosexualität legal ist, soll daran erinnert werden, dass konservative Juden, Moslems und Christen in der Regel schwulenfeindlich eingestellt sind. Öffentliche Zuneigungsbekundungen sind deshalb in religiösen Vierteln und im Westjordanland tabu.

Zeit

In Tel Aviv und Jerusalem ist es ganzjährig eine Stunde später als in Deutschland, Österreich und der Schweiz (MEZ +1). Die Sommerzeit beginnt am letzten Freitag im März und endet am letzten Sonntag im Oktober.

Zollbestimmungen

Nach Israel können für den persönlichen Gebrauch bestimmte Gegenstände zollfrei eingeführt werden, außerdem 250 Zigaretten oder 250 g Tabak in anderer Form, 2 l Wein, 1 l Spirituosen (für Personen über 17 Jahre), 250 ml Parfüm oder Eau de Toilette und Geschenke bis zum Gesamtwert von 200 US-$.

Einfuhr in die EU: Mitbringsel und Waren aus Israel dürfen von Flugreisenden bis zu einem Wert von 430 € mitgebracht werden. Bei Genussmitteln gelten folgende Mengenbegrenzungen: Reisende über 17 Jahre dürfen einführen: 1 l Spirituosen über 22 % Alkoholgehalt und 2 l Bier. Reisende über 15 Jahre dürfen zollfrei mitbringen: 200 Zigaretten oder 100 Zigarillos oder 50 Zigarren oder 250 g Tabak, dazu 500 g Kaffee und 100 g Tee. Außerdem sind abgabenfrei: 50 ml Parfüm, 250 ml Eau de Toilette und Arzneien für den persönlichen Gebrauch. Weitere Infos: www.zoll.de, www.bmf.gv.at.

Schweizer dürfen bei der Rückkehr, sofern sie über 17 Jahre alt sind, abgabenfrei einführen: 2 l Alkohol bis 15 % und 2 l Alkohol über 15 %. Zollfrei sind auch 200 Zigaretten oder 50 Zigarren oder 250 g Pfeifentabak. Andere Privatwaren sind bis zu einem Gesamtwert von 300 CHF pro Person abgabenfrei. Weitere Infos: www.zoll.ch.

ANREISE

... mit dem Flugzeug

Der internationale Flughafen Ben Gurion (www.iaa.gov.il) wird von mehreren Airlines direkt angeflogen, vor allem von der israelischen Fluggesellschaft El Al (www.elal.co.il). Strenge Sicherheitsstandards erfordern eine Ankunft am Flughafen von drei Stunden vor Abflug (Befragung und Gepäckkontrolle; gilt auch für den Rückflug). Die Flugzeit von Frankfurt am Main nach Tel Aviv beträgt knapp vier Stunden. Der Flughafen Ben Gurion befindet sich 52 km nordwestlich von Jerusalem und 18 km südöstlich von Tel Aviv.

Nach Jerusalem fahren Sammeltaxis *(Scherut)* von **Nesher Service Taxi** (www.neshertours.co.il) ab dem Taxistand vor der Ankunftshalle, wenn sie voll sind. Man zahlt 64 NIS und wird an sein Wunschziel gebracht – nicht die schnellste, aber eine preiswerte Variante. Alternativ nimmt man **Bus 485,** der stündlich zum Zentralen Busbahnhof für 16 NIS unterwegs ist. Seit 2018 düst ein **Hochgeschwindigkeitszug** in 20 Minuten vom Flughafen zur Yitzhak Navon Station in Jerusalem (www.rail.co.il). Ein **Taxi** kostet etwa 300 NIS unter der Woche. Nach Tel Aviv geht es komfortabel mit dem Zug (www.rail.co.il) in zehn Minuten oder dem Taxi. Beachten Sie, dass zum Sabbat der öffentliche Nahverkehr eingestellt wird.

... über den Landweg

Über Jordanien oder Ägypten kann man auf dem Landweg nach Israel einreisen. Privatfahrzeuge dürfen die Grenzen passieren (ausgenommen in Israel bzw. in Jordanien zugelassene); Mietwagen allerdings nicht. Infos frühzeitig bei Automobilklubs einholen! Achtung: Grenzübergänge können kurzzeitig schließen.

Aktuelle und detaillierte Infos zur Einreise über Land finden Sie auf S. 206 und unter www.auswaertiges-amt.de.

UNTERWEGS IN TEL AVIV UND JERUSALEM

Grundsätzlich ist es wegen ihrer Größe ziemlich einfach, sich im Zentrum der Städte zurechtzufinden. Vor allem in der Altstadt von Jerusalem bewegt man sich ausschließlich zu Fuß.

... mit Fahrrad und E-Roller

Jerusalem eignet sich nicht für private Radtouren und E-Roller waren Ende 2019 noch nicht zugelassen. In Tel Aviv sind die grünen Leihräder von **Tel-O-Fun-Bikes** (www.tel-o-fun.co.il/en) und die **E-Roller von Bird oder Lime** (www.bird.co, www.li.me, App runterladen) jedoch nicht mehr aus dem Stadtbild wegzudenken. Vor allem an der Strandpromenade kann man eine Spazierfahrt unternehmen oder einige Kilometer überwinden. Inzwischen gibt es Tausende E-Roller in der Stadt – nicht immer zur Freude der Einheimischen. Die Stadtverwaltung geht seit 2019 gezielt gegen Rowdies vor und verteilte in sechs Monaten über 9000 Strafzettel (Fahren auf dem Bürgersteig, zu zweit, mit Handy in der Hand etc.). Eine Tour am Sabbat macht Spaß, weil weniger Autos unterwegs sind. Sonst sollte man sehr vorsichtig sein.

... mit dem öffentlichen Nahverkehr

Der öffentliche Personenverkehr ruht am Sabbat sowie an jüdischen Feiertagen (immer inkl. des jeweiligen Vorabends). Lediglich Taxis und die von Palästinensern betriebenen Buslinien und Sherut-Taxis verkehren an diesen Tagen (z. B. in Ostjerusalem und Nazareth). Die App **Moovit** gibt einen Überblick über die Transportmöglichkeiten im Nahverkehr.

Tel Aviv

In Tel Aviv ist der Bus das wichtigste Beförderungsmittel für den innerstädtischen Verkehr, vor allem betrieben von den blau-weißen **Bussen von Dan** (www.dan.co.il). Die dafür erforderliche **Rav-Kav-Karte** (wiederaufladbare elektronische Karte, https://ravkavonline.co.il/en) bekommt man am Flughafen oder an den zentralen Bahnhöfen. Busfahrer dürfen keine Fahrscheine mehr verkaufen und können die Rav-Kavs auch nicht aufladen.

Wer des Hebräischen nicht mächtig ist, muss wissen, wo genau der Bus hält – oder sich durchfragen. Komplizierter zu verstehen ist das (gut funktionierende) System der Sammeltaxis, die **Moniyot Sherut** heißen. Durch Handzeichen wird signalisiert, dass man mitfahren möchte. Die Strecken sind festgelegt, doch gibt es keine ausgewiesenen Haltestellen bis auf den Start- und Zielpunkt.

Jerusalem

Das Busnetz in Jerusalem betreibt **Egged** (www.egged.co.il). Die Egged-Busse sind meist grün. Man benötigt eine Rav-Kav-Karte, um die Fahrt zu bezahlen. Die Stadt besitzt außerdem eine Tramlinie, die **Jerusalem Light Rail** (https://citypass.co.il/en) heißt. Tickets gibt es an Haltestellen, die Rav-Kav-Karte gilt ebenfalls. Auch in Jerusalem fahren Sammeltaxis.

... mit dem Taxi

Taxis können telefonisch angefordert oder durch Winken angehalten werden. Am Taxistand des Flughafens gibt es einen elektronischen Tarifrechner. Im Stadtverkehr wird das Taxameter eingeschaltet; bei Nachtfahrten kommt ein Aufpreis dazu. Eine der beliebtesten Apps des Landes ist **Gett:** Wie bei Uber gibt man Abholpunkt und Zielort an, der Fahrer kommt zügig (die Route des Wagens ist ersichtlich). Bezahlt wird online, inkl. Trinkgeld. Für Fahrten ins Westjordanland empfiehlt sich ein Taxi mit arabischem Kennzeichen.

... mit dem Mietauto

In den Städten braucht man kein Auto, für Ausflüge ins Umland lohnt sich jedoch die Pkw-Miete. Man benötigt den nationalen oder EU-Führerschein, den Reisepass sowie eine internationale Kreditkarte; das Mindestalter beträgt 21 Jahre. Alle internationalen Mietwagenagenturen sind mit Niederlassungen in den größeren Städten vertreten; hinzu kommen lokale Vermieter. Die Agenturen in Israel haben in der Regel am Freitagnachmittag und Samstag geschlossen; die Büros am Ben Gurion Airport sind rund um die Uhr geöffnet. Wer von zu Hause über ein Portal oder den Automobilklub ein Fahrzeug mietet, kommt fast immer günstiger weg. Empfehlenswert ist eine Vollkaskoversicherung ohne Selbstbehalt. Man darf mit einem in Israel gemieteten Wagen nicht über die israelisch-jordanische und auch nicht über die israelisch-ägyptische Grenze fahren. Auch Fahrten in die palästinensischen Gebiete sind nicht erlaubt. Klären Sie mit dem Vermieter auch, wie die Gebühren für die drei Mautstrecken *(toll roads)* abgerechnet werden. Kameras erfassen das Autokennzeichen, die Bezahlung erfolgt elektronisch. Für die Navigation reicht Google Maps (o.ä. Apps) aus.

Autofahren ist in Israel im Vergleich zu anderen Ländern des Nahen Ostens einigermaßen stressfrei. Sorgen, irrtümlich auf palästinensisches Gebiet zu gelangen, muss man nicht haben. Die Verkehrsvorschriften unterscheiden sich nicht wesentlich von denen anderer Länder, in denen rechts gefahren wird. Die Verkehrszeichen sind alle verständlich. Größere Städte und andere Fahrtziele sind fast überall auf Hebräisch, Englisch und Arabisch ausgeschildert. Aber Achtung: Yafo Street, Jaffa Road und Derech Yafo beziehen sich auf dieselbe Straße. Caesarea taucht auf Schildern auch mal als Qesariyya auf.

Innerhalb geschlossener Ortschaften beträgt die **Höchstgeschwindigkeit** 50 km/h; außerhalb für Pkw 80 km/h (sofern nicht ausdrücklich 90 km/h erlaubt sind), für Pkw mit Anhänger 60 km/h, für Motorräder 70 km/h. Auf Autobahnen gilt die Höchstgeschwindigkeit von 100, bei entsprechender Ausschilderung 110 km/h. Es herrscht Alkoholverbot am Steuer, die Promillegrenze liegt bei 0,0 Promille. Farbmarkierungen am Bordstein zeigen **Parkvorschriften:** Rot-weiß bedeutet Park- und Halteverbot, bei rot-gelb dürfen nur Busse halten, bei blau-weiß ist das Parken mit einem Parkschein erlaubt. Die **App Cellopark** hilft, einen Parkplatz zu finden – und zu bezahlen.

... zwischen den Städten
2020 soll der Hochgeschwindigkeitszug Tel Aviv endlich mit Jerusalem verbinden. Momentan müssen Reisende noch am Flughafen umsteigen (www.rail.co.il). Mit dem Bus gibt es zwei Möglichkeiten: Bus 405 pendelt zwischen den zentralen Busbahnhöfen beider Städte; Bus 480 fährt in Tel Aviv vom Arlozorov-Busbahnhof ab.

ÜBERNACHTEN

In Tel Aviv und Jerusalem gibt es Unterkünfte für jeden Geldbeutel – internationale Hotelketten, israelische Privathotels, schicke Boutiquehotels und gemütliche Ferienwohnungen. Die Preise liegen auf und über westeuropäischem Standard. Stehen Sommerferien oder hohe religiöse Feiertage an, steigen Preise und Auslastung entsprechend. Auch am Wochenende muss man mit höheren Preisen rechnen. Deshalb ist es ratsam, frühzeitig zu buchen.

Wer in einem Kibbuz übernachten will, wird vor allem auf dem Land fündig (www.kibbutz.org.il). Hauptwirtschaftszweig der auf das Gemeinwesen ausgerichteten Kibbuzim war ursprünglich die Landwirtschaft. Inzwischen unterhalten viele Siedlungen Gästehäuser und touristische Einrichtungen.

Beide Städte bieten eine große Auswahl an schicken, zentral gelegenen Ferienzimmern, vor allem über Airbnb.

Hotelempfehlungen
Preise für ein Doppelzimmer pro Nacht:

€	unter 150 Euro
€€	150–250 Euro
€€€	über 250 Euro

Tel Aviv

The Norman €€€
In einer malerischen Straße im Herzen der Weißen Stadt befindet sich das einzige Luxus-Boutiquehotel Tel Avivs. Das Hauptgebäude bezirzt mit klaren Linien, hölzernen Fensterläden und einem Hauch Zauber aus den Goldenen Zwanzigern. Hier kommen sowohl Kurz- als auch Langzeitgäste zur Ruhe. Zwei Restaurants, eine Bar und das Wellnesscenter verwöhnen die Gäste.
223 D4 ✉ Nachmani St. 23–25
☎ +972 3-543-5555
🌐 www.thenorman.com

Yam Hotel €€
Bereits beim Betreten der Lobby wird deutlich, wieso dieses Hotel einen maritimen Namen führt (Yam = Meer). Neben dem gut gelaunten Personal versprühen auch die frisch-fröhlichen Zimmer (die meisten davon mit Balkon und Meersicht) Ferienfeeling. Zudem erhält jeder Gast eine Tasche, die mit allem gefüllt ist, was man für einen perfekten Strandtag braucht.
227 D4 ✉ Rehov Yorde Hsira 16
☎ +972 3-545-5000
🌐 atlas.co.il/yam-hotel-tel-aviv

The Vera €€
Luxuriöse Zimmer, eine lebhafte Bar, ein Spa, eine gemütliche Sonnenterrasse auf dem Dach ... In den 39 minimalistisch-stilvollen Zimmern dieses Boutiquehotels kommt man u. a. auch in den Genuss von Produkten lokaler Anbieter.
225 F4 ✉ Lilienblum St. 27
☎ +972 3-778-3800
🌐 www.theverahotel.com

The Poli House €€
Neben dem Carmel-Markt in einem renovierten Bauhaus-Gebäude verfügt das Hotel über 40 Zimmer, die vom weltberühmten Designer Karim Rashid gestaltet wurden. Ob im Spa oder im Rooftop-Pool: Hier lässt sich prima Relaxen, mitten im Geschehen.
222 C2 ✉ Nahalat Binyamin St. 1
☎ +972 3-710-5000
🌐 www.brownhotels.com/poli

Dave Levinsky €
Nur wenige Schritte vom Rothschild-Boulevard entfernt, lockt das verspielte Hotel im Retro-Design all diejenigen an, die gern in Boutiquehotels absteigen, ohne dabei ihr gesamtes Erspartes zu verpulvern. Bars und Restaurants liegen in unmittelbarer Nähe.
✈ 225 F4 ✉ Nahalat Binyamin St. 85
☎ +972 3-717-3200
🌐 www.brownhotels.com/dave-levinsky

Jerusalem

Mamilla €€€
Erstklassiger Lifestyle trifft auf hervorragende Gastfreundschaft: Im Mamilla erwartet den Gast neben exklusiven Restaurants und Bars mit Sicht auf die Altstadt auch ein ganzheitliches Wellnesscenter. Das elegante Luxus-Lifestyle-Hotel verfügt über 194 Zimmer und Suiten. Für das Design zeichnen die weltberühmten Architekten Moshe Safdie und Piero Lissoni verantwortlich. Ein Mix aus Raffinesse und Einfachheit, aus Alt und Neu. Nur wenige Schritte vom Jaffa Gate entfernt.
✈ 222 B2 ✉ Shlomo ha-Melekh St. 11
☎ +972 2-548-2222
🌐 www.mamillahotel.com

David Citadel €€€
Das Hotel befindet sich direkt gegenüber der alten Stadtmauer Jerusalems und genießt somit eine fantastische Lage. Die 385 luxuriös eingerichteten Zimmer und Suiten glänzen durch eine warme Atmosphäre mit natürlichem Licht, Eichenparkett, vielen Pflanzen und kräftigen Farben. Zu den Highlights gehört auf jeden Fall die begrünte Terrasse.
✈ 220 A2
✉ King David St. 7
☎ +972 2-621-1111
🌐 www.thedavidcitadel.com

Bezalel €€
Eine super Adresse, um in Jerusalem abzusteigen. In unmittelbarer Nähe zum Mahane Yehuda Markt trifft man hier auf äußerst aufmerksames und freundliches Personal, israelische Kunst und Design. Die Zimmer verfügen teilweise über eine eigene Terrasse, von dieser kann man vom Liegestuhl aus beobachten, wie sich die Sonne vom Tag verabschiedet. Nicht verpassen: die tägliche Happy Hour mit frisch zubereiteten, auch warmen Snacks.
✈ 219 E4
✉ Mesilat Yesharim St. 1
☎ +972 2-530-9999
🌐 www.atlas.co.il/bezalel-hotel-jerusalem

Villa Brown €€
Hier ist der Name Programm: Die 24 opulenten Zimmer der Villa Brown befinden sich in einer pittoresken, renovierten Villa aus dem 19. Jh. im Herzen Jerusalems. Eine Fusion aus modernem Luxus und nostalgischer Opulenz der Kolonialzeit! Man genießt zudem einen einzigartigen Blick auf die Äthiopische Kirche. Nicht verpassen: die nachmittägliche Teestunde im hauseigenen Garten.
✈ 220 B4
✉ Ha-Nevi'im St. 54
☎ +972 2-501-1555
🌐 www.brownhotels.com/villa

Abraham Hostel €
Das Abraham Hostel befindet sich im Stadtzentrum von Jerusalem. Mit über 250 Betten empfängt es Gäste aus der ganzen Welt. Besonders geschätzt werden u. a. die herzliche Atmosphäre, die günstige Lage, das freundliche Personal sowie die Organisation von täglichen Veranstaltungen und Touren – von kulinarischen Marktspaziergängen bis Ausflügen ans Tote Meer.
✈ 220 B4 ✉ Ha-Nevi'im St. 67
☎ +972 2-650-2200
🌐 www.abrahamhostels.com

ESSEN UND TRINKEN

Auf kulinarischer Ebene präsentiert sich Israel sehr attraktiv – es gilt vielen als Gourmetparadies. Restaurants findet man in allen Kategorien, vom mit Michelin-Stern gekrönten Feinschmeckertempel bis zum einfachen Imbisslokal, zudem gibt es in Jerusalem und Tel Aviv jede Menge Bars und Cafés.

Köstliche traditionelle Speisen und innovative Fusiongerichte bieten eine Vielfalt, von der Reisende immer wieder in höchsten Tönen schwärmen. Zu einem Feinschmeckerziel hat sich Tel Aviv entwickelt. Zahlreiche Gerichte sind zudem fleischlos – ein Paradies auch für Vegetarier und Veganer (S. 17).

Judentum und Islam erlauben nur den Verzehr bestimmter Tiere. Die Speisegesetze, die vorschreiben, was koscher (S. 17) bzw. halal ist, unterscheiden sich gar nicht so sehr. In Jerusalem sind zahlreiche Restaurants koscher, d. h. auch sie schließen zum Sabbat und an jüdischen Feiertagen. Anders im säkularen Tel Aviv, hier geht es Donnerstag- und auch Freitagabend rund. Das Preisniveau ist durchweg höher als in Westeuropa, am ehesten vergleichbar mit dem von London.

Daran kommen Sie nicht vorbei: Hummus (Kichererbsenpüree), Falafel (frittierte Kichererbsen), Schakschuka (deftiges Frühstück aus pochierten Eiern in Tomatensauce), Meze (israelische Tapas), Sabich (Sandwich mit gebratenem Gemüse) und Knafeh (Engelshaarpastete). Weitere Informationen finden Sie auf S. 16 und auf den Wohin-Seiten der einzelnen Kapitel.

EINKAUFEN

Für einige klassische Israel-Souvenirs sollten Sie in Ihrem Koffer Platz freihalten: Olivenöl, Wein, Pflegeprodukte aus dem Toten Meer von Ahava, Schmuck (Jaffa), Kaffee (arabischen Kaffee mit Kardamom), christliche Geschenkartikel und Judaika ...

Tel Aviv
Frische Lebensmittel bieten sowohl der Sarona- als auch der Carmel-Markt, Schnäppchen und Vintage der Jaffa-Flohmarkt. Mode gibt es zuhauf etwa am Alten Hafen, entlang der Dizengoff-, der King-George- und der Allenby-Straße. Bekannte Marken finden sich im modernen Azrieli Center und Designerstücke im HaTachana-Komplex.

Jerusalem
Das Shoppingerlebnis in der Heiligen Stadt beschränkt sich nicht nur auf die arabischen Souk, die die Altstadt wie ein Souvenir-Spinnennetz durchziehen. Wer hier etwas erstehen möchte, sollte gut verhandeln. Souvenirs, aber vor allem frische regionale Erzeugnisse bietet auch der authentische Mahane Yehuda Markt. Beliebte Einkaufsmeilen im Zentrum sind: Ben Yehuda, Jaffa Road, das Viertel Emek Refaim und die Mamilla Mall. Klimatisierte Erkundungstouren bieten die Malha Mall und das Kaufhaus Hamashbir Lazarchan am Zion Square.

Öffnungszeiten
Geschäfte: häufig So–Do 9–18, Fr bis 14 Uhr; Banken So–Do 8–12.30, Fr 8–12 Uhr

Am Sabbat sind die meisten Läden geschlossen. In Tel Aviv kann man dann in Jaffa und in Jerusalem nur in christlichen und muslimischen Vierteln fündig werden. Im Ramadan haben fast alle Restaurants in muslimischen Gebieten tagsüber geschlossen.

AUSGEHEN

Ganz gleich, ob Sie die Nacht durchtanzen, Pianoklängen lauschen oder in einer Bar bei einem heimischen Rotwein über die Qualität der roten Tropfen fachsimpeln mögen – wenn die Nacht beginnt, ist alles möglich in Tel Aviv. Die Stadt rühmt sich ihres Nachtlebens.
Auch Jerusalem bietet eine große Auswahl zwischen Hochkultur und Klubnacht, aber nicht ganz so wild und breit gefächert wie Tel Aviv. Weitere Infos zu konkreten Adressen finden Sie in den Wohin-Kapiteln der einzelnen Stadtteile.
Während man zum Sabbat in Jerusalem eher ein Kino besucht, ist in Tel Aviv auch Freitagabend Party angesagt.

Veranstaltungskalender finden sich unter https://visit.tel-aviv.gov.il/see-do/whats-on und https://www.itraveljerusalem.com/de/events. Hier eine Übersicht der jährlich stattfindenden Events in beiden Städten:

Februar
Tel Aviv Marathon: 40 000 Läufer gehen an den Start (www.tlvmarathon.co.il).

März
Purim: An diesem jüdischen Feiertag strömen Menschen verkleidet auf die Straßen – tanzen und trinken viel Alkohol.

März/April
Fresh Paint Fair: Zum größten Kunstevent des Landes öffnen kleine Galerien und große Kunstmuseen in Tel Aviv (www.freshpaint.co.il/en).
Ostern: Zum höchsten christlichen Fest ist es in der Altstadt Jerusalems sehr voll. Vor allem an Karfreitag füllt sich die Via Dolorosa mit Pilgern, der die Kreuzigung Jesu gedenken. Gottesdienste und Umzüge bestimmen das Stadtbild.

April
EPOS: Internationales Kunstfilmfestival in Tel Aviv (http://filmart.co.il).
Lailat Al-Miraj: Eine der fünf heiligen Nächte im Islam, bei der Moslems der Himmelsreise Mohammeds gedenken; in Jerusalem strömen Tausende zum Tempelberg.
Pessach: Das einwöchige Fest feiert den Auszug der Israeliten aus Ägypten im ganzen Land.

April/Mai
Ramadan: Der heilige Monat des Fastens bei den Muslimen; viele Geschäfte und alle Restaurants in Ostjerusalem sind tagsüber geschlossen.
Israelischer Unabhängigkeitstag: Am Tag vor dem Gedenktag finden Partys mit Feuerwerk statt (14./15.4.2021).

Mai
Drachenbootfestival: Im HaYarkon-Park in Tel Aviv.
DocAviv: Größtes Dokumentarfilmfestival Israels in Tel Aviv (www.docaviv.co.il/org-en).
Tel Aviv Eat: Dreitägiges gastronomisches Festival in den Charles Clore Gardens in Tel Aviv.

Juni
Pride Week: Aus aller Welt kommen Besucher zum größten Event der LGBTQ-Szene in Tel Aviv (www.gaytelavivguide.com).
Sail Tel Aviv: Viertägiges Fest an Meer und Strand mit Wettbewerben im Segeln, SUPen, Kajakfahren; außerdem Sandskulpturenausstellung und Konzerte.
Laila Lavan/Weiße Nacht: In Tel Aviv wird die ganze Stadt zu einer großen Party.

Mai/Juni
Israel Festival: Dreiwöchiges Kulturfest in Jerusalem (www.israel-festival.org/en).

Juli
Festival of Lights: Bunte Lichtinstallationen verzaubern die Altstadt von Jerusalem.
Jerusalem Film Festival: Das internationale Filmfestival widmet sich vor allem jüdischen Filmen (www.jff.org.il/en).

August
Opera in the Park: Kostenlose Open-Air-Konzerte der Tel Aviver Oper (http://www.israel-opera.co.il/eng).

September
RoschHaSchana: Das jüdische Neujahrsfest ist ein großes Familienfest, das im ganzen Land gefeiert wird.

Oktober
ICon Festival: Führende Scifi-Konferenz in Tel Aviv (http://2019.iconfestival.org.il/about/en).
Tel Aviv Night Run: 10-km-Rennen in der Dunkelheit in Tel Aviv, Tausende Neonfarben durchstreifen die Stadt (www.tlvnightrun.co.il).
Sovev Tel Aviv: Größtes Rad-Event des Landes, auf drei Routen mit unterschiedlichen Schwierigkeitsstufen geht es durch die Stadt (www.sovevtlv.org.il).
Jom Kippur: Höchster jüdischer Feiertag, das gesamte Land fährt runter (S. 11), man fastet und betet.
Sukkot: Einwöchiges Laubhüttenfest; der 1. und 7. Tag sind Feiertage.

Dezember
Chrismuka: Die Gassen Jaffas sind mit Weihnachtsbäumen und Chanukka-Lichtern geschmückt.
Weihnachten: Christen pilgern in die Geburtskirche nach Bethlehem.

SPRACHFÜHRER

Amtssprache ist das moderne Hebräisch *(Ivrit)*. Arabisch ist seit Juli 2018 offiziell nur noch eine Minderheitensprache. Touristen können sich jedoch vor allem auf Englisch verständigen.

Hebräisch galt als tote Sprache, die nur noch in der Liturgie Verwendung fand. Ende des 19. Jh. setzte die Wiederbelebung der Sprache als Alltagsidiom und Nationalsprache des jüdischen Volkes ein – ein einzigartiger Vorgang in der Sprachgeschichte.

Ivrit basiert auf dem Hebräischen des Alten Testaments, weicht aber von diesem erheblich ab. Das hebräische Alphabet umfasst 22 Buchstaben. Es wird nicht zwischen Groß- und Kleinschreibung unterschieden: Wegen der Tendenz, alle Zeichen in einen gedachten quadratischen Rahmen einzupassen, spricht man von Quadratschrift. Hebräisch wird von rechts nach links geschrieben.

deutsch	neuhebräisch	arabisch
Guten Morgen	**Bóker tow**	**Sabach el-cher**
Guten Tag	**Shalóm**	**Es-sala mu'ale-kum**
Guten Abend	**Érew tow**	**Misa el-cher**
Auf Wiedersehen	**Lehitraót**	**Ma'as-salama**
Ich verstehe Sie nicht	**Ani lo mewín/a**	**A'na mish fahmak**
Entschuldigen Sie	**Slach li**	**A'sif**
ja	**Ken**	**Aiwa**
nein	**Lo**	**La**
bitte	**Bewakashá**	**Min fadlak**
danke	**Todá**	**Shukran**
gestern	**Etmól**	**Embarich**
heute	**Hajóm**	**En-nahar-da**
morgen	**Machar**	**Bukra**
Ich möchte ...	**Ani mewakesch/et ...**	**Urid ...**
Abfahrt	**Jeziá**	**Safar**
Ankunft	**Biá**	**Wusul**
Zug	**Rakéwet**	**Qatr**
Toilette	**Beit kise**	**Mir'chad**
Hotel	**Malón**	**Funduq**
Einzelzimmer	**Chéder bishwil ben adám echád**	**Ghurfa bisirir wachid**
Doppelzimmer	**Chéder kafúl**	**Ghurfa bisiriren**
Restaurant	**Mis'ada**	**Mat'am**
Stadt	**Ir**	**Balad**
Platz	**Kikar**	**Sahat**
Straße	**Derech, rehov**	**Shari'**
Burg	**Metsuda(t)**	**Qasr, qalaat**
Turm	**Migdal**	**Burj**
Grab	**Kever**	**Kaber**
Brücke	**Gesher**	**Dschissr**
Berg	**Har**	**Dschebel**
Fluss	**Nahar**	**Nahr**
Meer	**Yam**	**Bahr**
Tal	**Emeq**	**Wadi**
Markt	**Schuk**	**Suk**
Wasser	**Majim**	**Majja**
Tee	**Te**	**Schaj**
Kaffee	**Kaffe**	**Ahwa**
Milch	**Chalav**	**Laban**
Fruchtsaft	**Miz**	**Asir**
Brot	**Lechem**	**Esch**
Eier	**Bejza**	**Bed**
Fleisch	**Baßar**	**Lahm**
Fisch	**Dag**	**Samak**
Gemüse	**Jerakot**	**Chudar**
Frühstück	**Aruchat boqer**	**Fitar**
Apotheke	**Beit merkáchad**	**Ag sacha'ne**
Arzt	**Rofé klali**	**Tabib**
Zahnarzt	**Rofé shinájim**	**Tabib asna'n**
null	**effes**	**sifr**
eins	**echád, achát**	**wachid, wachda**
zwei	**shnájim, shtájim**	**itnen**
drei	**shloshá, shalósh**	**talata**
vier	**arba'á, arbá**	**arba'a**
fünf	**chamishá, chamésh**	**chamsa**
sechs	**shishá, shesh**	**sitta**
sieben	**shiwá, shéwa**	**sab'a**
acht	**shmoná, shmoné**	**tamanja**
neun	**tishá, tésha**	**tis'a**
zehn	**asará, éser**	**ashara**

Cityatlas

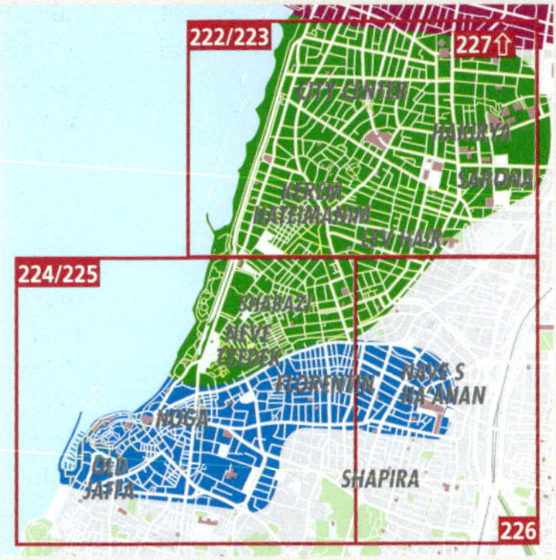

Tel Aviv ⇦

1 : 12 000

0 250 500 m

0 250 500 yd

Jerusalem ⇩

1 : 11 500

0 250 500 m

0 250 500 yd

Legende

- Information
- Museum
- Theater, Oper
- Denkmal; Turm
- Busbahnhof
- Bibliothek; Krankenhaus
- Polizei; Post
- Archäologische Stätte
- Int. Flughafen; Nationaler Flughafen
- Zoo; Nationalpark
- Synagoge: Moschee
- Kirche; Kloster
- Straßenbahn
- Straßenbahn in Bau
- Badestrand; Yachthafen
- Parkplatz; Freibad
- 2 ★★ TOP 10
- 11 Nicht verpassen!
- 12 Nach Lust und Laune!

A
B
C
5
4
3
2
1
Har Nof School
Ovadya Levi Garden
Yeshivat Dvar Yerushalayim
Kikar Ahavat Yisra'el
Katsenelbogen
Agasi
Parnas
Aharon Brand
Barnett
Ha-Rav Scha'ulzon
Ha-Rav Khai Tayb
Ha-Rav David Shparber
Derekh Yosef Weitz
Sha'ul Ibn Danan
Ha-Rav Khizkyahu Ravin
Kikar Yosef Levi
Beit Ya'akov School for Girls
Ha-Zikkaron
Kikar Zalman Mart
YEFE
Yefe Nof
Nof Harim
Shlomo Zemakh
Pirkhei Khen
Megadim
Amir
salem Forest
Yerushalayim)
Military Cemetery
Archives and Library Building
Yad Vashem
Yad Vashem (Holocaust Memorial)
Heihal Ha-Shemot (Hall of Names)
Hall of Remembrance
Holocaust Museum
Warshaw Ghetto Monument
Boxcar Monument
Memorial of the Deportees
Mount of Remembrance (Har Ha Zikkaron)
Tomb of Rabin
Tomb of Herzl
Mount Herzl (Har Herzl)
Herzl-Museum
Kiryat Ha-Yevenof
Ze'ev Khakla'i
Yad Ha-Rav Herzog
Bayit Va-Gan
Kikar Holland
Mount Herzl
Shvil Hatsukim
Hatsukim
Ein Kerem
Kiryat Ha-Yovel
Netiv Me'ir Yeshiva
Ha-Khida
Ha-Pisga
Ha-Rav Uzi'el
MOR
BAYIT
Yeshivat Tif'eret Rabi Shlomo
Beit David ve-Ester High School
Beit Ya'akov School
Ezer Bergman
Yeshivat Or Barukh
Himmelfarb
Shmarya Levin
Artur Hantke
Ki'akh School for the Death
Borokhov
Rubinstein
Gordon
Raviv
Kerem
67
68
9

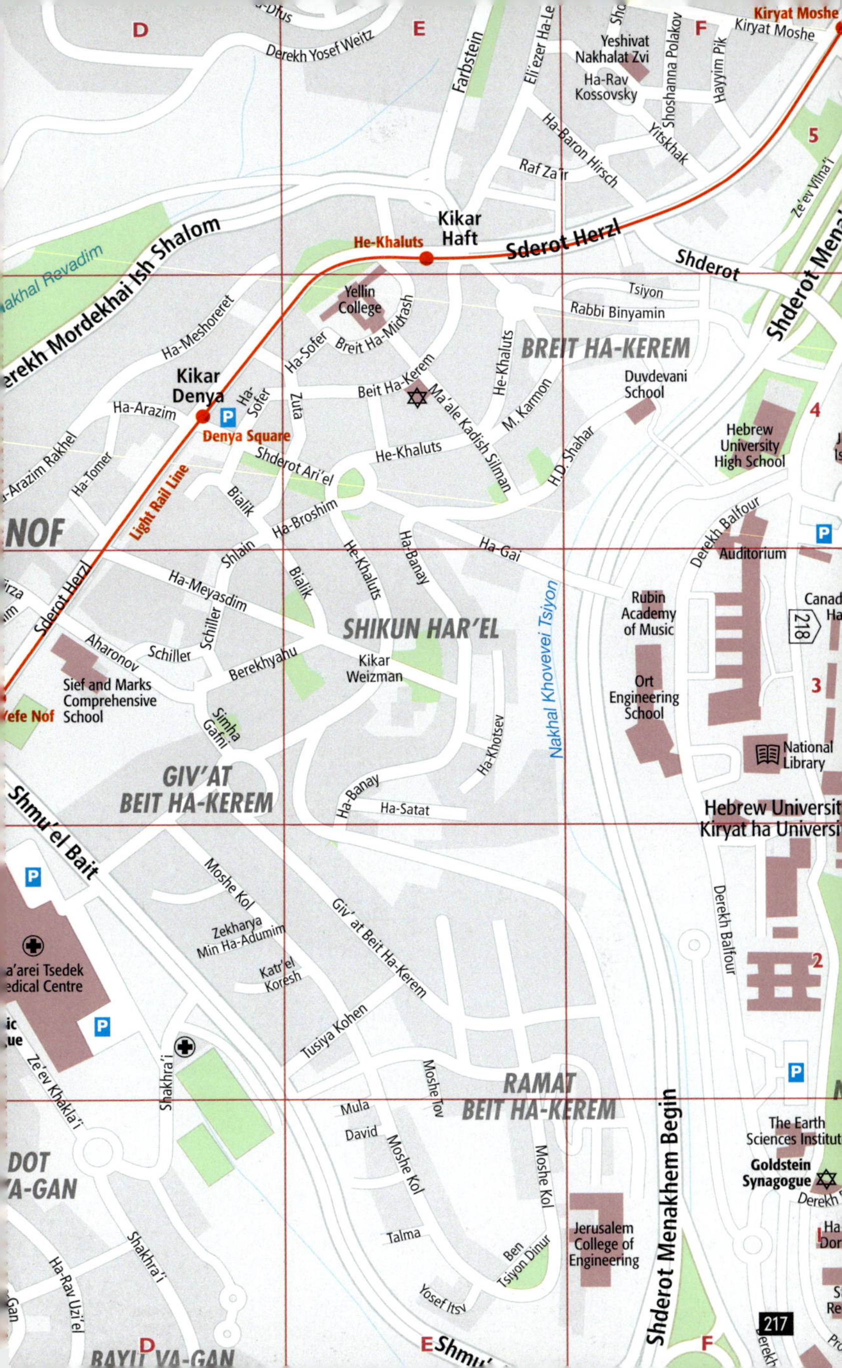
D
E
F
5
4
3
2
Derekh Yosef Weitz
Farbstein
Eli'ezer Ha-Le
Yeshivat Nakhalat Zvi
Ha-Rav Kossovsky
Shoshanna Polakov
Hayyim Pik
Kiryat Moshe
Kiryat Moshe
Yitskhak
Ha-Baron Hirsch
Raf Za'ir
Ze'ev Vilna'i
Kikar Haft
He-Khaluts
Sderot Herzl
Shderot
Shderot Mena
Nakhal Revadim
Derekh Mordekhai Ish Shalom
Yellin College
Breit Ha-Midrash
Tsiyon
Rabbi Binyamin
BREIT HA-KEREM
Ha-Meshoreret
Ha-Sofer
Kikar Denya
Ha-Sofer
Zuta
Beit Ha-Kerem
Ma'ale Kadish Silman
He-Khaluts
Duvdevani School
Ha-Arazim
Denya Square
M. Karmon
Hebrew University High School
Ha-Arazim Rakhel
Ha-Tomer
Light Rail Line
Shderot Ari'el
He-Khaluts
H.D. Shahar
Bialik
Ha-Broshim
NOF
Ha-Banay
Ha-Gai
Derekh Balfour
Auditorium
Shlain
Bialik
He-Khaluts
Ha-Meyasdim
Sderot Herzl
Rubin Academy of Music
218
Schiller
SHIKUN HAR'EL
Aharonov
Schiller
Berekhyahu
Kikar Weizman
Nakhal Khovevei Tsiyon
Ort Engineering School
Sief and Marks Comprehensive School
Yefe Nof
Simha Gafni
Ha-Khotsev
National Library
GIV'AT BEIT HA-KEREM
Ha-Banay
Ha-Satat
Hebrew Universit
Kiryat ha Universi
Shmu'el Bait
Moshe Kol
Giv'at Beit Ha-Kerem
Derekh Balfour
Zekharya Min Ha-Adumim
Katr'el Koresh
Sha'arei Tsedek Medical Centre
Tusiya Kohen
Ze'ev Khakla'i
Shakhra'i
Moshe Tov
RAMAT BEIT HA-KEREM
Mula
David
Moshe Kol
Moshe Kol
Sheroot Menakhem Begin
The Earth Sciences Institut
Goldstein Synagogue
Derekh
DOT
YA-GAN
Shakhra'i
Talma
Ben Tsiyon Dinur
Jerusalem College of Engineering
Ha-Rav Uzi'el
Yosef Itsv
Shmu
BAYIT VA-GAN

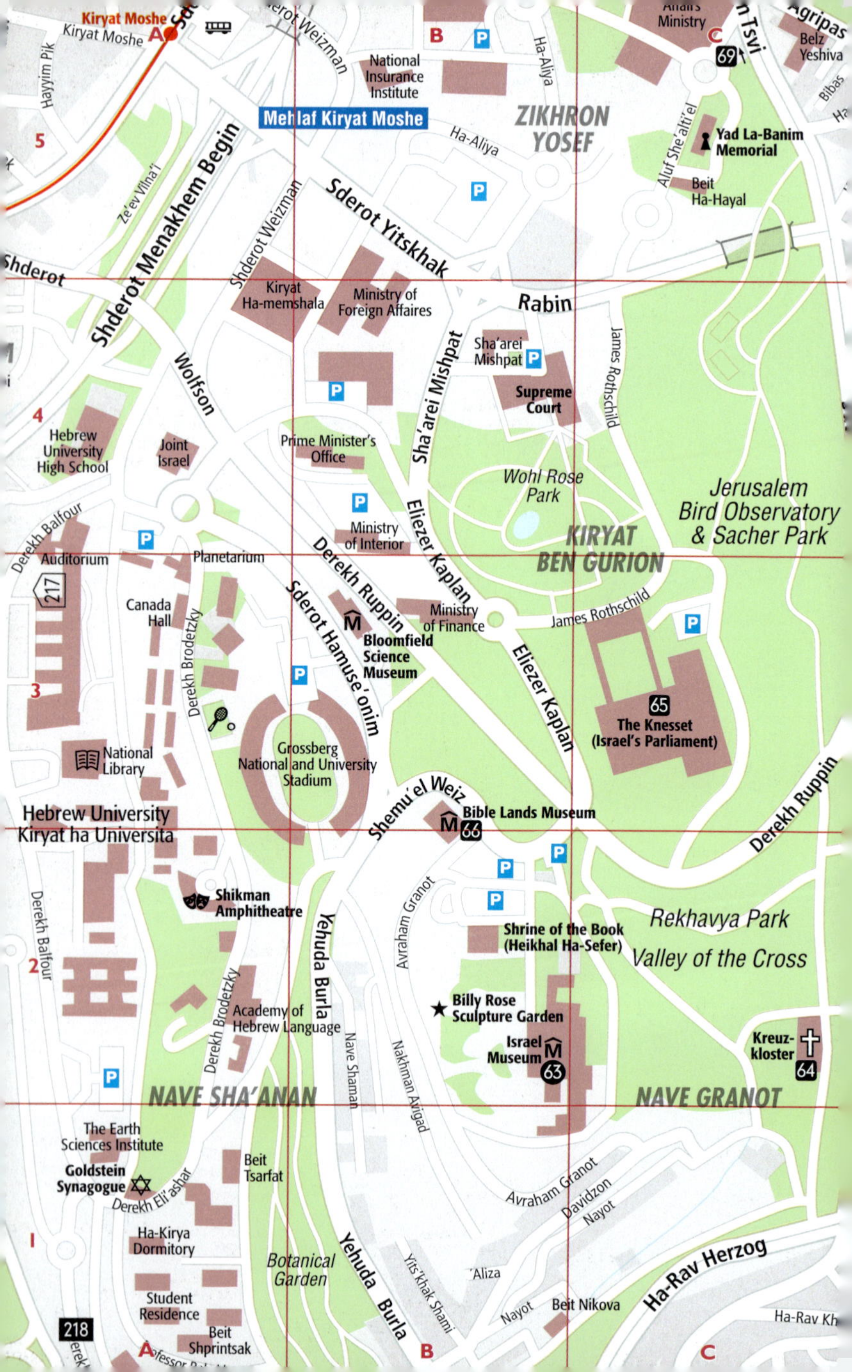
Kiryat Moshe
Kiryat Moshe
Sderot Weizman
National Insurance Institute
Mehlaf Kiryat Moshe
Affairs Ministry
Agripas
Belz Yeshiva
Bibas
Ha-Aliya
ZIKHRON YOSEF
Yad La-Banim Memorial
Aluf She'alti'el
Beit Ha-Hayal
Hayyim Pik
Ze'ev Vilna'i
Sderot Menakhem Begin
Shderot Weizman
Sderot Yitskhak
Rabin
Shderot
Kiryat Ha-memshala
Ministry of Foreign Affaires
Sha'arei Mishpat
Supreme Court
James Rothschild
Wolfson
Sha'arei Mishpat
Prime Minister's Office
Hebrew University High School
Joint Israel
Wohl Rose Park
Jerusalem Bird Observatory & Sacher Park
Eliezer Kaplan
Ministry of Interior
KIRYAT BEN GURION
Derekh Balfour
Auditorium
Planetarium
217
Canada Hall
Derekh Ruppin
Ministry of Finance
James Rothschild
Derekh Brodetzky
Sderot Hamuse'onim
Bloomfield Science Museum
Eliezer Kaplan
65
The Knesset (Israel's Parliament)
Grossberg National and University Stadium
National Library
Shemu'el Weiz
Bible Lands Museum
66
Derekh Ruppin
Hebrew University Kiryat ha Universita
Shikman Amphitheatre
Avraham Granot
Yehuda Burla
Shrine of the Book (Heikhal Ha-Sefer)
Rekhavya Park
Valley of the Cross
Derekh Balfour
Academy of Hebrew Language
Derekh Brodetzky
Billy Rose Sculpture Garden
Nave Shaanan
Nakhman Avigad
Israel Museum
63
Kreuz-kloster
64
NAVE SHA'ANAN
NAVE GRANOT
The Earth Sciences Institute
Beit Tsarfat
Goldstein Synagogue
Derekh Eli'ashar
Avraham Granot
Davidzon
Nayot
Ha-Kirya Dormitory
Botanical Garden
Yehuda Burla
Yits'khak Shami
'Aliza
Ha-Rav Herzog
Student Residence
Nayot
Beit Nikova
Ha-Rav Kh
Beit Shprintsak
69
A
B
C
5
4
3
2
1

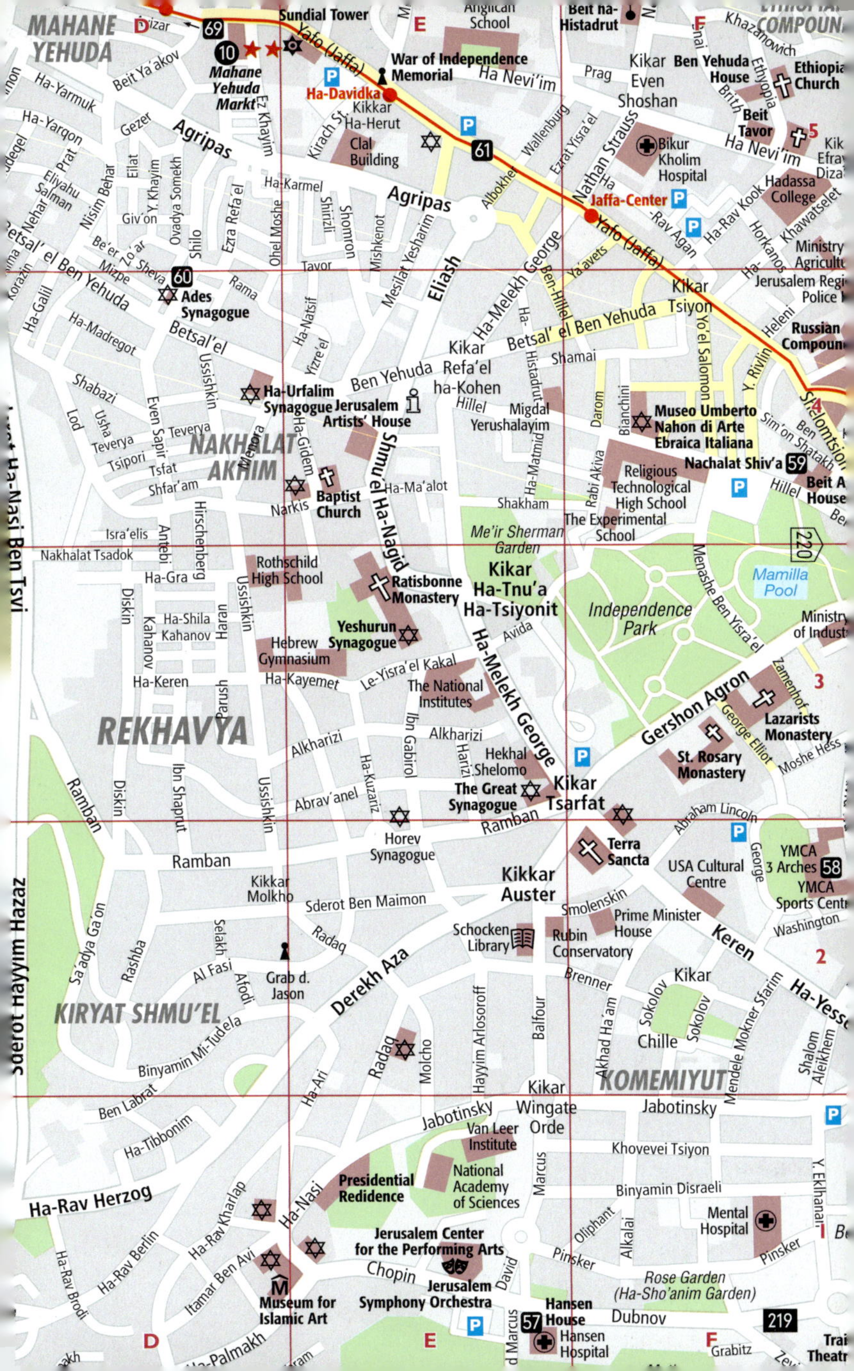
MAHANE YEHUDA
NAKHALAT AKHIM
REKHAVYA
KIRYAT SHMU'EL
KOMEMIYUT
Sundial Tower
Mahane Yehuda Markt
War of Independence Memorial
Ha-Davidka
Kikkar Ha-Herut
Clal Building
Anglican School
Beit ha-Histadrut
Kikar Even Shoshan
Ben Yehuda House
Ethiopian Church
Beit Tavor
Bikur Kholim Hospital
Hadassa College
Jaffa-Center
Ministry Agriculture
Jerusalem Regional Police HQ
Russian Compound
Kikar Tsiyon
Ades Synagogue
Ha-Urfalim Synagogue
Jerusalem Artists' House
Kikar Refa'el ha-Kohen
Migdal Yerushalayim
Museo Umberto Nahon di Arte Ebraica Italiana
Nachalat Shiv'a
Beit Agron House
Religious Technological High School
The Experimental School
Baptist Church
Me'ir Sherman Garden
Kikar Ha-Tnu'a Ha-Tsiyonit
Independence Park
Mamilla Pool
Ministry of Industry
Rothschild High School
Ratisbonne Monastery
Yeshurun Synagogue
Hebrew Gymnasium
The National Institutes
Lazarists Monastery
St. Rosary Monastery
Hekhal Shelomo
The Great Synagogue
Kikar Tsarfat
Horev Synagogue
Terra Sancta
USA Cultural Centre
YMCA 3 Arches
YMCA Sports Centre
Kikkar Molkho
Kikkar Auster
Prime Minister House
Schocken Library
Rubin Conservatory
Grab d. Jason
Kikar Chille
Kikar Wingate
Van Leer Institute
National Academy of Sciences
Presidential Redidence
Jerusalem Center for the Performing Arts
Jerusalem Symphony Orchestra
Museum for Islamic Art
Hansen House
Hansen Hospital
Mental Hospital
Rose Garden (Ha-Sho'anim Garden)
Yafo (Jaffa)
Agripas
Ha Nevi'im
Betsal'el Ben Yehuda
Ben Yehuda
Shmu'el Ha-Nagid
Ha-Melekh George
Eliash
Gershon Agron
Ramban
Sderot Ben Maimon
Derekh Aza
Jabotinsky
Ha-Rav Herzog
Keren Ha-Yesod
Sderot Hayyim Hazaz
Sderot Ha-Nasi Ben Tsvi
Orde
Khovevei Tsiyon
Binyamin Disraeli
Pinsker
Chopin
Dubnov
Abraham Lincoln
Washington
Alkharizi
Abrav'anel
Ussishkin
Narkis
Ha-Ma'alot
Shamai
Hillel
Shlomtsion
Smolenskin
Brenner
Balfour
Marcus
Hayyim Arlosoroff
Radaq
Molcho
Ha-Ari
Binyamin Mi-Tudela
Al Fasi
Ha-Rav Berlin
Itamar Ben Avi
Ha-Palmakh
69
10
61
60
59
58
57
220
D
E
F
2
3
4
5

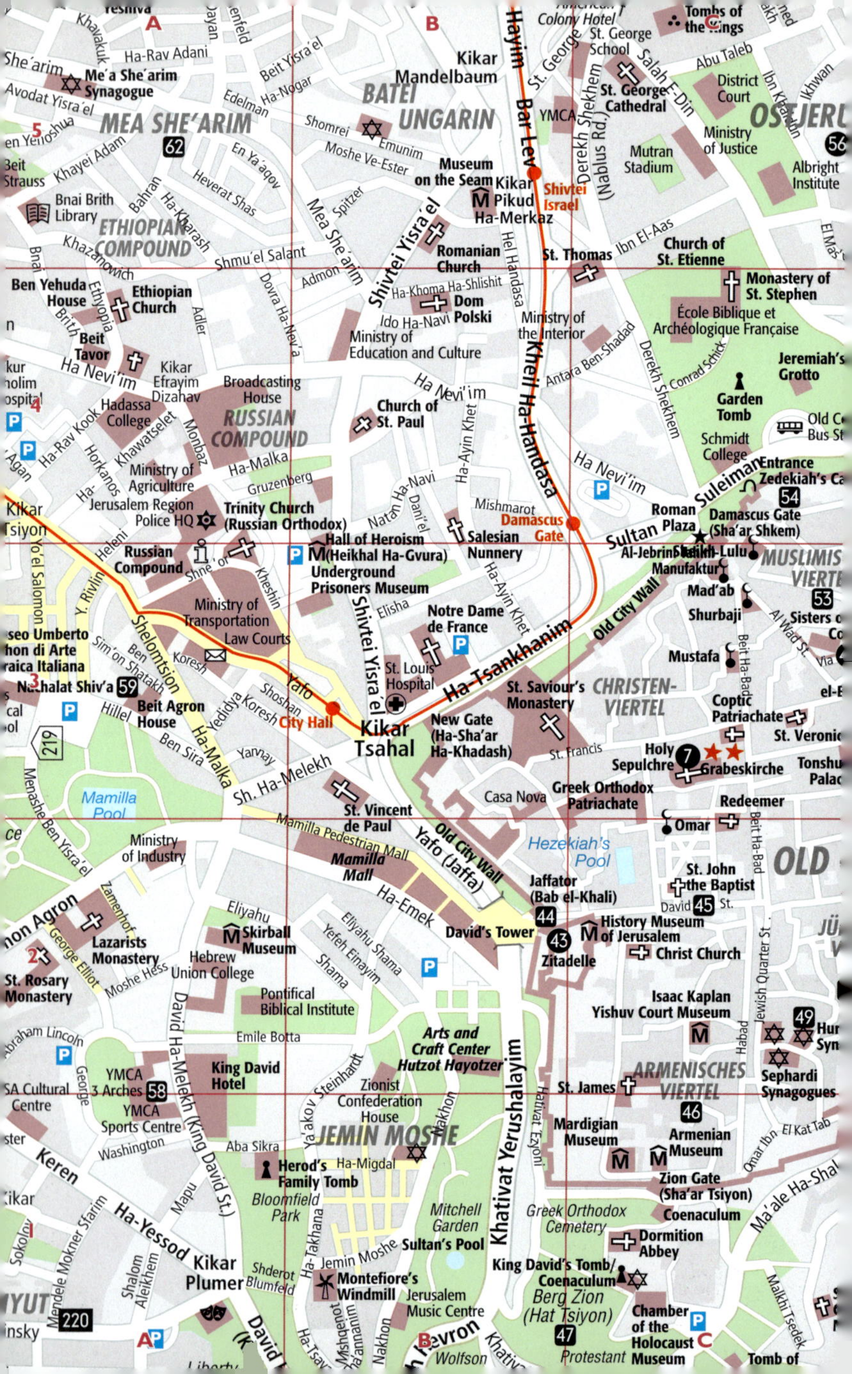

A
B
C
MEA SHE'ARIM
Me'a She'arim Synagogue
BATEI UNGARIN
Kikar Mandelbaum
Museum on the Seam
Kikar Pikud Ha-Merkaz
Shivtei Israel
YMCA
St. George School
St. George Cathedral
Tombs of the Kings
American Colony Hotel
District Court
Ministry of Justice
Mutran Stadium
Albright Institute
OSTJERU
56
62
Bnai Brith Library
ETHIOPIAN COMPOUND
Romanian Church
St. Thomas
Church of St. Etienne
Monastery of St. Stephen
École Biblique et Archéologique Française
Ben Yehuda House
Ethiopian Church
Beit Tavor
Dom Polski
Ministry of Education and Culture
Ministry of the Interior
Jeremiah's Grotto
Garden Tomb
Schmidt College
Old City Bus St
Kikar Efrayim Dizahav
Broadcasting House
Hadassa College
RUSSIAN COMPOUND
Church of St. Paul
Ministry of Agriculture
Jerusalem Region Police HQ
Trinity Church (Russian Orthodox)
Hall of Heroism (Heikhal Ha-Gvura) Underground Prisoners Museum
Salesian Nunnery
Damascus Gate
Roman Plaza
Entrance Zedekiah's Ca
54
Damascus Gate (Sha'ar Shkem)
Russian Compound
Ministry of Transportation
Law Courts
Notre Dame de France
Al-Jebrini
Khalidi
Lulu
Manufaktur
Mad'ab
Shurbaji
MUSLIMIS VIERTE
53
Sisters
Mustafa
Museo Umberto Nahon di Arte Ebraica Italiana
Nahalat Shiv'a
59
Beit Agron House
St. Louis Hospital
St. Saviour's Monastery
CHRISTEN-VIERTEL
Coptic Patriachate
St. Veronic
City Hall
Kikar Tsahal
New Gate (Ha-Sha'ar Ha-Khadash)
Holy Sepulchre
7
Grabeskirche
Tonshu Palac
219
Mamilla Pool
St. Vincent de Paul
Casa Nova
Greek Orthodox Patriachate
Redeemer
Omar
Ministry of Industry
Mamilla Mall
Hezekiah's Pool
Jaffator (Bab el-Khali)
44
St. John the Baptist
45
OLD
Lazarists Monastery
St. Rosary Monastery
Skirball Museum
Hebrew Union College
David's Tower
43
Zitadelle
History Museum of Jerusalem
Christ Church
Pontifical Biblical Institute
Isaac Kaplan Yishuv Court Museum
49
Hur Syn
Sephardi Synagogues
Arts and Craft Center Hutzot Hayotzer
YMCA 3 Arches
58
YMCA Sports Centre
USA Cultural Centre
King David Hotel
Zionist Confederation House
JEMIN MOSHE
St. James
ARMENISCHES VIERTEL
46
Mardigian Museum
Armenian Museum
Herod's Family Tomb
Bloomfield Park
Mitchell Garden
Sultan's Pool
Greek Orthodox Cemetery
Zion Gate (Sha'ar Tsiyon)
Coenaculum
Dormition Abbey
King David's Tomb/ Coenaculum
Berg Zion (Hat Tsiyon)
47
Kikar Plumer
Montefiore's Windmill
Jerusalem Music Centre
Chamber of the Holocaust Museum
Tomb of
Protestant
220
Ha-Nevi'im
Ha-Tsankhanim
Old City Wall
Yafo (Jaffa)
Sultan Suleiman
Kheil Ha-Handasa
Hayim Bar Lev
Shivtei Yisra'el
Khativat Yerushalayim
David Ha-Melekh (King David St.)
Keren Ha-Yessod
Mamilla Pedestrian Mall
Derekh Shekhem (Nablus Rd.)
Shlomtsion Ha-Malka
Agron

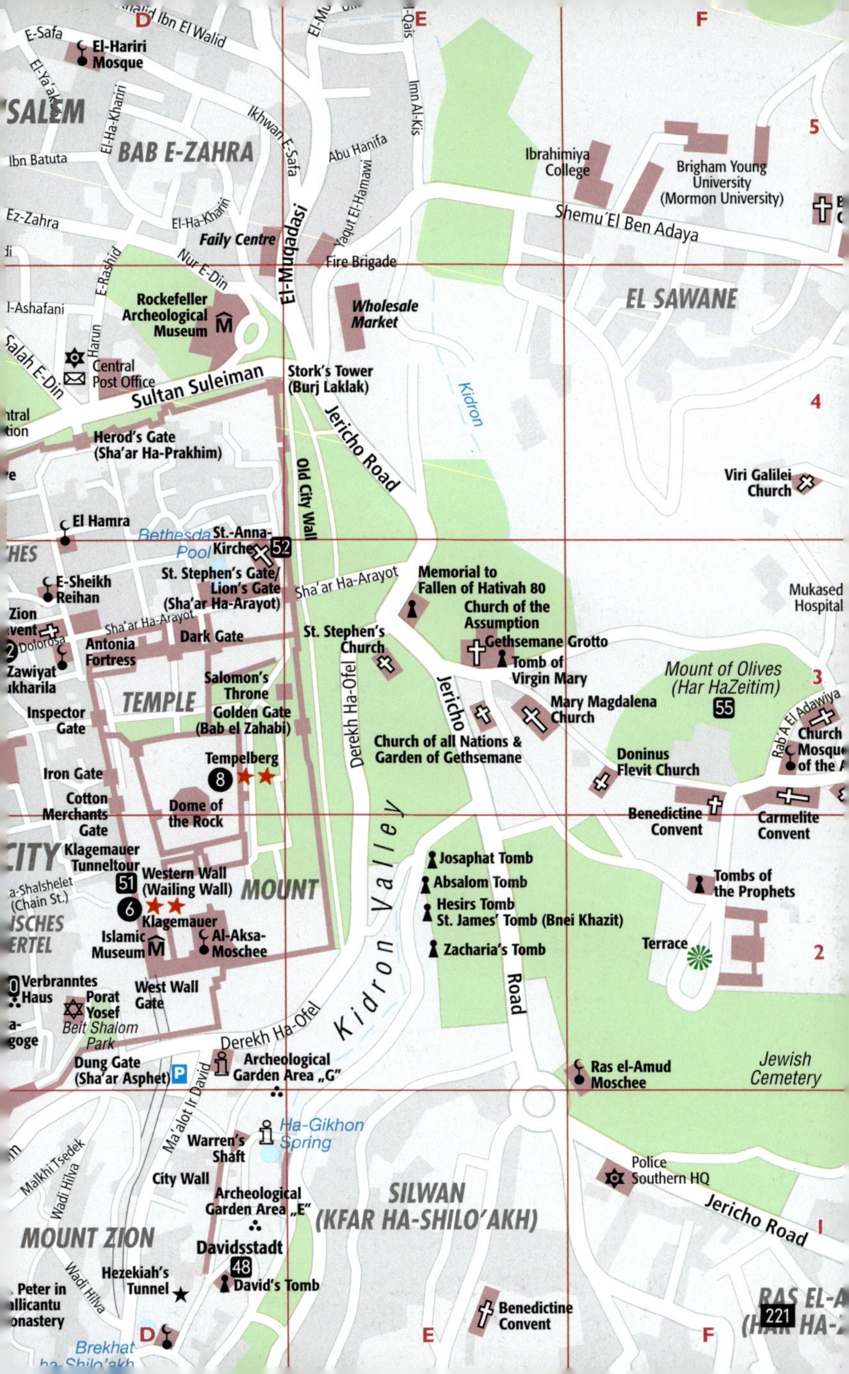

D
E
F
5
4
3
2
1
Khalid Ibn El Walid
E-Safa
El-Hariri Mosque
El-Ya'akubi
SALEM
El-Ha-Khariri
BAB E-ZAHRA
Ibn Batuta
Ez-Zahra
El-Ha-Khariri
Ikhwan E-Safa
Abu Hanifa
Imn Al-Kis
Yaqut El-Hamawi
El-Muqadasi
Faily Centre
Nur E-Din
E-Rashid
Fire Brigade
Ibrahimiya College
Brigham Young University (Mormon University)
Shemu'El Ben Adaya
EL SAWANE
Rockefeller Archeological Museum
Wholesale Market
Harun
Salah E-Din
Central Post Office
Sultan Suleiman
Stork's Tower (Burj Laklak)
Jericho Road
Kidron
Herod's Gate (Sha'ar Ha-Prakhim)
Old City Wall
Viri Galilei Church
El Hamra
Bethesda Pool
St.-Anna-Kirche
52
E-Sheikh Reihan
St. Stephen's Gate/ Lion's Gate (Sha'ar Ha-Arayot)
Sha'ar Ha-Arayot
Memorial to Fallen of Hativah 80
Church of the Assumption
Mukased Hospital
Sha'ar Ha-Arayot
Dolorosa
Antonia Fortress
Dark Gate
St. Stephen's Church
Gethsemane Grotto
Tomb of Virgin Mary
Zawiyat Mukharila
Mount of Olives (Har HaZeitim)
55
Salomon's Throne
TEMPLE
Inspector Gate
Golden Gate (Bab el Zahabi)
Derekh Ha-Ofel
Jericho
Mary Magdalena Church
Rab'A El Adawiya
Church
Mosque of the
Church of all Nations & Garden of Gethsemane
Doninus Flevit Church
Tempelberg
8
Iron Gate
Cotton Merchants Gate
Dome of the Rock
Benedictine Convent
Carmelite Convent
CITY
Klagemauer Tunneltour
Josaphat Tomb
Western Wall (Wailing Wall)
51
MOUNT
Absalom Tomb
Tombs of the Prophets
Ha-Shalshelet (Chain St.)
6
Klagemauer
Hesirs Tomb
St. James' Tomb (Bnei Khazit)
Islamic Museum
Al-Aksa-Moschee
Zacharia's Tomb
Terrace
Kidron Valley
Road
Verbranntes Haus
West Wall Gate
Porat Yosef
Beit Shalom Park
Derekh Ha-Ofel
Dung Gate (Sha'ar Asphet)
Archeological Garden Area „G"
Ras el-Amud Moschee
Jewish Cemetery
Ma'alot Ir David
Ha-Gikhon Spring
Warren's Shaft
Malkhi Tsedek
Wadi Hilva
City Wall
Police Southern HQ
Archeological Garden Area „E"
SILWAN (KFAR HA-SHILO'AKH)
Jericho Road
MOUNT ZION
Davidsstadt
48
Hezekiah's Tunnel
David's Tomb
Wadi Hilva
St. Peter in Gallicantu Monastery
Benedictine Convent
RAS EL-A
Brekhat ha-Shilo'akh

A
B
C
5
4
3
2
1
Gordon Beach
25
Frishman Beach
Jerusalem Beach
Geula Beach
Dolfinarium
HaKerem St
Eran Garden
Jean Jaures St
Natan HaHaham St
J. L. Gordon St
Shalag St
Smolenskin St
Ruppin St
Ben Yehuda St
Mapu St
Dov Hoz St
Frug St
Beit El Synagogue
Frishman St
Retsif Herbert Samuel St
Mendele Mokher Sfarim St
Gnessin St
CITY CENTER
Ben Ami St
Sirkin St
Shalom Aleichem St
Hovevei Tsiyon St
Aharonovich St
Glikson St
Druyanov St
Pinsker St
Bograshov St
Bar Kokhva St
HaYarkon St
Trumpeldor Tel Aviv Cemetery
Trumpeldor St
Aaron Synagogue
Ness Tsiyona St
Khevron St
Idelson St
Bernstein-Cohen St
Zalman Shneour St
Tsvi Brock St
Tchernikhovski St
Opera Tower
HaYarden St
Allenby St
Beit Hair
Max Liebling House
31
Bialik House
Meir Garden
Yona HaNavi St
Hess St
Rabenu Tam St
Ge'ula St
Rubin Museum
Rashi St
HaKovshim St
KEREM HATEIMANIM
Bialik St
HaMaccabi St
King George
HaRav Kuk St
Simta Almonit
Simta Plonit
Beitlehem St
HaRav Ahronson St
Rabbi Meir St
Ha'Ari St
Hillel
Zrubavel St
Elyashiv St
Alsheikh St
Beit Yosef St
HaZaken St
Rabbi Akiva St
Ezra HaSofer St
Malan St
Yishkan St
Najara St
Gedera St
Nafkha St
Yohanan HaSandlar St
Neche-miah St
Khayim Khavshush St
Tarmav St
Yom Tov St
HaShomer St
Brenner St
Simtat HaCarmel
Daniel St
Kfar Nesharim St
Nakhali'e St
Yehya Kapah St
2
Carmel-Markt
Nahalat Binyamin St
Balfour St
Rambam St
HaCarmel
Shefer St
Chelouche Gallery Contemporary
Carmelit St
Tsadok ha-Cohen St
HaTavor St
Mohiliver St
HaKovshim Garden
Simtat HaTavor
Ya'avets St
Gruzenberg St
Yavne
Hassan Bek Mosque
Yitskhak Elkhanan St
Lapin St
Kalischer St
Yosef Levi St
Atsmon St
Kalischer St
Montefiore St
The Great Synagogue
28
Shabtai Don Yehaya
Yavne'el St
Ahad Ha'Am
Tartsav St
Kinneret St
Ahuzat Bayit St
Nahalat Binyamin
Metula St
Mahane Yosef St
Matkot Museum
Shalom Tower
225
Hagana Museum
Ilan St
HaMered St
Memorial Monument
Kaufmann St
Charles Clore
Takhkemoni
HaShakhar St
Herzl
Yehoshua

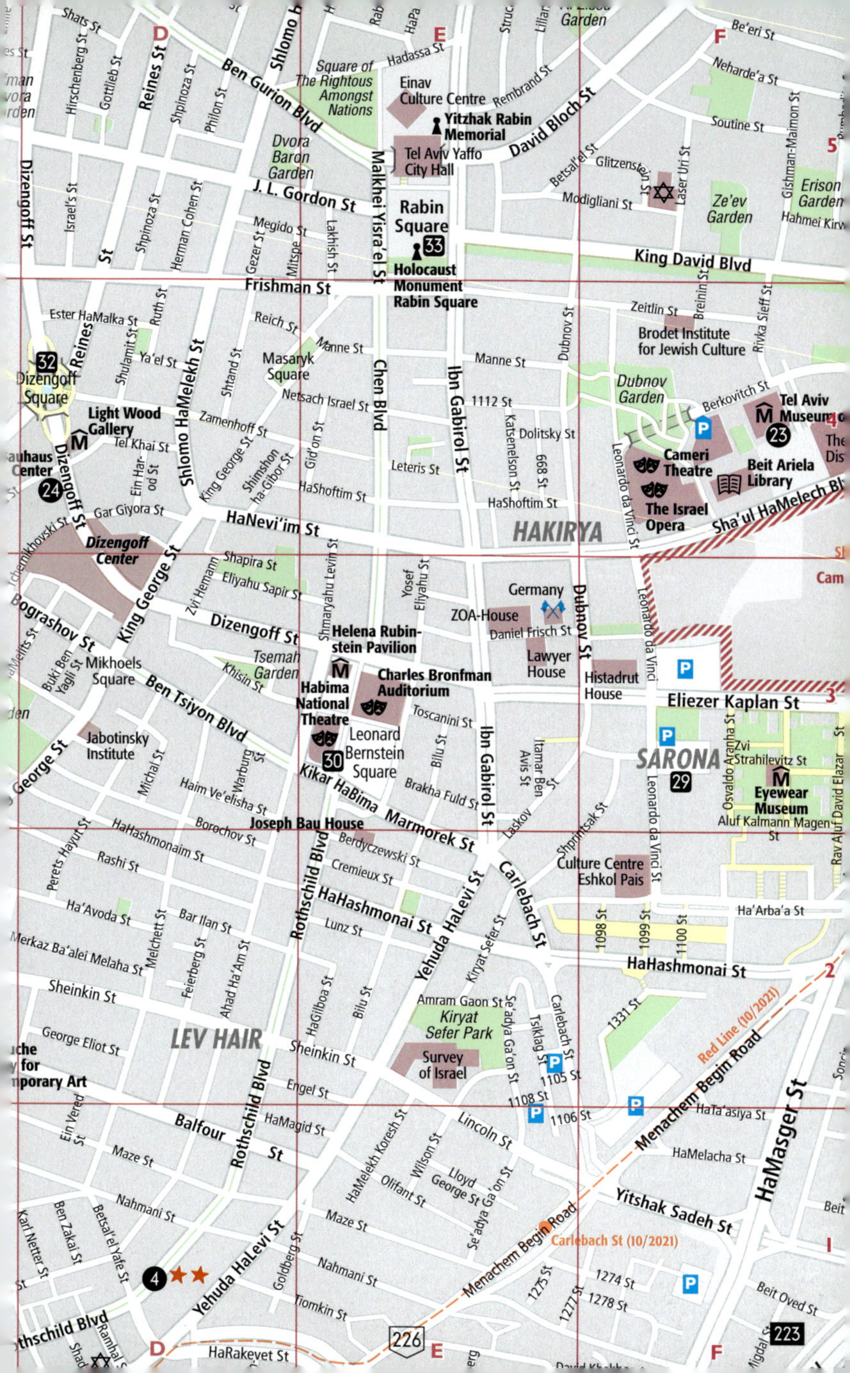

D
E
F
5
4
3
2
Shats St
Reines St
Shlomo HaMelekh St
Hadassa St
Square of The Rightous Amongst Nations
Einav Culture Centre
Yitzhak Rabin Memorial
Tel Aviv Yaffo City Hall
Rembrand St
David Bloch St
Be'eri St
Neharde'a St
Soutine St
Gishman-Maimon St
Erison Garden
Hahmei Kirv
Ben Gurion Blvd
Dvora Baron Garden
J. L. Gordon St
Malkhei Yisra'el St
Rabin Square
33
Holocaust Monument Rabin Square
Betsal'el St
Glitzenstein St
Laser Uri St
Modigliani St
Ze'ev Garden
King David Blvd
Dizengoff St
Hirschenberg St
Gottlieb St
Shpinoza St
Philon St
Israel's St
Herman Cohen St
Megido St
Gezer St
Mitspe St
Lakhish St
Frishman St
Zeitlin St
Breinin St
Rivka Sieff St
Brodet Institute for Jewish Culture
Dubnov St
Ester HaMalka St
Ruth St
Reich St
Shulamit St
Ya'el St
Masaryk Square
Manne St
Chen Blvd
Ibn Gabirol St
Dubnov Garden
Berkovitch St
Tel Aviv Museum
23
32
Dizengoff Square
Reines
Light Wood Gallery
Shtand St
Netsach Israel St
1112 St
Katsenelson St
Dolitsky St
668 St
Zamenhoff St
Tel Khai St
King George St
Shimshon ha-Gibor St
Gid'on St
Leteris St
HaShoftim St
Leonardo da Vinci St
Cameri Theatre
Beit Ariela Library
The Israel Opera
Sha'ul HaMelech Blvd
Bauhaus Center
24
Ein Har-od St
Gar Giyora St
HaNevi'im St
HAKIRYA
Dizengoff Center
Tchernikhovski St
Shapira St
Eliyahu Sapir St
Zvi Hemann St
Shmaryahu Levin St
Yosef Eliyahu St
Germany
ZOA-House
Daniel Frisch St
Lawyer House
Histadrut House
Bograshov St
Dizengoff St
Helena Rubinstein Pavilion
Mikhoels Square
Buki Ben Yagli St
Tsemah Garden
Khisin St
Habima National Theatre
Charles Bronfman Auditorium
Toscanini St
Eliezer Kaplan St
Ben Tsiyon Blvd
Jabotinsky Institute
Leonard Bernstein Square
30
Bilu St
Itamar Ben Avis St
SARONA
29
Osvaldo Aranha St
Zvi Strahilevitz St
Eyewear Museum
Aluf Kalmann Magen St
Rav Aluf David Elazar St
Michal St
Warburg St
Haim Ve'elisha St
Kikar HaBima
Brakha Fuld St
Laskov St
Shprintsak St
Joseph Bau House
Borochov St
Marmorek St
HaHashmonaim St
Perets Hayut St
Rashi St
Berdyczewski St
Cremieux St
Culture Centre Eshkol Pais
Ha'Avoda St
Bar Ilan St
Melchett St
Rothschild Blvd
HaHashmonai St
Lunz St
Yehuda HaLevi St
Carlebach St
Kiryat Sefer St
1098 St
1099 St
1100 St
Ha'Arba'a St
Merkaz Ba'alei Melaha St
Feierberg St
Ahad Ha'Am St
HaHashmonai St
Sheinkin St
HaGilboa St
Bilu St
Amram Gaon St
Kiryat Sefer Park
Se'adya Ga'on St
Tsiklag St
1331 St
George Eliot St
LEV HAIR
Sheinkin St
Survey of Israel
1105 St
Red Line (10/2021)
Menachem Begin Road
Engel St
1108 St
1106 St
HaTa'asiya St
Ein Vered St
Balfour St
HaMagid St
HaMelekh Koresh St
Lincoln St
HaMelacha St
Maze St
Wilson St
Lloyd George St
Olifant St
HaMasger St
Nahmani St
Maze St
Yitshak Sadeh St
Karl Netter St
Ben Zakai St
Betsal'el Yafe St
4
Yehuda HaLevi St
Goldberg St
Nahmani St
Menachem Begin Road
Carlebach St (10/2021)
1275 St
1274 St
1277 St
1278 St
Beit Oved St
Tiomkin St
Rothschild Blvd
HaRakevet St
226

A
B
C
5
4
3
2
1
Alma Beach
Homat HaYam Promenade
Etzel Museum
Goldmann St
Elisabeth Bergner St
Jaffa carpark
Strandpromenade
3
Homat HaYam Promenade
Nahum
David Razi'el St
Willy Brandt St
HaDo'ar St
HaShaon Square
Neues Seray
Marzuk Ve-Azar St
Sela' Andromeda
Al-Bahr Mosque
Armenian Church
Aliya HaShniya St
Retsif Ha'
Mahmadiyya Mosque
Kisleh
HaMidron
Mifrats Shlomo Promenade
St. Peter's Church
St. Archangel Michael Monastery
16
HaPisga Garden
Jaffa Museum
HaMuze'on Garden
15
Clock Tower
Yo'ezer
Pinkhas Ben Ya'ir St
Shim'on Ha'tsadik St
Theatre of Jaffa
Abrasha Park
House of Simon the Tanner
The Wishing Bridge
Segev St
HaTsorfim St
Yefet St
Olei Zion St
1
Beit Eshel St
Hanina Ben Dosa St
Yerushalaim Ave
12
Yoko Kitahara Spa
Ilana Goor Museum
Ami'ad St
Jaffa Port
11
Boaz's Castle
17
Suspended Orange Tree
Rabi Pinkhas St
The Israeli Childhood Museum
Retsig HaAliya HaShniya St
Louis Pasteur St
St. Joseph Monastery
Ben Gamlie St
St. George's
HaMigdalor St
OLD JAFFA
Rabi Khanina St
Yehuda Margoza St
Be'alei HaTosafot St
No'am St
Reish Galuta St
Olei Zion St
Jaffa Cemetery
Sheikh Bassam Abu Zayd Sqare
Shoshan St
Dror St
Ba'al HaTurim St
Magen Avraham St
Nemal Yafo St
HaTseder St
HaShahaf St
HaDolfin St
Yefet St
Yehuda Hayamit St
Yehuda Haya
Maronite Church
Andromeda St
Abed El Rauf El Bitar St
Michelangelo St
Victor Hugo St
Nemal Yafo St
3889 St
3890 St
Ha'Ogen St
Kedem St
Ibn Sina St
Sha'arei Nikanor St
Yitshak Avineri St
St. Anthony's
Albert Kiosso St
Maritsa Garden
Shivtei Israel St
Pushkin St
Dante St
Siona Tagger St
Y. Avineri St
Groky St
Pestalozzi St
Lamartine St
Midron Jaffa Park
HaKabarnit St
R. Hahovel St
HaSfina St
Shmu'el Ben Adaya St
Ben Akhituv St
M. Reinhart St
HaShnayim Garden
A. ElGhani St
Moshe ha-Levi
Al-Nuzha Mosque
Harry S. Truman St

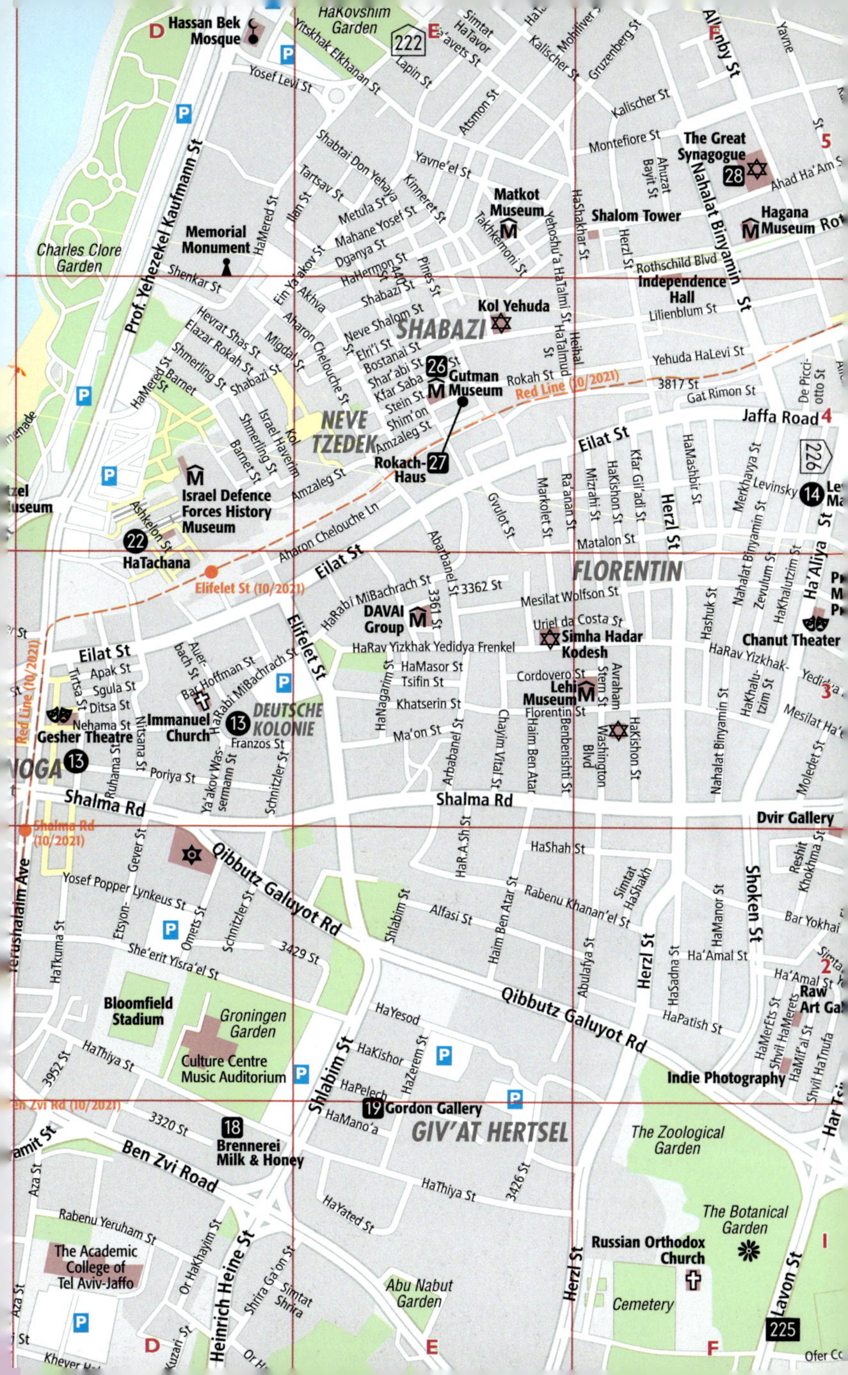

D
E
F
Hassan Bek Mosque
HaKovshim Garden
Yitskhak Elkhanan St
Yosef Levi St
222
Lapin St
Simtat HaTavor
Ha'avets St
Kalischer St
Mohilver St
Gruzenberg St
Allenby St
Yavne
Kalischer St
Montefiore St
Atsmon St
Yavne'el St
Shabtai Don Yehaya
Tartsav St
Metula St
Mahane Yosef St
Kinneret St
Matkot Museum
Takhkemoni St
Yehoshu'a HaTalmi St
HaShakhar St
Shalom Tower
Herzl St
Ahuzat Bayit St
The Great Synagogue
28
Nahalat Binyamin St
Ahad Ha'Am St
Hagana Museum
Rothschild Blvd
Independence Hall
Lilienblum St
5
Prof. Yehezekel Kaufmann St
Charles Clore Garden
Memorial Monument
HaMered St
Ilan St
Ein Ya'akov St
Dganya St
HaHermon St
Pines St
Shenkar St
Akhva
Shabazi St
Neve Shalom St
Kol Yehuda
SHABAZI
HaTalmud St
Heihal
Yehuda HaLevi St
Hevrat Shas St
Elazar Rokah St
Migdal St
Aharon Chelouche St
Elri'i St
Bostanai St
Shar'abi St
Kfar Saba St
Stein St
Shim'on
Amzaleg St
26
Gutman Museum
Rokah St
Red Line (10/2021)
3817 St
Gat Rimon St
De Picciotto St
Jaffa Road
4
Shmerling St
Barnet St
Shabazi St
HaMered St
Israel Haverim
Kol
NEVE TZEDEK
Rokach-Haus
27
Eilat St
HaMashbir St
226
Merkhavya St
Levinsky St
14
Israel Defence Forces History Museum
Amzaleg St
Aharon Chelouche Ln
Gvulot St
Markolet St
Ra'anan St
Mizrahi St
HaKishon St
Kfar Gil'adi St
Herzl St
Nahalat Binyamin St
Zevulum St
HaKhalutzim St
Ha'Aliya St
Ashkelon St
22
HaTachana
Elifelet St (10/2021)
Eilat St
Abarbanel St
Matalon St
FLORENTIN
HaRabi MiBachrach St
3361 St
3362 St
Mesilat Wolfson St
DAVAI Group
Uriel da Costa St
Simha Hadar Kodesh
Hashuk St
Chanut Theater
Eilat St
Elifelet St
HaRav Yizkhak Yedidya Frenkel
HaRav Yizkhak-Yedidya
Apak St
Tirtsa St
Sgula St
Ditsa St
Auerbach St
Bar Hoffman St
HaRabi MiBachrach St
HaMasor St
Tsifin St
HaNagarim St
Cordovero St
Lehi Museum
Stern St
Avraham
Khatserin St
Florentin St
HaKhalutzim St
3
Mesilat Ha'
Red Line (10/2021)
Nehama St
Gesher Theatre
Nitsana St
Immanuel Church
13
DEUTSCHE KOLONIE
Franzos St
Ma'on St
Arbabanel St
Chayim Vital St
Haim Ben Atar
Benbenishti St
Washington Blvd
HaKishon St
Nahalat Binyamin St
Moledet St
NOGA
13
Ruhama St
Poriya St
Ya'akov Wassermann St
Schnitzler St
Shalma Rd
Shalma Rd
Dvir Gallery
Shalma Rd (10/2021)
Gever St
Qibbutz Galuyot Rd
HaR.A.Sh St
HaShah St
Reshit Khokhma St
Yerushalaim Ave
Yosef Popper
Lynkeus St
Etsyon-
Omets St
Schnitzler St
Shlabim St
Alfasi St
Haim Ben Atar St
Rabenu Khanan'el St
Simtat HaShakh
Abulafya St
HaManor St
Shoken St
Bar Yokhai
HaTkuma St
She'erit Yisra'el St
3429 St
Herzl St
HaSadna St
Ha'Amal St
Ha'Amal St
2
Raw Art Ga
Bloomfield Stadium
Groningen Garden
HaYesod
Qibbutz Galuyot Rd
HaPatish St
HaMerEts St
Shvil HaMerets
HaMif'al St
Shvil HaTnufa
Culture Centre Music Auditorium
HaThiya St
3952 St
HaKishor
HaZerem St
HaPelech
Indie Photography
Ben Zvi Rd (10/2021)
Shlabim St
19
Gordon Gallery
HaMano'a
GIV'AT HERTSEL
The Zoological Garden
3320 St
18
Brennerei Milk & Honey
Ben Zvi Road
Aza St
3426 St
HaThiya St
HaYated St
Rabenu Yeruham St
Or HaKhayim St
The Academic College of Tel Aviv-Jaffo
Heinrich Heine St
Shira Ga'on St
Simtat Shira
Abu Nabut Garden
Herzl St
Russian Orthodox Church
The Botanical Garden
Cemetery
Lavon St
I
225
Aza St
Kuzari St
Khever H
D
E
F
Ofer Cc

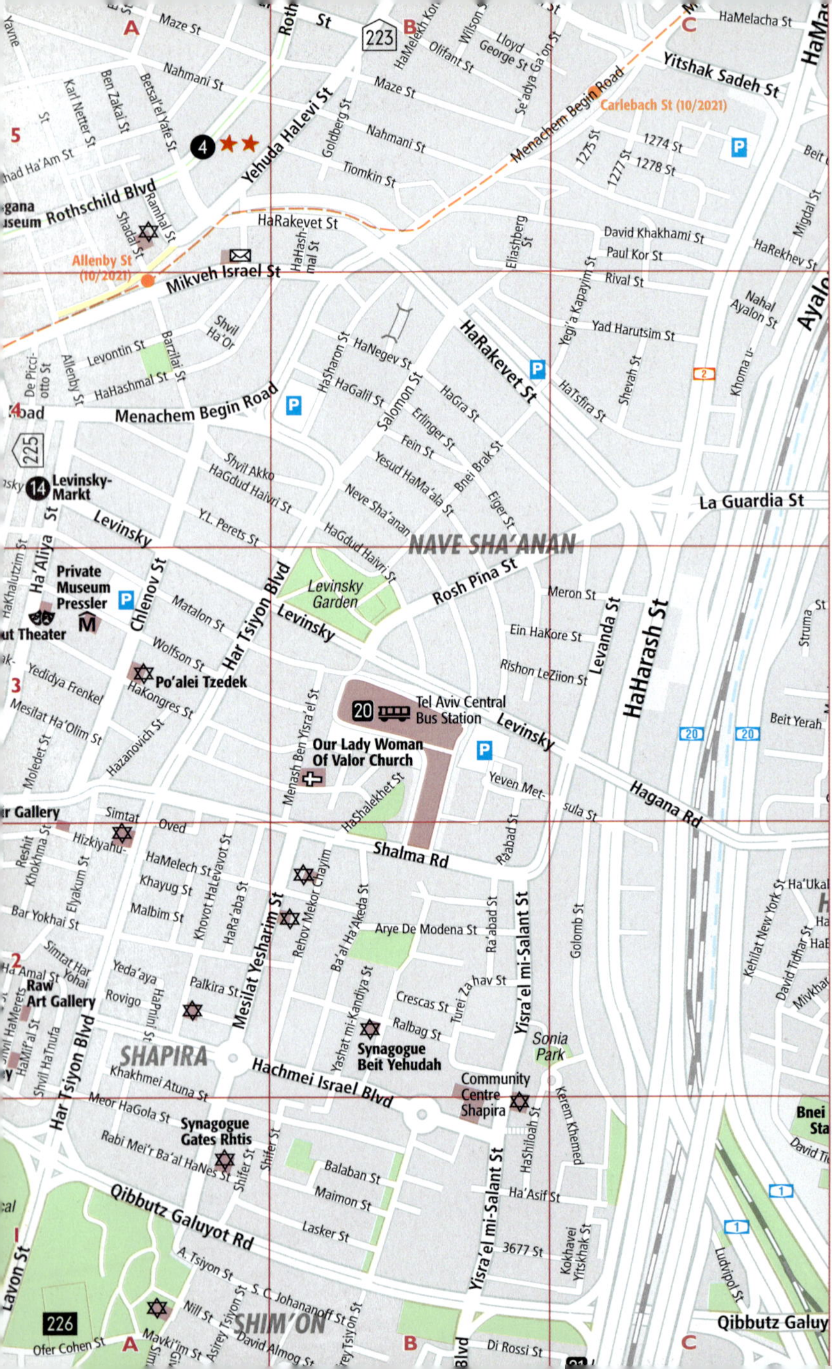

A
B
C
5
4
3
2
1
223
225
Maze St
Nahmani St
Karl Netter St
Ben Zakai St
Betsal'el Yafe St
Ahad Ha'Am St
Rothschild Blvd
Ramhal St
Shadal St
Yehuda HaLevi St
Goldberg St
Tiomkin St
HaMelekh Kor
Wilson St
Olifant St
Lloyd George St
Se'adya Ga'on St
Menachem Begin Road
Carlebach St (10/2021)
HaMelacha St
Yitshak Sadeh St
1275 St
1274 St
1277 St
1278 St
HaRakevet St
Allenby St (10/2021)
Mikveh Israel St
HaHashmal St
Eliashberg St
David Khakhami St
Paul Kor St
Rival St
Yad Harutsim St
Yegi'a Kapayim St
HaRekhev St
Migdal St
Nahal Ayalon St
Ayalon
Shvil Ha'Or
Levontin St
Barzilai St
De Picciotto St
Allenby St
HaSharon St
HaNegev St
HaGalil St
Salomon St
HaGra St
Erlinger St
Fein St
Bnei Brak St
Yesud HaMa'ala St
Neve Sha'anan
Eiger St
HaTsfira St
Shevah St
Khoma u-
Levinsky-Markt
14
4
Shvil Akko
HaGdud Haivri St
Y.L. Perets St
Levinsky
La Guardia St
NAVE SHA'ANAN
HaGdud Haivri St
Ha'Aliya St
HaKhalutzim St
Private Museum Pressler
Theater
Chlenov St
Matalon St
Wolfson St
Har Tsiyon Blvd
Levinsky Garden
Rosh Pina St
Meron St
Ein HaKore St
Rishon LeZiion St
Levanda St
HaHarash St
Struma St
Po'alei Tzedek
Yedidya Frenkel
HaKongres St
Mesilat Ha'Olim St
Hazanovich St
Moledet St
Menash Ben Yisra'el St
20
Tel Aviv Central Bus Station
Levinsky
Beit Yerah
Our Lady Woman Of Valor Church
HaShalekhet St
Yeven Metsula St
Hagana Rd
Gallery
Simtat Oved
Hizkiyahu-
Reshit Khokhma St
HaMelech St
Khovot HaLevavot St
Khayug St
Malbim St
HaRa'aba St
Elyakum St
Bar Yokhai St
Mesilat Yesharim St
Rehov Mekor Chayim
Shalma Rd
Raabad St
Ba'al Ha'Akeda St
Arye De Modena St
Ra'abad St
Yisra'el mi-Salant St
Golomb St
Kehilat New York St
David Tidhar St
Ha'Ukal
Simtat Har Yohai
Ha'Amal St
Raw Art Gallery
Yeda'aya
Rovigo
HaPnini St
Palkira St
Yashat mi-Kandiya St
Crescas St
Turei Zahav St
Ralbag St
Synagogue Beit Yehudah
Sonia Park
SHAPIRA
Hachmei Israel Blvd
Khakhmei Atuna St
Shvil HaMerets
HaMif'al St
Shvil HaTnufa
Har Tsiyon Blvd
Meor HaGola St
Synagogue Gates Rhtis
Rabi Mei'r Ba'al HaNes St
Shifer St
Community Centre Shapira
HaShiloah St
Kerem Khemed
Bnei
David
Balaban St
Maimon St
Lasker St
Ha'Asif St
Qibbutz Galuyot Rd
Yisra'el mi-Salant St
3677 St
Kokhavei Yitskhak St
Ludvipol St
A. Tsiyon St
S. C. Johananoff St
Nill St
Asirey Tsiyon St
SHIM'ON
Lavon St
Ofer Cohen St
Mavki'im St
David Almog St
Di Rossi St
Qibbutz Galuy

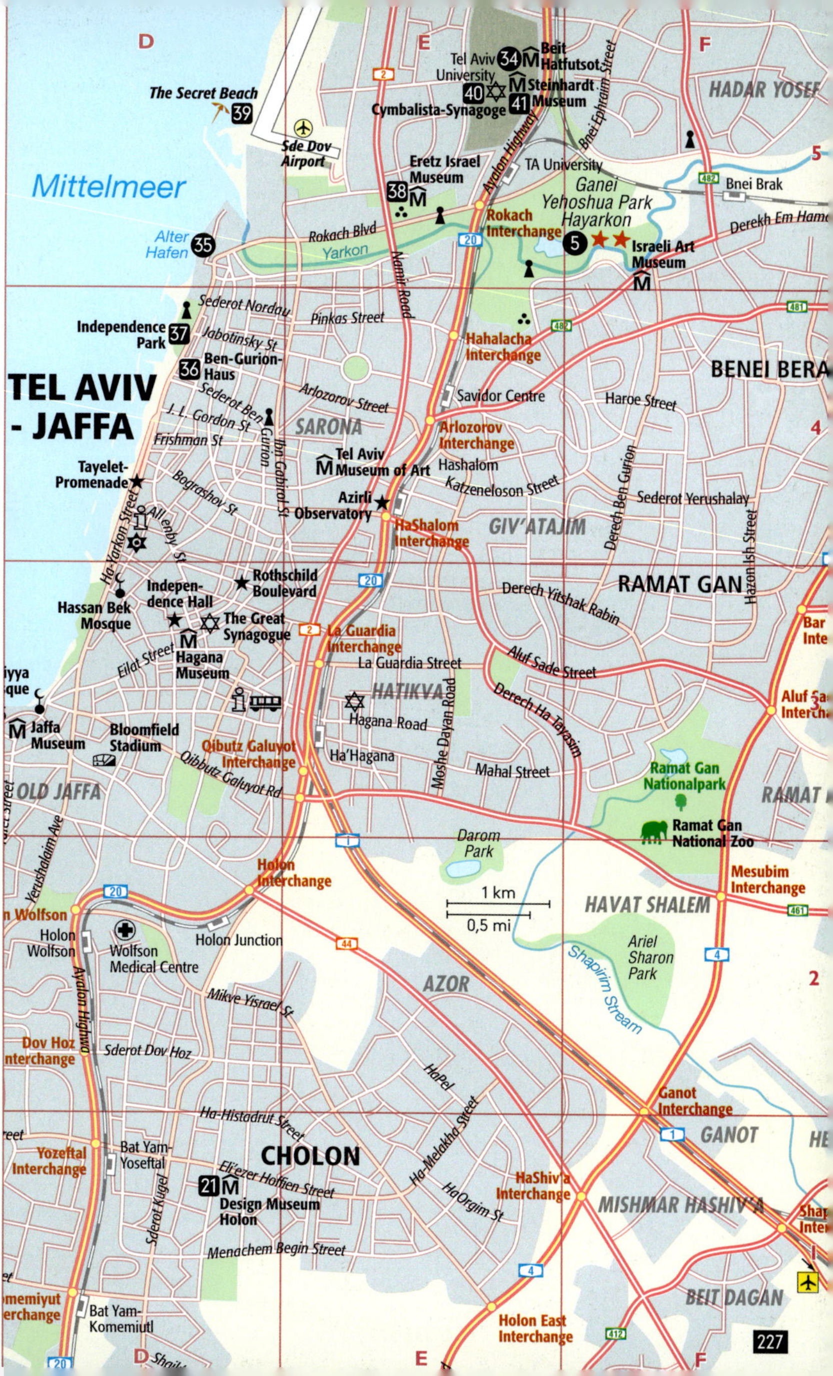
D
E
F
The Secret Beach
39
Sde Dov Airport
Tel Aviv University
34
Beit Hatfutsot
40
Steinhardt Museum
41
Cymbalista-Synagoge
HADAR YOSEF
Bnei Ephraim Street
Eretz Israel Museum
38
Ayalon Highway
TA University
Bnei Brak
Mittelmeer
Ganei Yehoshua Park Hayarkon
Derech Em Hamoshavot
Rokach Blvd
Rokach Interchange
Alter Hafen
35
Yarkon
Namir Road
5
Israeli Art Museum
Sederot Nordau
Pinkas Street
Independence Park
37
Jabotinsky St
Hahalacha Interchange
Ben-Gurion-Haus
36
BENEI BERAK
TEL AVIV - JAFFA
Sederot Ben Gurion
Arlozorov Street
Savidor Centre
Haroe Street
J. L. Gordon St
Frishman St
SARONA
Ibn Gabirol St
Arlozorov Interchange
Tel Aviv Museum of Art
Hashalom
Tayelet-Promenade
Bograshov St
Katzeneloson Street
Derech Ben Gurion
Sederot Yerushalayim
Azirli Observatory
Allenby St
HaShalom Interchange
GIV'ATAJIM
Ha-Yarkon Street
Hazon Ish Street
Rothschild Boulevard
RAMAT GAN
Indepen-dence Hall
Derech Yitshak Rabin
Hassan Bek Mosque
The Great Synagogue
La Guardia Interchange
Bar Ilan Interchange
Eilat Street
Hagana Museum
La Guardia Street
Aluf Sade Street
HATIKVA
Derech Ha Tayasim
Aluf Sade Interchange
Jaffa Museum
Hagana Road
Moshe Dayan Road
Bloomfield Stadium
Qibutz Galuyot Interchange
Ha'Hagana
Mahal Street
Ramat Gan Nationalpark
Qibbutz Galuyot Rd
OLD JAFFA
RAMAT
Yerushalaim Ave
Darom Park
Ramat Gan National Zoo
Holon Interchange
Mesubim Interchange
1 km
0,5 mi
HAVAT SHALEM
Wolfson
Holon Wolfson
Wolfson Medical Centre
Holon Junction
Ariel Sharon Park
AZOR
Shapirim Stream
Mikve Yisrael St
Ayalon Highway
Dov Hoz Interchange
Sderot Dov Hoz
HaPel
Ganot Interchange
Ha-Histadrut Street
GANOT
Yozeftal Interchange
Bat Yam-Yoseftal
CHOLON
Ha-Melakha Street
Eli'ezer Hoffien Street
HaShiv'a Interchange
21
Design Museum Holon
HaOrgim St
MISHMAR HASHIV'A
Sderot Kugel
Menachem Begin Street
Komemiyut Interchange
Bat Yam-Komemiutl
BEIT DAGAN
Holon East Interchange
2
20
44
1
4
461
481
482
412
5
4
3
2

Straßenregister Jerusalem

Straßenregister Tel Aviv

Register

Adom/Efrat Lichtenstadt, Jerusalem: 162
Ariel Efron, Teder, Tel Aviv: 51
AWL Images: Gavin Hellier 180; Ken Scicluna: 59/60, 117 u.; Jane Sweeney: 119, 129 o. r.; Jason Langley: 76, 135, 168/169, 176
Ben Gurion House, Tel Aviv: 105
DuMont Bildarchiv/Ernst Wrba: 5 o., 5 u., 6 (8) und 129 u., 6 (9) und 177, 10 o., 10 u., 19, 41, 49, 118 l., 118 r. o., 138, 140, 141, 142, 182, 190/191, 196, 197
Eszter Kalmár, Potsdam: 6 (3), 6 (6) und 121, 6 (7), 28/29, 33 u., 33 o., 50, 52, 56, 78, 121, 137, 157, 198
Fantastic TLV: 111
Gatsby Cocktail Room/Igor Farberov, Jerusalem: 167
iStockphoto: efesenko: 40; eldadcarin 23 o.; Joel Carillet 39; Marie_Liss 193; magicinfoto 201
laif: Martin / Le Figaro Magazine 195; hemis.fr / Ludovic Maisant 9
Mauritius Images: PhotoStock-Israel / Alamy 152 r.; John Warburton-Lee / Neil Farrin 158
Michal Fattal, Jerusalem: 173 l., 174 l., 174/175, 175 r., 184, 185, 187, 188, 189
Museum of the Jewsih People at Beit Hatfutsot: Jacob Bril 101 l.; Shachar & Ziv Katz 101 r.
Open Restaurants/Tomer Foltyn, Jerusalem: 159
Razzouk Ink, Jerusalem: 144
Ruth Havilio, Ein Kerem: 173 r.
Shutterstock: Alexey Stiop 151 u.; Aron Brand 23 u.; Balate Dorin 156; Catay 129 o. l.; Cezary Wojtkowski 161; ChameleonsEye 25, 72; ColorMaker 80; Ezra Katri 160; Fevziie 20; Frank Fell Media 63 o.; FREEDOMPIC 146/147; Kartinkin77 166; Lesya Dolyuk 117 o.; LunaseeStudios 186; maratr 136; marcobrivio.photo 139; paparazzza 165; RnDmS 27; Rudy Balasko 112/113; Shalom Rufeisen 151 o.; Stephen Butler 15; Tatiana Bralnina 54; trabantos 98; yosefus 118 u.
Sivan Askayo, Tel Aviv/New York: 6 (1) und 36, 6 (2) und 67 u., 6 (4) und 70, 6 (5) und 90/91, 6 (10) und 155, 12/13, 16, 34 l., 34 r., 35, 37, 44, 45, 46, 47, 48, 53, 55, 63 u., 64 r., 64 l., 65 l., 65 r., 67 o.r., 67 o. l., 68, 75, 77, 79, 81, 82, 83, 84, 85, 86 l., 86 r., 87, 88, 95 l., 95 r., 96 l., 96 r., 97, 102, 103, 106, 107, 108, 109, 110, 120, 123, 127, 133 l., 133 r., 143 r., 143 l., 145, 152 l., 153, 154, 163, 202/203
Tel Aviv Global & Tourism/Yossi Zwecker: 104
Yoko Kitahara Spa, Tel Aviv: 42, 43

Titelbilder:
U1 Oben: Jason Langley/Aurora/laif
U1 Unten: Yadid Levy/robertharding/laif
Hinten: Jason Langley/Aurora/laif

IMPRESSUM

1. Aufl. 2021

Text: Valérie Ziegler, Eszter Kalmár
Lektorat, Gestaltung & Bildredaktion: Eszter Kalmár
Redaktionsassistenz: Judith Borchert, Holger Möhlmann
Satz: Sandra Penno-Vesper
Programmleitung: Birgit Borowski
Chefredaktion: Rainer Eisenschmid

Kartografie: © MAIRDUMONT GmbH & Co. KG, Ostfildern
3D-Illustration: jangled nerves, Stuttgart

Anzeigenvermarktung: MAIRDUMONT MEDIA
Tel. 0711 45 02-0, media@mairdumont.com
media.mairdumont.com

Printed in China

Trotz aller Sorgfalt von Autoren und Redaktion sind Fehler und Änderungen nach Drucklegung leider nicht auszuschließen. Dafür kann der Verlag keine Haftung übernehmen. Infolge der Corona-Pandemie im Jahr 2020 kann es darüber hinaus zu kurzfristigen Geschäftsschließungen und anderen Änderungen vor Ort gekommen sein. Berichtigungen, Kritik und Verbesserungsvorschläge sind uns jederzeit willkommen, bitte informieren Sie uns unter:

Baedeker-Redaktion
Postfach 3162
D-73751 Ostfildern
Tel. 0711 45 02-262
smart@baedeker.com
www.baedeker.com

FSC
www.fsc.org
MIX
Papier aus verantwortungsvollen Quellen
FSC® C124385

Meine Notizen

Meine Notizen